移动测量数据智能处理与应用关键技术

Key Technologies of Intelligent Processing and Application Based on Mobile Measurement Data

郭明　黄明　刘运明　郭可才　刘瑞敏　著

测绘出版社

·北京·

内容简介

本书针对移动激光雷达测量技术在城市三维空间信息获取与应用这一前沿热点问题,系统阐述了移动激光雷达测量系统的集成关键技术、点云数据的智能处理技术。主要内容包括移动激光雷达测量系统整体检校技术、全景序列影像与移动测量点云融合配准算法、基于深度学习的道路点云语义分割方法、面向自动驾驶的车载点云城市道路要素提取算法、面向道路检测的场景感知与点云分割技术、大规模移动测量点云管理与可视化技术,以及移动测量点云操作管理平台的开发手段。本书通过大量的实验分析与工程应用,详细阐述了移动激光雷达测量系统相关数据处理的各类方法与关键算法,为自动驾驶、孪生城市和城市大脑等高精尖发展方向提供有效的技术支撑。

本书可作为测绘科学与技术、城市规划与管理、计算机视觉等学科领域的研究人员及相关专业教师、研究生的参考书。

图书在版编目(CIP)数据

移动测量数据智能处理与应用关键技术 / 郭明等著
. -- 北京 : 测绘出版社, 2022.10
ISBN 978-7-5030-4317-8

Ⅰ. ①移… Ⅱ. ①郭… Ⅲ. ①激光雷达－测量技术－应用－城市道路－道路测量 Ⅳ. ①U412.24

中国版本图书馆 CIP 数据核字(2020)第 117226 号

移动测量数据智能处理与应用关键技术
Yidong Celiang Shuju Zhineng Chuli yu Yingyong Guanjian Jishu

责任编辑 李　莹　**执行编辑** 刘思涵　**封面设计** 李　伟　**责任印制** 陈姝颖

出版发行	测绘出版社	**电　　话**	010－68580735(发行部) 010－68531363(编辑部)
地　　址	北京市西城区三里河路 50 号	**网　　址**	www.chinasmp.com
邮政编码	100045	**经　　销**	新华书店
电子信箱	smp@sinomaps.com	**印　　刷**	北京建筑工业印刷厂
版　　次	2022 年 10 月第 1 版	**字　　数**	274 千字
成品规格	169mm×239mm	**印　　次**	2022 年 10 月第 1 次印刷
印　　张	14.5	**定　　价**	78.00 元
印　　数	001－600		

书　　号 ISBN 978-7-5030-4317-8

本书如有印装质量问题,请与我社发行部联系调换。

前言

随着城市大脑、无人驾驶、孪生城市等高精尖技术的不断发展，单纯的地基激光雷达、全球导航卫星系统实时动态定位（GNSS RTK）、全站仪以及摄影测量越来越不能满足社会的需求，各类高效高精度的移动激光雷达测量系统应运而生。移动激光雷达测量系统由全球导航卫星系统（GNSS）、惯性测量单元（IMU）和三维激光雷达以及图像传感器共同组成，能够快速、准确、实时获取整个目标测区的三维地理信息数据。

本书以自主研发的车载激光雷达测量系统为依托，对系统的集成关键技术，以及目前主流的针对车载激光雷达点云数据、全景影像数据的处理技术进行了深入的研究，详细阐述了车载激光雷达测量系统成果数据的智能处理方法，提出了面向道路检测的场景特征感知与信息计算分析方法，并在高速公路、城市道路、胡同等不同场景进行了广泛应用。

全书共10章，具体内容与章节安排如下：

第1章为绪论，主要介绍移动激光雷达的研究背景和意义，并对移动激光雷达测量系统集成技术研究现状、全景影像数据融合配准研究现状、移动激光雷达点云数据场景感知和分割提取现状进行了简要介绍。

第2章为移动激光雷达测量系统集成处理关键技术，重点分析移动激光雷达测量系统的集成技术，介绍了基于北斗卫星的时间同步器的开发，利用近景摄影测量获取车载激光雷达测量系统的检校初值，并基于国际导航卫星系统服务（IGS）站点坐标进行了车载激光雷达测量系统的整体检校。

第3章为移动激光雷达点云与全景影像匹配技术，深入研究基于单目三维运动重建（SFM）算法和基于跟踪点的影像和点云融合技术，提出了一种有效的影像与移动激光雷达点云配准算法，并进行了实验分析。

第4章为基于深度学习的车载道路点云分割，从当前热门的深度学习的角度对移动激光雷达测量系统的点云分割技术进行研究，从概念、框架和算法几个层次介绍深度学习技术在点云分割方面的应用，并基于深度神经网络进行车载道路点云的特征提取。

第5章为面向自动驾驶的道路信息提取方法，从基本概念出发，针对道路要素信息提取的现状，提出一套高速、高效、提取准确率和完整性较高的道路信息提取算法，并进行算法实现。

第6章为面向道路检测的场景特征感知与信息计算分析方法，重点介绍道路场景感知与信息计算分析的方法，在总结前人研究的基础上，设计一种基于二进制编码八叉树的高效体素化点云分割方法，可以对高速公路中的标线、护栏、路灯等部件进行提取。

第 7 章为大规模移动测量点云数据管理关键技术，主要介绍移动测量点云管理的关键技术，包括空间数据结构设计和大规模点云排序算法。

第 8 章为移动测量点云数据交互可视化技术，重点阐述可视化技术中的并发高速渲染、三维点云数据的交互拾取、交互可视化平台的实现，并展示最终成果。

第 9 章为原型系统设计与实现，在提出车载点云道路要素提取算法后，在开源平台上利用 C++ 语言对算法进行实现。主要介绍系统开发环境、系统设计内容，并展示相关成果。

第 10 章为结论，主要对书中提出的相关技术、理论算法和开发的软件系统进行总结。

本书是北京建筑大学、北京城建勘测设计研究院有限责任公司以及北京申信达成科技有限公司各位老师与专家通力合作的成果，特别感谢北京建筑大学王国利、潘登、赵江洪、危双丰、周腾飞、闫冰男、贾佳楠、韦朋成、周玉泉、孙梦溪等多位老师和同学做出的贡献，值此专著出版之际，谨向他们表示衷心的感谢。本书的研究成果受以下基金项目资助：国家自然科学基金项目(41971350、42171416)，北京市未来城市设计高精尖创新中心项目(UDC2019031724)，北京市教委科研项目-科技计划一般项目(面上项目 KM201810016013)，北京市属高校基本科研业务费项目(X18050、X18247)，北京建筑大学校设科研基金自然科学项目特设基金(KYJJ2017024)。

本书阐述的各类方法与关键算法为移动激光雷达测量系统的集成、点云数据的智能处理以及三维空间数据管理等技术提供有效支撑，希望能够抛砖引玉，为各位同行研究提供帮助。由于移动测量技术还在不断发展，本书所涉及的相关理论与关键技术及核心算法难免会有不足之处，恳请各位专家学者批评指正。

目 录

第1章 绪 论

§1.1 背景与意义

随着城市交通智能化、人工智能科技的发展，无人驾驶技术已经成为专家学者关注的焦点，而高精度空间数据作为无人驾驶的基础，也受到了越来越多的关注。无人驾驶技术就是通过采集和分析高精度空间数据来为汽车运行提供参考依据。高精度空间数据可以为智能地图制作、城市管理、城市规划、货物跟踪等提供数据基础，它还可以为城市智能化的建设、智慧城市的构建提供数据支撑。

一直以来，城市空间数据都是使用全球导航卫星系统实时动态定位(global navigation satellite system real-time kinematic positioning，GNSS RTK)技术、全站仪及摄影测量等传统手段来进行采集的，在精度等很多方面还有欠缺。无论在自动化程度、采集效率还是在大区域数据快速采集以及最重要的高精度数据采集方面，传统的采集方式都有所欠缺。近些年来，随着激光雷达(LiDAR，light detection and ranging)技术的快速发展，利用地面三维激光雷达来快速获取高精度城市空间信息数据的扫描方式已经得到广泛的应用。地面三维激光雷达以其快速、简单、自动化程度高等优点，不仅可以弥补传统数据采集手段的缺点，而且可以有效地提高工作效率。尽管地面三维激光雷达技术快速发展，但目前城市高楼林立，很大程度地限制了地面三维激光雷达的使用，同时由于城市主干道及高速公路等场景的特殊性，地面三维激光雷达无法很好地应用。依靠各类传感器的快速发展，通过不断的探索，人们提出并研发了移动激光雷达测量系统。移动激光雷达测量系统是由全球导航卫星系统(global navigation satellite system，GNSS)、惯性测量单元(inertial measurement unit，IMU)、三维激光雷达，以及电荷耦合器件(charge-coupled device，CCD)共同组成的。根据硬件设备搭载平台的固有属性，移动激光雷达测量系统具体可分为：车载激光雷达测量系统、机载激光雷达测量系统、船载激光雷达测量系统和星载激光雷达测量系统。各种系统因其不同的搭载平台而具有不同的应用范围。车载激光雷达测量系统由于其移动搭载平台为普通汽车而被广泛地应用于测量城市道路两侧地物的空间数据；机载激光雷达测量系统依靠无人机或载人直升机的搭载来进行空间数据的采集，常被应用于大面积、大范围的地面空间数据采集；船载激光雷达测量系统利用轮船作为载体，广泛地应用于湖、河、海等水体底部地形空间数据的采集；星载激光雷达测量系统以卫星作为系统搭载平台，可以应用于全球植被测量、全球高程控制点测量、极地冰盖测量等全球性空间数据的采集。

机载三维激光雷达测量系统集激光、全球导航卫星系统和惯性测量单元等多种尖端技术于一身，是目前最为先进的对地观测系统。它将三维激光雷达和航空数码摄像机装载在飞机上，利用激光测距原理和航空摄影测量原理，快速获取地球表面坐标数据和影像数据。该系统可用于快速生产数字高程模型（digital elevation model，DEM）、数字表面模型（digital surface model，DSM）和数字正射影像图（digital orthophoto map，DOM），也可用于城市三维建模、自然灾害评估、资源调查、海洋监测、军事测绘、大型工程测量等领域。与传统航空摄影测量技术相比，该技术具有获取三维空间数据直接快速、数据处理自动化程度高、作业速度快、外业工作省力、测量精度高及作业成本低等特点。同时，它能最大限度地反映地表真实情况，也是目前能准确测定植被茂密地区及沙漠地带地面高程的可行技术之一。对于在森林覆盖率高、地形复杂、通视条件恶劣地区的输电线路工程的电力勘测设计而言，机载三维激光雷达测量系统具有更加明显的优势。

激光雷达测距技术为三维科学大数据提供了另一种重要的数据获取手段，可以直接获取地物垂直结构参数，与成像光谱、成像雷达技术一起被称为当前遥感领域的三大前沿技术。激光雷达受大气和天空背景的干扰小，测距分辨率和角度分辨率高，既可获取目标垂直结构信息，也可获得目标表面的反射能量信息。星载激光雷达由于运行轨道高、观测范围广、全球覆盖频率高，可以提供全球不同区域（包括南北极等高纬度地区）的三维空间信息，在林业遥感、极地冰川监测和全球变化等领域前景广阔，应用潜力巨大。

车载激光雷达测量系统作为目前普通道路、高速公路及城市建筑物空间数据信息采集的主要方式之一，它的集成、检校与应用已成为专家学者关注的研究热点。车载激光雷达测量系统是测绘领域的一个新的发展方向，它拥有数据更新快、效率高、灵活性强且成本低等众多优点，可以广泛地应用于地形及特殊的地物（如高速公路等）空间数据信息的采集。由于目前现有车载激光雷达测量系统精度通常只能达到10 cm，数据误差大，应用范围受到很大的限制，例如在等高线测量、大比例尺数字线划图测量等高精度测量方面就无法使用车载激光雷达测量系统采集点云数据，精度无法达到要求，因此迫切地需要对车载激光雷达测量系统进行高精度整体检校，以提高系统精度，降低成本，扩大应用范围。

在车载激光雷达测量系统的应用方面，由于移动激光扫描数据海量、散乱、场景复杂，往往存在存储成本过高、快速可视化困难、快速检索困难、信息提取自动化程度较低、数据分析困难等问题。因此，需要一种自动化程度高、识别准确、处理高效的移动激光扫描数据处理方法。随着计算机技术的发展，关于数据处理方法的研究已成为热点。随着车载移动测量系统各传感器在空间解析度、测量精度等方面的进步，以及三维模型构建、点云数据处理、计算机图形学等相关技术的发展和对数字城市建设的迫切需求，虽然越来越多的科研机构投入精力来研究车载点云的分类和提取研究，但其扫描数据存在海量性，密度分布不均且无明显几何分布和场景内目标间的遮挡与自遮挡现象等问题，给目标提取带来巨大的挑战，而且测量角度和场景复杂度不同，车载激光点云数据不能直接借用相对成熟的机载点云信息的提取方法。本书从市场需求出发，基于不同的分割方法，研究从高速公路的车载激光扫描数据中自动、高效、准确地提取出需要的道路要素，从而促进车载激光扫描技术的发展和普及。

§1.2 研究现状

1.2.1 移动测量系统集成关键技术研究现状

1. 移动激光雷达测量系统的发展

移动激光雷达测量系统是将测量传感器集成到一起，可以稳定安置在汽车、飞机、船等平台上的软硬件设备。作为搭载平台，它需要利用稳固结构来准确地确定系统各传感器硬件的相互位置关系。高强度的稳固结构(刚性连接)可确保各传感器间的相对位置关系稳定不变，在保证硬件集成采用刚性连接的情况下，通过时间同步器，利用 GNSS 时间同步，将地理位置以及惯性导航元器件采集的姿态信息与激光雷达采集的点坐标集合在一起，从而达到实时连续地自动获取当前移动平台及其周边地物的三维空间数据信息的目的。为了方便对移动激光雷达测量系统进行升级，系统采用了对硬件设计及软件处理模块化的处理方式，更便于管理。

国外关于移动测量系统的研究发展较快，现在已经发展得十分成熟，商业化系统也已经出现，如国外一些大学早在 1970 年前后就有关于车载激光雷达测量系统的研究。加拿大的卡尔加里大学早在 20 世纪 80 年代就研发出了艾伯塔省移动高速公路设施系统(Alberta mobile highway inventory system，Alberta MHIS)。虽然该系统采用了模拟相机、航位传感器及 GPS 差分定位技术(differential Global Positioning System，DGPS)、惯性导航技术对道路及其相关设施数据进行采集，但由于该系统并没有商用，没有推出真正的商业产品，所以只能算是在车载激光雷达测量系统研究方面的引领者。

直到 20 世纪 90 年代，由美国俄亥俄州立大学研究设计的 GPSVan 移动测量系统才是真正意义上的第一款移动测量系统，并且是车载测量系统。该系统采用模拟相机采集影像数据并结合 GPS/INS 组合导航系统[1]以及里程计等设备得到的位置姿态信息，共同实现对地物的真三维坐标和色彩进行采集。加拿大卡尔加里大学也对 Alberta MHIS 进行升级，将 GPS/INS 组合导航系统应用到系统中，同时使

[1] GPS 即全球定位系统(Global Positioning System)，INS 即惯性导航系统(inertial navigation system)。

用了当时较为先进的双频载波相位差分 GPS 技术，而且更新了高精度惯性导航系统，通过不断的研究，最后又将里程计、彩色数码相机等硬件设备统一集成到系统中，提高了系统整体的稳定性和精度，称为 VISAT 系统。此后，车载激光雷达测量系统的相关研究越来越多，也越来越广泛。国外的很多公司也开始研究该系统，目前知名的系统有英国 3D Laser Mapping 公司开发集成的 StreetMapper 系统、加拿大 Optech 公司自主研发集成的 Lynx SG 系统、美国天宝(Trimble)公司的 MX9 系统，以及奥地利激光雷达生产厂商瑞格(Riegl)公司自主研发的 VMX 和 VMQ 系统等。

国内关于车载激光雷达测量系统的研究比国外晚，但是研究进展很快。最早拥有系统的是武汉大学，在 2002 年自主研发了自动道路测量车，是国内最早的移动测量系统。2003 年，武汉大学通过与山东科技大学合作，共同研制了车载近景三维测量系统。2006 年，南京师范大学通过与武汉大学合作研制了用于城市三维数据采集的车载激光雷达测量系统。2011 年，首都师范大学与北京四维远见信息技术有限公司在刘先林院士的支持下共同研发了 SSW 车载移动测量系统。2013 年，广州中海达卫星导航技术股份有限公司也成功研发了 iScan 一体化移动三维测量系统。此后，车载激光雷达测量系统得到了广泛的发展，越来越多的单位和公司开始研究系统相关的技术。图 1.1 为目前主流的几种移动测量系统。

(a) SSW车载移动测量系统　　(b) VMX-2HA系统　　(c) HiScan-C一体化移动测量系统

(d) Lynx SG系统　　(e) StreetMapperⅣ系统　　(f) MX9系统

图 1.1　移动测量系统

2. 车载激光雷达测量系统检校技术

随着国内外专家对车载激光雷达测量系统的深入研究，提升系统精度已经成为研究热点，也取得了很多成果，尤其专家针对系统中各传感器的检校以及外方位元素即安置角的检校提出了各种各样的方法。

康永伟等(2008)通过在检校场布设专用控制点对车载激光扫描仪的外方位元素进行检校。张卡等(2008)通过分析系统定位模型,提出了使用罗德里格斯旋转矩阵对外方位元素进行求解的方法。Rieger 等(2010)通过使用车载系统对同一建筑进行往返两次扫描,根据投影距离均方根最小原则,迭代计算出了系统的安置角参数。中国测绘科学研究院的叶泽田等(2011)创新性地提出一种利用微小转角对系统外方位元素进行动态改正的方法,使用 6 个微小转角和 6 个平移值对系统进行动态标定。胡竞(2011)提出了利用特征面对系统进行检校的方法,并对 12 个参数进行检校方法的验证,该方法将特征点的检校扩展到特征面,使用特征面来建立误差检校模型,最终利用最小二乘方法得到外方位元素检校值。赵凯等(2012)提出了低成本的检校方法,也就是将求解外方位元素变换为求解非线性函数极值的问题,使用 Nelder-Mead 算法对函数进行解算。信息工程大学的李鑫等(2012)在详细分析了系统中误差影响的情况下,推导出了系统整体检校的模型,为学者的后续研究提供了很好的思路。鹿星亮等(2017)利用 LU 分解推导出了系统中内外方位元素。

综上所述,随着三维激光测量技术的发展,车载激光雷达测量系统检校方法也在不断地更新,现在的检校方法有很多种,但是目前的检校方法大多存在一定的问题。最常用的方法是特征点检校和特征面检校两种,但这两种检校方法对特征点的确定以及特征面的拟合要求都很高,而车载激光雷达测量系统数据扫描线间隔较大,横纵密度差距大,无法十分精确地得到特征点和特征面,故使用特征点和特征面的检校方法无法保证系统最终的精度;利用微小角进行检校的方法对系统硬件安装以及检校设备精度要求较高,必须使用高精度的测角设备对系统误差进行相关的检校,但高精度测角设备一般比较昂贵,很多单位并没有,故该检校方法会受到一定的限制;利用高竖直墙面进行检校的方法虽然简单,能够很快地确定点云的相对位置精度,但是在选取墙面的边界拟合直线时,由于点云对边界的表现不好,所以会出现一定的拟合误差,很容易将该误差带到系统检校中,故精度会受到一定的影响。因此,本书针对以上常用方法的缺点,结合系统集成定位原理,提出了对时间误差以及轨迹位置误差进行改正的方法,并在此基础上提出了采用特制标靶对车载激光雷达测量系统整体进行高精度检校的方法,极大程度地为车载系统检校提供了新的思路和方法,为系统的精度提高做出了一定的贡献。

1.2.2 深度学习语义分割研究现状

1. 以多视角二维图像为输入的深度神经网络分割技术

针对点云无序散乱的特性,一些学者提出了首先将点云转化为多视角二维图像数据，然后使用现有的二维卷积神经网络（2D convolutional neural network，2D CNN）的语义分割方法。例如利用多视角卷积神经网络（MV-CNN）先将三维点云投影为多视角的二维图像，然后设计一种卷积神经网络将多视角二维图像信息融合成一种可以单独识别的三维描述符。该网络在三维点云识别与分割中取得了较高的准确率，其结构如图 1.2 所示。与 MV-CNN 的网络结构不同，Sfikas 等（2017）提出了一种新的神经网络，该网络将三维点云沿着目标体积的三个主方向定向地在圆柱上投影，然后将二维投影图作为神经网络的输入，最后实现点云的分类与分割。与 MV-CNN 在固定角度拍摄二维影像不同的是，Boulch 等（2018）提出 SnapNet 随机地在场景周围拍摄大量视图，并利用 Ronneberger 等（2015）提出的 U-Net 模型进行预训练。除 U-Net 外，常用的预训练网络模型还有 Simonyan 等（2015）提出的 VGG-16 网络、He（2016）提出的 ResNet 等。以多视角二维图像为输入的神经网络的优点是当前现有的二维图像的神经网络较多，且都已取得了不错的成绩。但是这类方法在将点云数据转化为二维图像时，过程较为烦琐，容易造成三维信息的丢失，而且投影角度的选取会造成对同一物体的表征效果不同，对网络的泛化能力也有一定的影响。

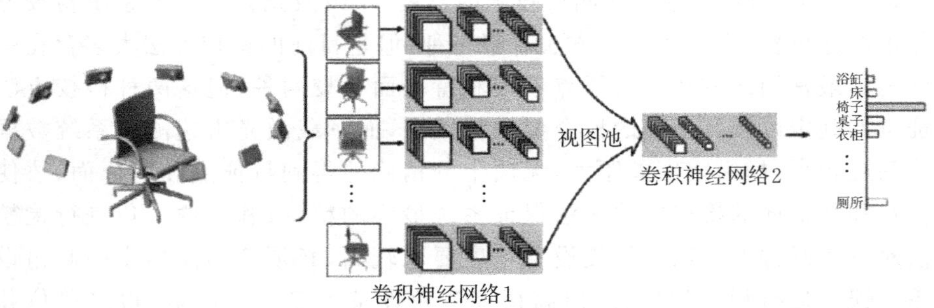

图 1.2　MV-CNN 模型结构

2. 以栅格体素为输入的深度神经网络分割技术

在点云数据预处理过程中，为了更好地保留点云三维空间信息，研究人员在 2D CNN 分割模型的基础上进行了改进，通过对点云进行体素化等预处理操作，提出了以体素为输入的三维卷积神经网络（3D CNN）点云分割模型。Maturana 等（2015）提出了 VoxNet 模型，该网络结构如图 1.3 所示。该模型将点云体素化后使用卷积神经网络，是最早的 3D CNN，但是该网络存在计算量大和“内存爆炸”等缺点。针对该缺点，Riegler 等（2017）提出了 OctNet 模型，Klokov 等（2017）提出了 K 维网络模型，通过对输入点云建立八叉树、K 维树索引结构和三维卷积神经网络，对点云进行了高分辨率体素表征，并且将表征后的结果作为卷积神经网络的输入进行点云分割。该方法通过建立索引结构节省了大量的计算资源，提高了分割效率。基于三维体素化的卷积神经网络在各个三维点云数据集上分割精度排名相对出色。这类方法通过体素化操作在解决点云散乱无序的问题的同时保留了大量的三维信息。然而该方法在进行卷积操作时计算量非常大,而且易受到内存的限制,通常三维体素的分辨率不高,这就增加了量化的误差。此外,网络中仅利用了点云的结构信息,没有考虑点云的颜色、强度等信息。因此,基于栅格体素输入的深度神经网络仍然有巨大的改进空间。

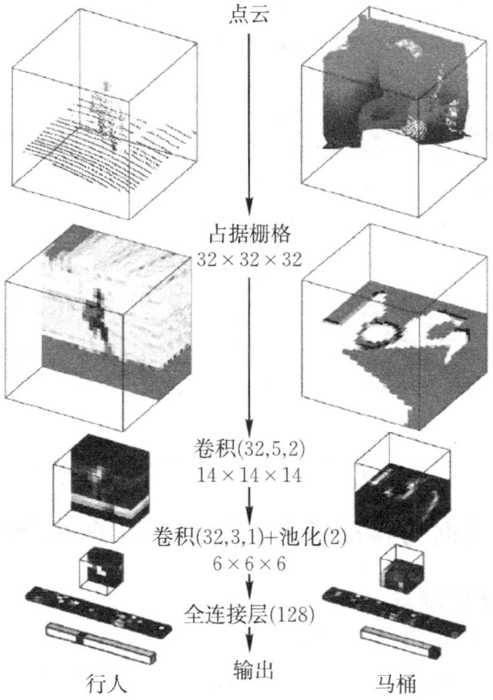

图 1.3 VoxNet 模型结构

3. 以点云为输入的深度神经网络分割技术

斯坦福大学的 Qi 等(2017a)提出了 PointNet 模型,其结构如图 1.4 所示,可分为分类网络与分割网络两部分。分割网络部分利用多层感知机(multilayer perceptron,MLP)提取全局特征向量,并利用对称函数解决无序的问题,取得了不错的识别与分割精度。然而通过该网络只能学习得到点云全局特征,忽略了局部特征,因此该网络对于场景细节的分割精度较差。针对该问题,Qi 等(2017b)对 PointNet 进行了改进,提出了 PointNet++ ,该网络考虑了空间中点与点之间的距离度量,通过层级结构利用局部区域信息学习特征,网络结构更有效、更稳定。Li 等(2018)也在 PointNet 的基础上进行了改进,提出了 PointCNN 结构模型,该模型通过分析点云特性,从点云中学习得到 X 变换矩阵,然后将其与点关联的输入特征(坐标、颜色等)进行卷积,将它们重新排列成潜在隐含的规范顺序。虽然所提算法能够使点云卷积处理的性能有所提高,但 X 变换矩阵还有较大的改进空间,尤其是在对点云的排序方面其表现并不理想。Jiang 等(2018)也在 PointNet 的基础上进行了改进，提出了 PointSIFT 网络，该方法借鉴在二维图像上使用较为广泛的 SIFT 算子，设计了一个 PointSIFT 模块，在不同方向上对三维点云的信息进行编码。该方法具有尺度不变性，从而解决了 PointNet 无法学习得到点云局部特征的缺点。这些网络的出现为后续基于深度学习的点云分割方法指引了方向，具有重要价值。鉴于直接以点云为输入的网络模型在点云分割上取得较好的效果，越来越多的研究者开始对这类方法进行研究与改进。

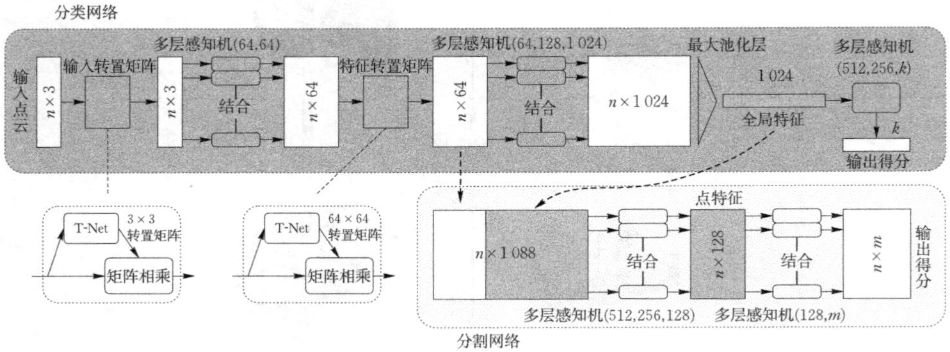

图 1.4　PointNet 模型

1.2.3　全景相机数据与移动激光雷达点云数据融合研究现状

1. 基于影像拼接的融合

部分车载系统采用鱼眼镜头或全景相机进行纹理获取。全景影像由多张面阵数码影像或鱼眼镜头影像拼接而成，其成像原理和误差来源有别于普通 CCD 影像。国内外对于全景影像与车载数据的融合研究甚少，主要是由于拼接过程改变了原始影像的成像模型，大大增加了融合的难度。聂倩等(2013)推导了三维激光扫描坐标系、惯性平台参考坐标系、GPS 坐标系之间的严密模型，完成了车载三维激光扫描系统的外参数标定，为全景影像和点云的融合提供了理论基础。闫利等(2018)针对全景影像和激光点云融合研究不足的状况，提出一种适合球面全景影像的彩色车载激光扫描点云生成方案，首先将八镜头 CCD 影像拼接为全景影像，然后利用定位测姿系统(position and orientation system，POS)获取每一帧全景影像曝光时刻的外方位元素，最后利用球面全景状态下的共线方程完成纹理映射。Swart 等(2011)发明了一种全景影像与激光点云的融合方法，首先将多张面阵影像拼接为全景影像，用一种非刚性迭代最邻近点(iterative closest point，ICP)方法进行初始配准，然后将结果加入光束法平差框架，最后用 SIFT 算子对全景影像和反射强度影像进行匹配，取得了良好的效果。

2. 基于 2D-3D 间接的融合

有部分学者将 2D-3D(二维-三维)问题转化为 2D-2D(二维-二维)问题或 3D-3D(三维-三维)问题,间接完成纹理映射。针对室内场景,李艳红等(2014)先利用多视立体几何技术生成稀疏点云,人工进行初始配准,然后对稀疏点云和激光点云分别进行平面探测,利用匹配关系优化配准矩阵。Hesch 等(2011)首先在点云强度图像和 CCD 影像上分别提取哈里斯(Harris)算子,然后在每一个特征点的灰度邻域分别计算零均值归一化互相关系数,最后利用 EPnP 或 P3P 算法完成全自动纹理映射,该方法具有很高的借鉴价值。

3. 基于深度学习的匹配

为了解决利用预校准获得的 IMU 与全景相机之间的参数不准确而导致全景图像与点云配准失败的问题,有学者提出了通过深度学习 Faster-CNN 的方法,将在影像上提出的车辆等特征与点云上的特征配准基元进行匹配来解算配准参数的方法,使得利用深度学习实现全景影像与点云的配准成为可能。

1.2.4 移动测量数据场景特征感知技术研究现状

1. 直接对散乱点云进行分割和目标提取方法

在一些早期工作中,针对特定的场景,有研究者提出了基于规则的分割方法,这类方法根据目标点云的空间分布和几何特征,设计不同的分割规则,从杂乱的点云中将不同的地物分割出来,并赋予相应的语义信息。这类方法在单类目标提取上有较多的应用。闫利等(2007)提出了基于法向量模糊聚类的滤波算法,该方法充分利用道路面法向量的分布特点,同时采用迭代策略对道路面点云进行提取。Börcs 等(2015)通过构建车辆模型,并结合基于凸包的二维包围盒拟合特征、三维球特征和物体轮廓特征三个提取特征,提出了一种实时的基于模型的从连续散乱车载点云中检测车辆的方法。该方法可以应用于自动驾驶技术中的实时车辆检测。Borja 等(2015)基于 Reed 提出的 RX 异常检测算法从车载点云数据中检测道路点云中的杆状物体,并将其分类为树木和人造杆状物体。Yu 等(2017)使用多段阈值和空间密度滤波,直接从路面点提取道路标线,最后根据标线的类型将其分为七类。Xu 等(2016)通过由粗到细的方法使用能量函数对点云中的路肩进行提取,该方法可以应用于大范围的车载点云场景,但是容易受到噪声点的影响,单点的能量特征并不稳定,会造成大范围的错误识别。

对于多类目标的提取通常先对地面进行识别,然后在滤除地面的基础上使用聚类的方法对点云单体化,最后根据设定的特征赋予相关的语义信息。Pu 等(2011)提出了一种基于移动激光扫描点云的结构识别框架,先按三个较大的类别(地面、地面上的物体和地面外的物体)进行初始分类,然后根据点云的大小、形状、方向和拓扑关系等特征集合,将地面上的物体分配到更详细的类中,如交通标志、树木、建筑墙和障碍物。Zermas 等(2017)采用两步算法直接对车载点云进行分割,先利用确定性分配的种子点使用随机抽样一致性(random sample consensus,RANSAC)算法迭代提取地面点,然后结合激光雷达点云的结构对剩余的非地面点进行聚类。Rummelhard 等(2017)利用时空条件随机场提出了一种基于局部地面高程和坡度动态估计的三维点云地面分割系统,该系统可以对稠密和稀疏点云进行地面估计和点云分割,能够实时对道路场景进行地面识别。

直接对散乱点云进行分割和目标提取的方法,避免了生成图像造成的测量精度损失。但这种方法直接在无组织的点云上进行目标提取,通常需要对每一个单点进行分割与分类,计算量较大,算法对点云质量要求较高,且由于车载点云场景复杂,一般会有较多的噪声和点云缺失现象,因此易造成分割分类的精度不佳。

2. 基于扫描线的分割和目标提取方法

用扫描线处理移动激光雷达点云有很多优点。例如,相对于整体上的大量点,数据结构更简单,更容易管理扫描线上的少量点;与将散乱点云整体处理的方法相比,对扫描线上的点云进行处理效率更高,尤其是随着点数量的增加这种优势更明显;基于扫描线的点云处理方法可以进行并行运算等。Yuan 等(2010)采用基于最大熵理论的模糊聚类方法对点云进行分割,然后采用多次加权最小二乘线性拟合算法对线性和非线性分布的点进行分割,最后成功地从复杂的半结构化点云环境中提取了道路和建筑物角点。Zhang(2010)针对每条扫描线采用高斯低通滤波技术提取路面候选点,然后用霍夫(Hough)变换提取垂直分布的点作为道路边缘点。

基于扫描线的分割和目标提取方法处理的是结构化的点云数据,或将点云根据其他信息进行结构化,该方法虽然可以简单快速地实现不同目标的提取和分类,但容易忽略扫描线间的地物的连续关系,且在对点云的实际获取过程中,由于解译保存等原因易造成扫描线信息和其他信息的缺失,或者当激光扫描的点云数据来自多个激光雷达时,该方法无法对其进行目标的提取和分类。

3. 点云转为图像的分割和提取方法

随着计算机视觉的发展和图像处理技术的快速进步,目前基于图像的目标提取技术已经相对成熟。因此可以将三维场景的点云数据转换为二维图像,然后利用图像分割、图像分类、轮廓提取、形态学运算等图像处理手段进行目标分割和分类。

该方法在道路标线的提取中应用较为广泛。Yang 等(2015)利用插值方法生成具有地理参照的点云特征图像,然后根据反射强度和高度阈值使用离散判断分析法去除非道路点。最后,利用道路标记的语义知识提取道路标线的轮廓。但是该方法在提取精度和复杂度上仍需改进。基于像素多阈值的分割方法是解决强度不一致的道路标线提取的一种方案。Guan 等(2015)提出了一种基于二维地理特征(geography feature,GRF)图像的道路标线提取方法。该方法首先通过改进的逆距离加权(inverse distance weight,IDW)插值方法将提取的路面点插值到GRF图像中,然后使用基于加权邻域差分直方图(weight neighborhood difference histogram,WNDH)的动态阈值法和多尺度张量投票法(multiply scale tensor vote,MSTV)从受噪声污染的GRF图像中分割和提取道路标记。Soilán等(2017)根据道路标线的反射特性,适当地过滤点云并创建自适应阈值的二进制光栅图像,通过一系列的图像操作,利用神经网络对道路点云中的人行横道和箭头进行区分和识别。但是多阈值分割方法需要对数据进行分块,而分块的尺度阈值难以确定,且当标线和路面点强度差异较小时,容易造成标线的漏提取或者噪声点的错提取。为了获取更加精确的提取效果,闫利等(2018)在生成的特征图像上检测图像边缘,根据道路标线的几何特征提取道路标线候选点云,最后利用高斯混合模型剔除路面噪声点,提高算法精确性。

点云转为图像的分割和提取方法虽然在一定程度上降低了点云提取的难度,提高了提取效率,但其最大的缺陷是在点云生成图像的过程中会造成点云精度的损失,同时网格大小的选取也会影响目标分割和提取的结果。

4. 点云生成体素的分割和目标提取方法

点云转化为图像的目标分割方法是将点云组织为二维形式进行结构优化,在三维转化为二维的过程中会造成精度降低,因此很多学者使用三维体素来组织点云,并根据体素的相关特征进行目标分割。该方法在车载激光点云的目标识别中也有较广泛的应用。一种思路是直接在单体素的基础上进行信息提取。Wu等(2013)使用基于体素的方法从移动激光扫描数据中对单个街道树木进行自动识别和形态参数估计,但是其设计的体素构建与合并方法仅适用于树木的提取,使应用场景受到限制。为了解决混合体素的问题,董震等(2015)考虑了体素内点的同质性,提出了一种多类目标的层次化提取方法,可融合超体素的多种特征,利用基于图的分割方法进行点云分割。但是该方法点云分割的结果依赖于超体素分类的结果,当体素分类出错时,会导致分割结果错误。

随着优化算法的发展,使用模板匹配的方法对车载点云进行目标识别成了一个研究方向,该方法首先使用八叉树结构将散乱的车载点云划分为体素,在体素的基础上设置过滤器将地面点移除,然后使用聚类的方法直接对散乱点云进行欧氏聚类,将具有空间关系的点云聚为一类,从而完成地物的单体化。在完成单体化后,将已有的模板点云和场景点云再次进行体素划分,以体素中心作为特征点,并计算每个体素的特征描述子。最后通过线性规划方法计算模板点云和场景点云的特征匹配代价和几何匹配代价的和的最小值,通过比较模板目标和场景目标的最小匹配代价的大小来识别场景中和模板点云最相似的目标。该方法在给定模板点云后,通过设计的识别框架可以识别出对应的地物,不需要对每种道路要素都设计一种识别规则。但是作为一种连续线性优化问题，这种方法经过笔者实现后发现其效率较低，且算法鲁棒性并不高，不能稳定地用于实际车载点云的信息提取。

使用车载激光雷达获取的点云数据具有较高的精度，包含丰富的三维场景，同时，仅沿着道路驾驶车辆就能获取数据的测量方式与传统测绘方式对道路信息的调查相比，大大节省了调研时间、缩短了信息更新周期、提高了调研的安全性。但是通过车载激光雷达获取的点云数据量巨大，空间及密度分布不均匀，行驶过程中周边物体（如树木、车辆等）的遮挡会造成数据缺失，为后期的目标分割与分类以及道路信息的提取带来了困难。虽然目前国内外学者对车载点云中的道路信息提取有较为广泛的研究且取得了一定的成果，但是仍存在以下几点不足。

(1)提取效率与精度方面。基于单点的车载点云要素提取技术受点云搜索、法线计算等的影响，通常分类效率较差且分类精度较低。对每个要素的提取通常选用不同的算法，鲁棒性较低。基于体素的方法通常以体素为单位进行分割，未考虑单个体素内有混合地物点云的情况，造成分割精度较低。传统的体素划分方式在进行邻域搜索时占用空间大，搜索效率低。

(2)要素信息化应用方面。现有的道路要素提取方法通常只将车载点云按照相关特征进行分割与分类，进行目标提取后很少对地物的具体信息（如长度、宽度和位置等）进行计算，而这类信息才是路况调研、高精度地图制作等工作真正需要的参考数据。现有方法很少对其进行分析，因此导致其应用性差。

(3)海量数据点云处理与可视化方面。车载点云处理的最关键点就是数据海量，点云数据通常为 GB 乃至 TB 级。这对传统的点云分类算法与可视化方法是一个极大的挑战。解决不了这一问题，车载点云的信息提取问题只能停留在研究阶段。

1.2.5 大规模点云数据组织管理研究现状

近年来，随着三维激光扫描技术在各个应用领域的不断发展，点云数据获取量不断增加，实现海量点云的空间数据组织和快速可视化以及点云处理应用成为一个迫切需要解决的问题，该问题的关键就是建立一个有效的空间索引。空间索引是指在存储空间数据时依据空间对象的形状和位置或空间对象之间的空间关系按照一定的顺序排列的数据结构，其中包含了空间对象的概要信息，如外接矩形、对象的标识及指向空间对象实体的指针。空间索引主要提高检索空间数据集合中空间数据的效率，减少空间数据操作时间。通常把检索空间数据集合的“目录”称为空间索引。空间索引虽然复杂，但仍然发展于两种数据结构：基于哈希思想，如网格索引等；基于树思想，如四叉树、R 树等。依据划分方式的不同，空间索引主要分为三种方式：规则分割法、对象分割法、组合分割法。

1. 规则分割法

规则分割法是将空间按照某种规则的分割方法分成均匀的单元,而后将空间中每个实体相应地分配到一个或多个单元。比较常用的规则网格剖分方法有KD(K维)树、KDB树、八叉树、BSP树,以及R树等。

2. 对象分割法

对象分割法是利用层次包围体,并用一定的方法对空间进行剖分。层次包围体是一种简单的树形结,它用一些特定的方法将空间对象进行分割,由此把树的每个节点保存为所在层次包围体的信息,叶子节点存储基本的空间对象。在生成的树结构中,一个树节点对应一个包围体的信息,而空间对象则存储在叶子节点中。常用的包围体有轴向包围盒、包围球、离散方向多面体、方向包围盒,以及凸包等。

3. 组合分割法

单独的索引技术或多或少存在一定的缺陷和局限性,例如单纯使用二维网格索引就无法适用于点云数据分布极不均匀的情况。因此为了克服单个索引结构的弊端,一部分学者提出了组合型的索引技术,将不同的索引组合在一起,取长补短,往往能得到很好的效果。

1.2.6 大规模点云数据可视化研究现状

随着科学技术的发展,人们对可视化的认识和要求已经从把数据通过软件处理为可在屏幕上显示的图形发展为对大量三维数据的可视化结果要求越来越精确,并且一些领域已从二维图形转换为三维图形。计算机图形学、计算机视觉等技术的发展,极大促进了可视化技术的发展。

因为点云数据量大,现有的计算机硬件不足以支撑绘制全部的数据,所以需对可视化进程进行研究,主要分为构建细节层次(level of detail,LOD)模型、视锥体裁剪技术、多线程和多进程技术的研究,从而提高可视化效率。

最早提出实时动态多分辨率细节模型可视化的研究者是Lindstrom,他提出可以通过投影的变化,获得不同分辨率的数据,然后对数据进行顶点分裂合并,得到最终的数据模型。该方案的提出,给LOD可视化奠定了坚实的基础。张耀林(2014)提出了基于四叉树、八叉树及KD(K维)树的LOD模型,完成了海量地形数据的快速可视化建模。孟放等(2006)提出了一种基于层次聚类技术生成不同分辨率的点云图层,以此构建LOD模型的方法。杨建思等(2014)提出了一种基于KD树进行组织索引,通过判断节点与节点到屏幕上的投影大小来构建三层LOD模型的方法。Rusinkiewicz等(2000)提出了QSplat绘制系统,该系统设计了一种全新的数据结构,可以高效地压缩数据并实现动态LOD控制以及基于法向聚类的可见性剔除。在点云预处理阶段,将采样点存储在层次包围球的内部。在绘制阶段，分层次地遍历该数据结构并依据当前观察的视角、计算条件以及屏幕分辨率等情况来绘制。该系统的缺点在于没有考虑反走样以及透明度的问题，因此绘制质量一般。

综上所述，现有的海量激光点云数据组织与可视化方法，具有各自的优缺点和适应的环境，并不存在既适用于任何情况，又具有高效的组织索引能力的单一的数据结构和组织方案。当前点云可视化技术的发展还存在一定的不足，主要体现在数据内存调度方面，数据的索引效率、可视化漫游效果、内存的资源消耗等仍有提升空间。

第 2 章　移动激光雷达测量系统集成处理关键技术

§2.1　IGS 站组网的移动激光雷达测量系统整体检校方法

针对车载移动测量系统中激光雷达和载体坐标系之间存在的定位和测姿偏差，在结合常规特征点、特征面检校方法的基础上，提出一种带有误差改正数的位置和姿态检校方法。利用站载激光雷达获取的车载系统整体点云模型和传感器固有几何属性获取传感器之间相对关系初值，在此基础上引入误差改正数，构建误差改正模型，在与国际导航卫星系统服务（International Global Navigation Satellite System Service，IGS）站联测的检校场中，借助平面、球形标靶和平面反射标志等特征，采用最小二乘迭代法计算误差改正数最优解，从而实现移动激光雷达测量传感器快速检校。实验结果表明，该方法切实可行，检校后点云平面和高程绝对精度分别为 0.043 m 和 0.072 m，相对精度为 0.018 m，满足移动测量系统数据获取的精度要求，对促进车载移动测量技术发展和应用具有重要意义。

2.1.1　引入误差改正数的移动激光雷达测量系统整体检校模型

车载移动测量系统作为一个多源传感器集成的快速观测系统，受众多误差源影响，主要分为组合偏差和部件偏差。部件偏差是各传感器的观测误差，目前对于单个传感器的部件偏差的检校已经取得一定成果，相对比较成熟；组合偏差是由各传感器坐标系定义不同引起的偏心距和偏心角，在传感器精度一定的情况下，组合偏差是影响测量精度的主要因素。本书主要针对激光雷达和定位测姿系统之间存在的组合偏差进行检校研究。

基于初值引入误差改正数的检校方法的具体技术路线如图 2.1 所示。首先根据整体点云模型和传感器几何关系联合解算偏心距与偏心角初值，再利用与 IGS 站联测的高精度检校场，在基于初值解算的点云中进行特征标志点中心坐标提取，依靠特征点及其已知的坐标进行安置误差改正数反算，将得到的误差改正数代入初值，利用检校后的参数进行车载点云重新解算，根据坐标值对得到的车载点云进行绝对精度验证，通过对点云内部地物距离的相对关系验证该方法的合理性。

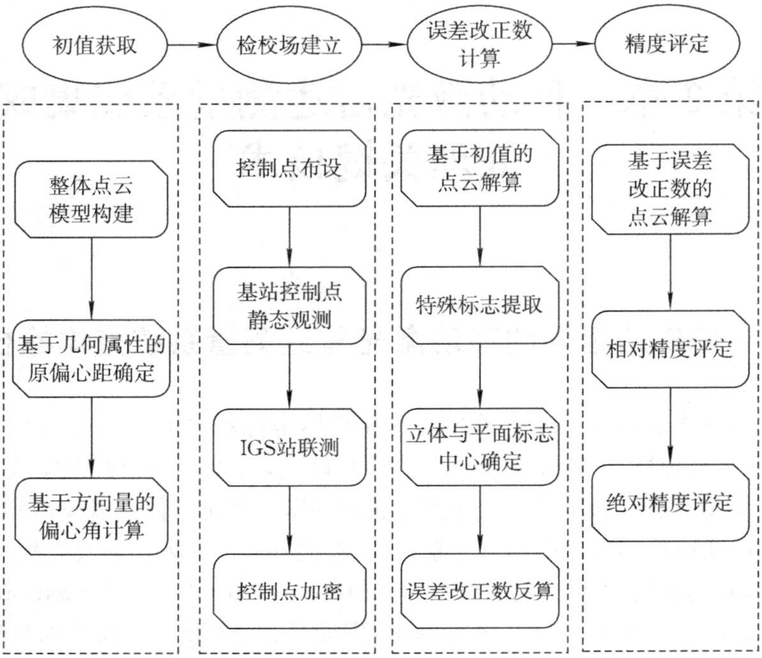

图 2.1 激光雷达测量系统检校技术路线

检校初值包括偏心距和偏心角两部分，获取偏心距检校初值的方法可分为直接法和间接法两种。本书结合车载激光雷达测量系统的特点，提出一种利用地面三维激光技术获取车载系统检校初值的间接获取方法。用站载激光雷达对车载移动测量系统进行扫描采集，在获取点云模型基础上分析各传感器形状、设计规格等特性，利用估计回归模型等数学模型，解算各设备的相对位置关系和相对姿态。具体过程为：①角点位置确定；②根据选取的角点，进行相邻三个平面点云提取和平面方程建立；③联立平面方程求解角点坐标；④根据传感器设计的固有偏移参数确定坐标原点位置。图 2.2 为车载移动测量系统点云模型，图 2.3 为全景相机确定的中心点在点云坐标系中坐标。

由于各设备坐标系的坐标轴与各平面垂直，可利用平面法向量间接测出角度偏量。该方法需先确定平面法向量，即确定与各设备独立坐标系坐标轴垂直平面的法向量，注意法向量与坐标轴之间方向，避免出现相差 180°的情况。在平面拟合过程中，通过平面方程确定平面法向量，设法向量为 $\boldsymbol{b}$、$\boldsymbol{d}$，其角度 θ 的计算方法为

$$\left.\begin{aligned}\cos\theta &= \frac{\boldsymbol{bd}}{|\boldsymbol{b}||\boldsymbol{d}|}\\ \theta &= \arccos\frac{\boldsymbol{bd}}{|\boldsymbol{b}||\boldsymbol{d}|}\end{aligned}\right\} \tag{2.1}$$

利用式(2.1)计算出不同坐标系坐标轴相对惯性导航系统坐标系的角度差，从而确定各个坐标系在惯性导航系统坐标系中的角度偏量，求出姿态角。

图 2.2　点云模型

图 2.3　全景相机中心

在获取初值基础上引入误差改正数，将已知控制点和特征点代入建立的误差改正模型，利用间接平差法反算激光雷达相对于惯性测量单元(IMU)的偏心距改正数和偏心角改正数，具体过程如图 2.4 所示。

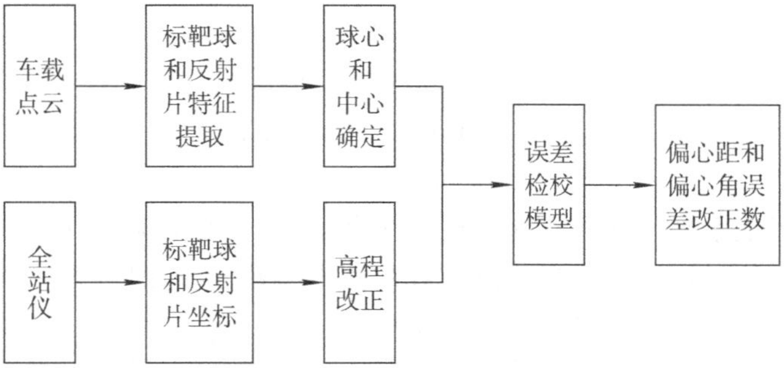

图 2.4　检校流程

为避免特征点选取不准引入误差，检校现场布设大量的标靶球。标靶球由反射片和球组成，反射片中心和球心在垂直方向上有固定的差距，利用全站仪测量反射片，根据反射片中心与球心特定间距就可得到球心坐标，点云的球心坐标不能直接测量获得，所以检校前要确定点云球心坐标。球心坐标通过大量球面点利用 RANSAC 算法反算求解，大大提高了数据的准确性。

利用间接平差最小二乘方法求解误差改正数需要一个准确的模型，根据得到的初值和误差改正数建立平差观测模型，该模型其实就是三维坐标系转换模型，在激光雷达和惯性导航系统的转换过程中引入误差改正数，具体模型为

$$\begin{bmatrix} X_A \\ Y_A \\ Z_A \end{bmatrix}_{\mathrm{ECEF}} = \boldsymbol{R}_M \left(\boldsymbol{R}_N \left(\Delta\boldsymbol{R}_0 \boldsymbol{R}_0 \begin{bmatrix} X_{\mathrm{L}} \\ Y_{\mathrm{L}} \\ Z_{\mathrm{L}} \end{bmatrix} + \begin{bmatrix} X_{\mathrm{LI}} \\ Y_{\mathrm{LI}} \\ Z_{\mathrm{LI}} \end{bmatrix} + \begin{bmatrix} \Delta X_0 \\ \Delta Y_0 \\ \Delta Z_0 \end{bmatrix} \right) \right) + \begin{bmatrix} X_{\mathrm{GPS}} \\ Y_{\mathrm{GPS}} \\ Z_{\mathrm{GPS}} \end{bmatrix}_{\mathrm{ECEF}} \tag{2.2}$$

式中，$\boldsymbol{R}_N$ 为惯性导航坐标系到当地水平坐标系的旋转矩阵；ECEF 表示地心坐标系，当地水平坐标系是一种站心坐标系，原点与惯性导航系统坐标系原点相同，避免坐标原点的漂移；$\boldsymbol{R}_N$ 的角度变换与惯性导航的安装和行驶路线有关，角度值可通过惯性导航系统经过后处理解算出来；$\boldsymbol{R}_M$ 和 $[X_{\mathrm{GPS}} \quad Y_{\mathrm{GPS}} \quad Z_{\mathrm{GPS}}]^{\mathrm{T}}$ 为当地水平坐标系到 1984 世界大地测量系统（WGS-84）的旋转矩阵和平移矩阵；$[X_{\mathrm{L}} \quad Y_{\mathrm{L}} \quad Z_{\mathrm{L}}]^{\mathrm{T}}$ 为某点的激光雷达坐标；$\boldsymbol{R}_0$ 和 $[X_{\mathrm{LI}} \quad Y_{\mathrm{LI}} \quad Z_{\mathrm{LI}}]^{\mathrm{T}}$ 为激光雷达坐标系到惯性导航系统坐标系的初值，为已知项，$\boldsymbol{R}_0$ 是角度初值构成的旋转矩阵，$[X_{\mathrm{LI}} \quad Y_{\mathrm{LI}} \quad Z_{\mathrm{LI}}]^{\mathrm{T}}$ 为平移量初值；$\Delta\boldsymbol{R}_0$ 和 $[\Delta X_0 \quad \Delta Y_0 \quad \Delta Z_0]^{\mathrm{T}}$ 为引入的误差改正数，可表示为

$$\Delta\boldsymbol{R}_0 = \Delta\boldsymbol{R}_{\alpha_0} \Delta\boldsymbol{R}_{\beta_0} \Delta\boldsymbol{R}_{\gamma_0} \tag{2.3}$$

具体的矩阵形式为

$$\Delta\boldsymbol{R}_{\alpha_0} = \begin{bmatrix} 1 & 0 & 0 \\ 0 & \cos(\Delta\alpha) & -\sin(\Delta\alpha) \\ 0 & \sin(\Delta\alpha) & \cos(\Delta\alpha) \end{bmatrix} \tag{2.4}$$

$$\Delta\boldsymbol{R}_{\beta_0} = \begin{bmatrix} \cos(\Delta\beta) & 0 & \sin(\Delta\beta) \\ 0 & 1 & 0 \\ -\sin(\Delta\beta) & 0 & \cos(\Delta\beta) \end{bmatrix} \tag{2.5}$$

$$\Delta\boldsymbol{R}_{\gamma_0} = \begin{bmatrix} \cos(\Delta\gamma) & \sin(\Delta\gamma) & 0 \\ -\sin(\Delta\gamma) & \cos(\Delta\gamma) & 0 \\ 0 & 0 & 1 \end{bmatrix} \tag{2.6}$$

在已知当地水平坐标原点和大地经纬度（B，L）的情况下，可实现两个坐标系的快速转换。依照模型建立误差改正数线性化误差方程，即

$$\left.\begin{aligned} v_X &= X_{\mathrm{L}} - X_{\mathrm{q}} + \frac{\partial X_{\mathrm{L}}}{\partial\alpha}\Delta\alpha + \frac{\partial X_{\mathrm{L}}}{\partial\beta}\Delta\beta + \frac{\partial X_{\mathrm{L}}}{\partial\gamma}\Delta\gamma + \frac{\partial X_{\mathrm{L}}}{\partial\Delta X_0}\Delta X_0 + \frac{\partial X_{\mathrm{L}}}{\partial\Delta Y_0}\Delta Y_0 + \frac{\partial X_{\mathrm{L}}}{\partial\Delta Z_0}\Delta Z_0 \\ v_Y &= Y_{\mathrm{L}} - Y_{\mathrm{q}} + \frac{\partial Y_{\mathrm{L}}}{\partial\alpha}\Delta\alpha + \frac{\partial Y_{\mathrm{L}}}{\partial\beta}\Delta\beta + \frac{\partial Y_{\mathrm{L}}}{\partial\gamma}\Delta\gamma + \frac{\partial Y_{\mathrm{L}}}{\partial\Delta X_0}\Delta X_0 + \frac{\partial Y_{\mathrm{L}}}{\partial\Delta Y_0}\Delta Y_0 + \frac{\partial Y_{\mathrm{L}}}{\partial\Delta Z_0}\Delta Z_0 \\ v_Z &= Z_{\mathrm{L}} - Z_{\mathrm{q}} + \frac{\partial Z_{\mathrm{L}}}{\partial\alpha}\Delta\alpha + \frac{\partial Z_{\mathrm{L}}}{\partial\beta}\Delta\beta + \frac{\partial Z_{\mathrm{L}}}{\partial\gamma}\Delta\gamma + \frac{\partial Z_{\mathrm{L}}}{\partial\Delta X_0}\Delta X_0 + \frac{\partial Z_{\mathrm{L}}}{\partial\Delta Y_0}\Delta Y_0 + \frac{\partial Z_{\mathrm{L}}}{\partial\Delta Z_0}\Delta Z_0 \end{aligned}\right\} \tag{2.7}$$

式中，(X_{L}，Y_{L}，Z_{L}）为利用初值得到的激光点云大地坐标，（X_{q}，Y_{q}，Z_{q}）为全站仪观测数据，$\Delta\alpha$、$\Delta\beta$、$\Delta\gamma$、ΔX_0、ΔY_0、ΔZ_0 为 6 个参数的改正数。将误差方程转换成矩阵形式为

$$\boldsymbol{V} = \boldsymbol{BX} - \boldsymbol{L} \tag{2.8}$$

根据最小二乘原理，计算法方程为

$$B^{\mathrm{T}}PBX=B^{\mathrm{T}}PL \tag{2.9}$$

将计算得到的值代入误差方程，进行迭代计算，直到改正数值小于某一阈值，从而求解出 6 个参数的改正数。

2.1.2　基于 IGS 站组网的检校场建立

高精度检校场建立是解算准确误差改正数和精度评定的前提。检校场的布设应该满足以下几个条件。

(1)移动激光雷达测量系统的检校场应该选择在空旷平坦、信号干扰较小的区域。保证车辆行驶道路较宽且行人、车辆和两侧道路较少，防止因外部因素影响 GNSS 信号接收和遮挡激光雷达扫描特征点。设计检校车辆行驶路线时，应尽量保证在检校过程中车辆能够沿直线正常行驶，防止出现拐弯路线尤其是较急的弯道。

(2)校检场地形起伏不能过大，高差应在 1 m 以内。

(3)校检场内用于校检的主体建筑物为近似长方体，几何条件满足体积大于 100 m(长)×100 m(宽)×10 m(高)，建筑四角转折明显，建筑表面平整，没有大面积的玻璃幕墙等弱反射材质，因为当信号发射到光滑物体表面便形成镜面反射，会造成激光信号丢失。建筑四周应平整，并有硬化道路围绕，且硬化道路应与建筑外边线基本平行，方便系统载具顺畅移动。

(4)检校区域内有一定数量弯道和起伏路段，能够更好地检测不同环境带来的影响，同时包含大量的特征物和标志点，如斑马线、路灯、交通信号灯等，为后期的精度评定提供参考。

检校场选定后，首先进行首级控制网建立，首级控制网作为检校场的控制基准具有较高的精度要求，为保证控制网精度，采用与周边精度优于 0.01 m 的 IGS 站联测方式提高控制点定位精度。IGS 站在全球范围内进行连续跟踪观测，无偿地向全球用户提供各种观测值数据、站点坐标、相应的框架、精密星历等信息，能够及时满足观测的需要。本书首级控制点为 4 个，利用 GNSS 接收机对控制点进行长时间静态观测，将得到的静态数据、精密星历和周边 IGS 站的站点信息进行联合基线解算和平差处理，得到准确的控制点坐标，联合解算效果如图 2.5 所示。

为避免坐标转换引入误差，本书检校场坐标采用与车载系统相同的 WGS-84 坐标系，平面坐标利用高斯投影按照 3°带进行投影计算，保证检校的准确性。在首级控制网基础上，利用高精度全站仪对控制网进行加密，图 2.6 为测区内布设的大量标靶球、标靶纸等标志物，垂直方向增加量测建筑物立面的窗角、房屋转角、门沿等地物，观测时保证每个点观测 4 个测回，取最后的平均值作为准确的检校点坐标。

平差大地坐标

点ID	纬度	经度	高度/m	高度误差/m
g03	北39°44'35.06919"	东116°16'56.73982"	33.042	0.003
g04	北39°44'38.04014"	东116°16'49.35220"	33.258	0.003
g05	北39°44'38.44957"	东116°16'56.50450"	33.452	0.003
g08	北39°44'41.93513"	东116°16'49.57352"	33.564	0.004
tiantai	北39°44'39.24935"	东116°17'00.87855"	52.276	?

平差ECEF坐标

点ID	X/m	X误差/m	Y/m	Y误差/m	Z/m	Z误差/m	3D误差/m
g03	-2174581.429	0.002	4403330.581	0.002	4056112.736	0.002	0.004
g04	-2174397.852	0.002	4403356.083	0.003	4056183.329	0.002	0.004
g05	-2174547.030	0.002	4403273.578	0.002	4056193.163	0.002	0.004
g08	-2174368.674	0.002	4403285.094	0.003	4056275.892	0.002	0.004
tiantai	-2174639.831	?	4403226.301	?	4056224.164	?	?

图 2.5　基准控制点坐标

图 2.6　标志点分布

本书设计了大量检校标志，其中多功能实用型球形激光检校标靶在整体检校中大量应用，它由以下几个部件组成：①全站仪反射板，其下端与支撑杆上端连接，可为全站仪观测提供清晰目标；②水平平台，设置在支撑杆的中部，且水平平台上设有水准器；③三维激光扫描球，其上端与支撑杆下端连接，用于确定三维激光扫描球的中心点坐标，扫描球的球心与全站仪反射板的中心高差保持不变；④支撑杆。全站仪反射板、水平平台、三维激光扫描球、支撑杆的轴心位于同一直线上。标靶球正视图、俯视图、侧视图如图 2.7 所示。

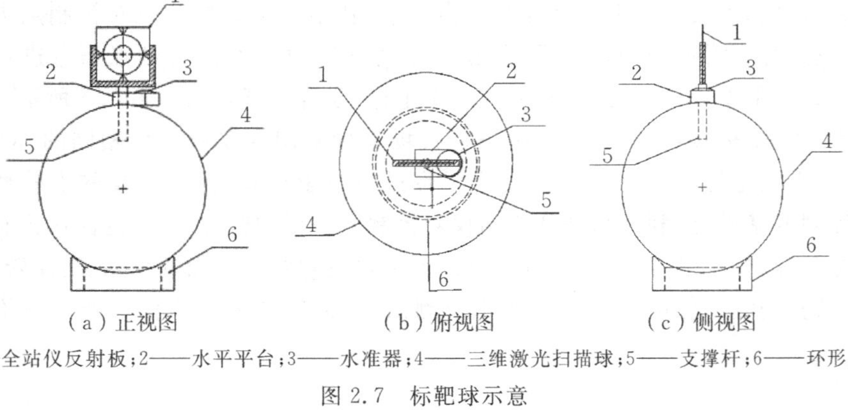

（a）正视图　　（b）俯视图　　（c）侧视图

1——全站仪反射板；2——水平平台；3——水准器；4——三维激光扫描球；5——支撑杆；6——环形底座。

图 2.7　标靶球示意

该标靶具有以下优点：①结构简单，设计新颖合理；②将全站仪反射板和三维激光扫描球结合，为全站仪和激光雷达共用，体积小、携带方便；③通过旋转三维激光扫描球调整水准器气泡，可保证上述四部件轴心线处于竖直状态；④全站仪反射板采用十字标记突出目标，中心贴上全站仪反射片，全站仪可在较远距离观测，配合激光雷达对扫描球近距离测量，扩大了有效作业范围，提高了效率；⑤环形底座可稳固地将三维激光扫描球托住，避免大风、地形等外界条件干扰，且装置安装简单快速，对于野外大范围复杂场地同样适用。

该标靶的检校方法如下：根据检校模型可知，检校过程中只有 $\boldsymbol{R}_0$ 为需要检校的值，其初值采用设计时给定的值，故模型中其他值必须为已知的准确值。平移量（ΔX_0，ΔY_0，ΔZ_0）和平移量（ΔX_{LI}，ΔY_{LI}，ΔZ_{LI}）可利用高精度手持三维激光雷达获得，精度可以达到毫米级；球心点的最终 GPS 坐标（X_A，Y_A，Z_A）可由初始参数解算球的点云根据球的半径拟合得到；球心点所在轨迹点坐标（X_{GPS}，Y_{GPS}，Z_{GPS}），$\boldsymbol{R}_M$ 和 $\boldsymbol{R}_N$ 的值需要通过插值的方法获得；球心点原始虚拟激光雷达空间系坐标（X_{L}，Y_{L}，Z_{L}）需要通过已知参数的坐标反算得到。

实际的检校步骤如下：

（1）将拟合球的点云截取出来，根据扫描线的识别标志将每条扫描线拟合成一个平面。

（2）计算拟合的球心点到各个平面的距离，取距离最小的两个平面，计算距离比值，根据比值可以插值计算出球心点对应的轨迹点坐标。

（3）反算出大地坐标值。由于惯性导航系统的姿态值处在连续平滑改变中，一般将经过插值后的姿态值在 0.001″的变化直接作为平滑值，故球心点的姿态值也可根据之前求得的比值按比例进行插值计算得到。

（4）将上面确定的所有已知的值代入计算模型，进行反算便可以得到球心点原始虚拟激光雷达空间系坐标。

初始参数计算完毕，代入间接平差的模型来计算最终参数。

2.1.3　实验数据处理与分析

使用自主集成的车载激光雷达测量系统进行点云数据采集，使用精度为 0.5″的徕卡 TS30 全站仪在已知控制点上进行控制点加密，每个点进行多次观测，保证数据准确性。外业采集完毕后，进行数据的后处理，处理结果为同向观测数据，避免引入重复性误差，具体解算步骤如下：①利用 POS 数据解算软件对静态基站数据、IMU 数据进行联合解算，输出完整的车载系统行进轨迹；②根据采集到的时间、扫描角等信息计算激光原始角点的三维坐标；③利用自主编写的软件进行轨迹与激光点云的联合解算，将点云从激光雷达坐标系转换到大地坐标系中；④提取标靶坐标；⑤计算误差改正数并对计算结果进行精度验证。

将检校后得到的点云与已知控制点数据进行对比分析，利用中误差作为精度评定标准，对点云的绝对和相对精度进行分析，从而验证检校的误差改正数的准确性。标靶球误差统计如表 2.1 所示，从表中可以看出：特征点在 X 方向的误差绝对值主要分布在 0.01～0.05 m；特征点在 Y 方向的误差绝对值主要分布在 0.02～0.05 m；特征点在 Z 方向的误差绝对值较大，主要分布在 0.02～0.07 m。将测量的所有特征点进行精度评定，计算得到平面和高程中误差分别为 0.043 m 和 0.072 m，高程与平面相比误差较大，精度较低。

表 2.1　检校后误差对比　　单位：m

特征点			全站仪			误差		
X	Y	Z	X	Y	Z	ΔX	ΔY	ΔZ
* *** 345.900 4	*** 544.630 0	33.721 3	* *** 345.890 8	*** 544.628 9	33.660 6	0.009 6	0.001 1	0.060 7
* *** 353.465 2	*** 549.360 9	33.556 7	* *** 353.468 0	*** 549.360 7	33.497 2	−0.002 8	0.000 2	0.059 5
* *** 390.147 5	*** 497.371 5	33.964 4	* *** 390.122 1	*** 497.417 4	33.939 1	0.025 4	−0.045 9	0.025 3
* *** 409.064 0	*** 489.988 2	33.970 8	* *** 409.069 0	*** 489.986 9	34.034 1	−0.005 0	0.001 3	−0.063 3
* *** 355.491 9	*** 535.028 1	35.069 8	* *** 355.482 8	*** 534.987 8	35.107 9	0.009 1	0.040 3	−0.038 1
* *** 342.272 7	*** 497.210 0	34.884 8	* *** 342.231 0	*** 497.169 6	34.930 9	0.041 7	0.040 4	−0.046 1
* *** 347.677 1	*** 479.957 9	33.372 0	* *** 347.712 8	*** 479.958 7	33.420 0	−0.035 7	−0.000 8	−0.048 0
* *** 398.650 3	*** 497.625 7	35.159 4	* *** 398.625 3	*** 497.613 3	35.208 7	0.025 0	0.012 4	−0.049 3
* *** 355.494 6	*** 535.021 1	34.981 0	* *** 355.483 8	*** 534.988 8	35.033 0	0.010 8	0.032 3	−0.052 0
* *** 342.240 4	*** 497.234 0	34.907 5	* *** 342.231 1	*** 497.186 8	34.926 3	0.009 3	0.047 2	−0.018 8

本书分别使用钢尺测量的数据和站载三维激光雷达的数据两个对照组作为真值，对车载激光雷达测量系统的相对精度进行了分析。

选取若干行道树、路灯和石墩，进行户外钢尺测量，记录其数据作为真值。在车载点云中寻找相应的地物点云模型，用点云处理软件对行道树、路灯拟合得到其直径，用测距功能量取石墩底部到顶部的高度，对照数据如表 2.2 所示，求得点云的相对精度为 0.011 m。

表 2.2　钢尺对照数据

地物名称	钢尺/m	车载/m	真误差/m
树 1	0.203	0.226	−0.023
树 2	0.150	0.144	0.006
树 3	0.156	0.155	0.001
树 4	0.158	0.148	0.010
树 5	0.178	0.188	−0.010
树 6	0.123	0.128	−0.005
树 7	0.149	0.150	−0.001
树 8	0.132	0.136	−0.004
树 9	0.165	0.158	0.007
树 10	0.143	0.154	−0.011
路灯 1	0.157	0.136	0.021

续表

地物名称	钢尺/m	车载/m	真误差/m
路灯 2	0.185	0.191	−0.006
石墩 1	0.845	0.836	0.009
石墩 2	0.847	0.850	−0.003

根据实际情况本书选择窗台、警卫室和垃圾桶作为评定对象，使用站载激光雷达对上述地物进行扫描，使用第三方点云处理软件分别量取站载点云和车载点云中评定对象的高度、宽度等信息。站载和车载获取的部分点云数据如图 2.8 所示，各评定对象的数据如表 2.3 所示，求得点云的相对精度为 0.017 m。

（a）站载警卫室数据　（b）站载窗台数据

（c）车载警卫室数据　（d）车载窗台数据

图 2.8　站载和车载部分点云数据

表 2.3　评定对象数据

地物名称	站载/m	车载/m	真误差/m
窗台宽	1.705	1.722	−0.017
警卫室高	3.361	3.391	−0.030
警卫室宽	2.552	2.563	−0.011
垃圾桶高	0.927	0.941	−0.014
垃圾桶宽	0.798	0.799	−0.001

点云的相对精度主要靠提取评定对象特征线进行对比分析，因此点云密度和点间距会在一定程度上影响相对精度。在进行特征点的选取时，无法保证在站载点云和车载点云数据上选取同一个点，同样会影响相对精度的评定。如何解决上述问题，从而提升相对精度的可靠性，是一个值得探讨的问题。

本书通过将站载点云和车载点云数据进行模型三维分析来进行车载激光雷达测量系统的精度分析。根据扫描现场实际情况，选取某学校的一栋建筑物的正立面为评定对象，使用点云处理软件进行三维分析。受实际现场和仪器自身的限制，站载和车载点云数据无法完全重合，本书先删去部分未重合点云，再进行模型三维比较。站载的点云数据模型和车载的点云数据如图 2.9（彩图附后）所示，图中灰色部分为未参与比较的点云数据。

图 2.9　某建筑物站载和车载激光点云色谱图

由图 2.9 可以看出，大部分点云呈绿色和蓝色，说明重合部分误差较小。由于模型太大无法进行精确的分析，本书在该建筑物表面选取一个窗台对点云的相对精度进行深入分析。如图 2.10（彩图附后）所示，黄绿色方框为站载点云封装的窗台模型，表面附着的红点为车载点云。使用第三方软件进行模型的三维分析，得到如图 2.11（彩图附后）所示的窗台三维分析色谱图和点云偏差分布表。图 2.11(a)中模型颜色大部分为蓝绿色和橙黄色，通过观察图 2.11(b)中的点云偏差分布可以看出，75%的误差分布在−0.005～0.005 m。

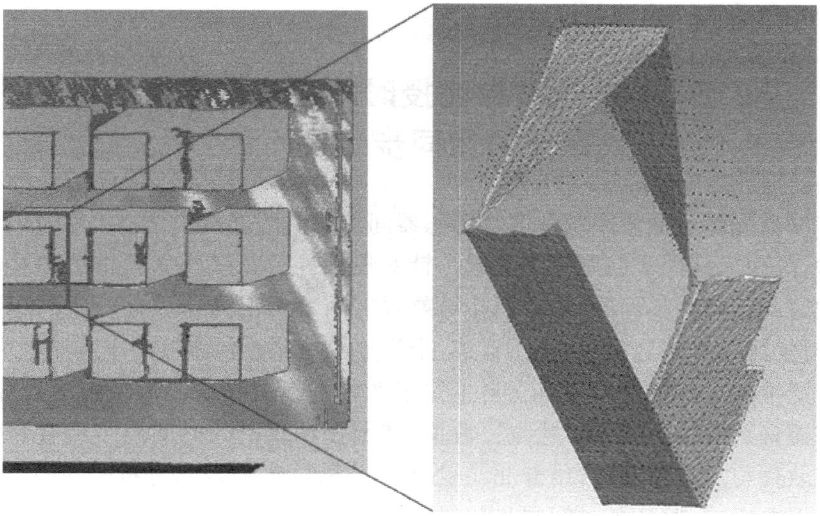

图 2.10　窗台点云三维模型

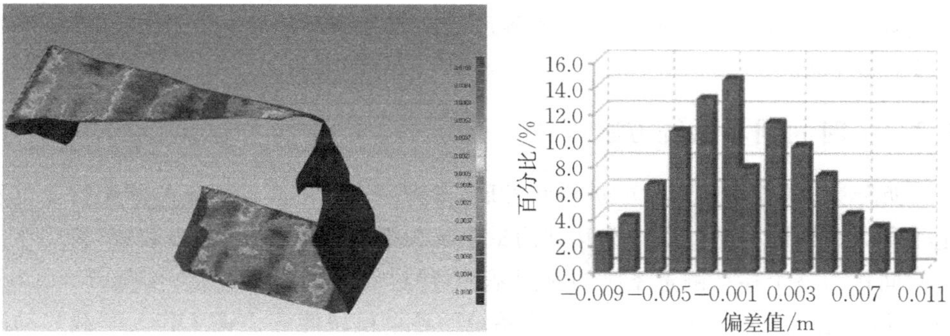

（a）窗台三维分析色谱图　（b）点云偏差分布

图 2.11　窗台模型三维分析结果

随着激光雷达技术和各传感器集成技术的不断发展，车载激光雷达测量系统的应用领域愈加广泛，业内的工作和科研人员对车载激光雷达测量系统的研究也更加深入，未来车载激光雷达测量系统必定更加商业化、智能化。本书针对车载激光雷达测量系统传感器检校问题，在基于特征点、特征面方法的基础上提出一种带有误差改正数的位置和姿态检校方法，利用站载激光雷达获取的车载系统点云模型数据求解传感器相对关系初值，并引入误差改正数，利用建立的高精度检校场反算 6 个误差改正数，根据引入误差改正的最终参数进行车载成果解算。对检校后的车载系统进行绝对和相对精度的评定，最终得出该车载激光雷达测量系统的平面和高程绝对精度分别为 0.043 m 和 0.072 m，相对精度低于 0.02 m。这表明本书的检校方法能够有效降低传感器的精度损失，在单个测量传感器精度不高的情况下，最终采集到的成果数据能够有较好的绝对和相对精度，具有广泛的应用价值和一定的经济价值。

§2.2 基于北斗导航授时的移动激光雷达测量系统时间同步装置设计

移动激光雷达测量系统各测量传感器间的时空配准技术是整个系统设计的核心技术,其中时间同步问题更为关键。针对惯性导航系统与激光雷达和全景相机之间的时间精确同步问题,结合北斗导航授时系统提出自行设计时间同步装置的方式,对集成激光雷达、惯性导航系统、全景相机等测绘传感器的车载测量平台,提供时空配准信息。本书以具有全自主知识产权的车载移动测量系统为研究对象,通过该测量系统采集激光雷达点云数据,利用设计生产的时间同步装置和编制的上位机软件与后处理软件,结合北斗卫星导航系统精确授时,分析时间同步装置精确性及误差影响,验证了时间同步装置设计方法的可行性。本书提出的方法不仅对提高移动激光雷达测量系统测量精度具有重要意义,也能为孪生城市构建、城市物质环境及高速公路变化监测、大比例尺测图等复杂环境管理工作提供重要的技术支撑。

2.2.1 时间同步系统方案设计

近年来,随着国家科技的进步和发展,作为国家基础建设根基的测绘行业也发生了翻天覆地的变化。以车载移动测量系统为平台,开发时间同步装置,将北斗授时时间作为整个移动测量系统的时间基准,通过北斗的秒脉冲(pulse per second, PPS)信号进行时间同步,使移动测量系统的各个模块能够协调工作。车载移动测量系统的高精度测量都以北斗时间作为测量基准,精准刻画车载平台的连续性运动状态,车载平台的位置是随时间变化的,在给定行车轨迹的位置坐标时,必须给定响应的瞬时时刻。车载激光雷达测量系统可选用北斗时间、协调世界时(coordinated universal time,UTC)、POS时间或用户自定义的时间系统中的任一种时间历元记录传感器获取的数据。高精度移动测量系统由多个传感器构成,每个传感器工作频率与形式各异,通过北斗的秒脉冲信号进行时间同步,是系统完整工作的纽带,对于移动三维成像系统的数据同步处理至关重要,对此需要进行统一配准。重点就在于时间配准方法,我们拟设计开发时间同步装置,将北斗时间作为整个移动测量系统的时间基准,通过北斗的秒脉冲信号进行时间同步,统一各个传感模块的工作节奏。

北斗为全球提供了统一的高精度时间基准,是当今精度较高的全球授时系统。而且它获取方便,用户只需安装廉价的北斗接收机就能免费得到所需的时间信息。授时的优越性使得它在电力系统中得到了越来越广泛的应用。但是移动测量系统各个传感器模块工作频率往往不一致，而接收机输出的一般都是秒脉冲信号，因此必须有一种时间同步装置，对秒脉冲信号处理以获得适合移动测量系统应用的同步时钟，且要求所获得的同步时钟具有高精度和高稳定性。同步控制器将对北斗和秒脉冲信号通过 RS232 串口进行捕获，然后测量计算北斗秒脉冲和北斗时间之间延迟的数据并进行处理。处理器接收到北斗信号后，解码出相应的时间信息，将其转化成 UNIX 时间戳，处理器对时间戳数据进行编码后，通过控制器局域网络(controller area network，CAN)总线将时间戳发给激光雷达和惯性导航系统进行时间标定，同时时间同步装置发出相应的信号指示当前所处的状态。

时间同步装置需要解决的主要问题有：①如何获取 BDRMC 数据帧，并实现对秒脉冲边沿时间的高精度采集，采集精度要小于 0.01 μs；②如何实现 UTC 的计算算法，要设计一个从 1970 年 1 月 1 日零点到当前北京时间累计秒数的计算算法，并考虑闰年、闰月、闰秒等；③需要根据三维激光雷达的控制协议，编写 CAN 通信程序，实现对激光雷达的时间同步。

1. 硬件电路整体方案设计

系统主控芯片采用 STM32F103CBT6，北斗卫星接收器可以接收到 BDRMC 时间信号和秒脉冲数据，接收器通过 RS232 串口将时间信号传输给 STM32 单片机，同时将秒脉冲信号传输到 STM32 单片机的 PA1 引脚，采用外部中断方式配置为 EXTI_Mode_Interrupt(产生中断)，采用上升沿触发方式。STM32 单片机实现 RS232 电平和 TTL 电平相互转化。STM32 单片机将时间信号换算成 UNIX 时间戳，经过秒脉冲在上升沿时刻将 UNIX 时间戳通过 CAN 总线传输给惯性导航系统、激光雷达的引脚电平为 TTL 电平，使用 MAX232 电平转换芯片，CAN 控制器采用 MCP2551 收发接口芯片，可以控制总线发送接收数据的状态，将 STM32 单片机发出的数字信号转化为适合 CAN 总线传输的信号。信号传输流程如图 2.12 所示。

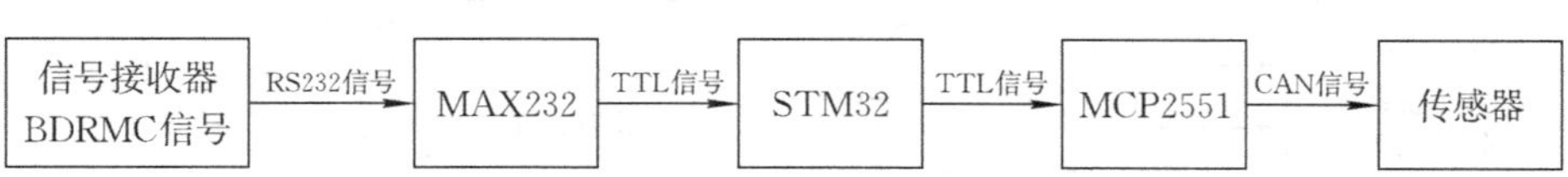

图 2.12　信号传输流程

2. 北斗卫星系统导航授时

北斗授时原理可以分为单向授时和双向授时。单向授时分为卫星无线电定位服务(radio determination service of satellite，RDSS)单向授时与卫星无线电导航服务(radio navigation service of satellite，RNSS)单向授时两种模式。RDSS 单向授时的原理为地面中心站的原子钟产生精确时间信息发送给卫星，再由卫星编码后发送至接收端，接收端解码出时间信息完成授时。RDSS 单向授时系统通过与地面中心站进行往返测量，由中心站获得授时终端与地面中心站的时间差值，从而解算时间信息。RNSS 单向授时需要同时接收至少 4 个卫星的测量数据，通过方程组解算未知的位置、速度和时间等信息。本系统采用的北斗授时方式为 RNSS 单向授时方式。车载移动测量系统需要在复杂的、未知的地理环境进行精准测量，根据北斗卫星的导航精度指标（user equivalent range error, UERE），理论上 RNSS 授时精度可以达到 10 ns，使得车载移动测量系统以高动态形式在全球范围内进行工作。

3. 基于单片机的激光雷达与惯性导航驱动设计

移动激光雷达测量系统通过 CAN 总线将各个模块联系在一起，北斗卫星接收装置接收到数据后传递给单片机，单片机选用 STM32F103CBT6 作为主控芯片，它是属于精简指令集处理器（advanced RISC machine, ARM）的 Cortex-M3 系列的 32 位微控制器，具有丰富的输入输出端口和总线外设，它可以工作于 −40～105 ℃的温度范围，供电电压为 2.0～3.6 V，具有省电模式满足低功耗的需求，可以通过联合测试工作组（joint test action group, JTAG）接口进行程序下载和在线调试。

单片机通过串口接收北斗接收装置传来的时间信息，解码出所需要的时间信息，转化成时间戳。同时数据发送模块通过北斗接收装置传来的秒脉冲信号进行边缘对齐，通过单片机的中断功能完成一秒一次的数据精准发送。时间配准功能由 CAN 总线将单片机与集成激光雷达、惯性导航系统、全景相机等测绘传感器进行连接实现。系统结构如图 2.13 所示。

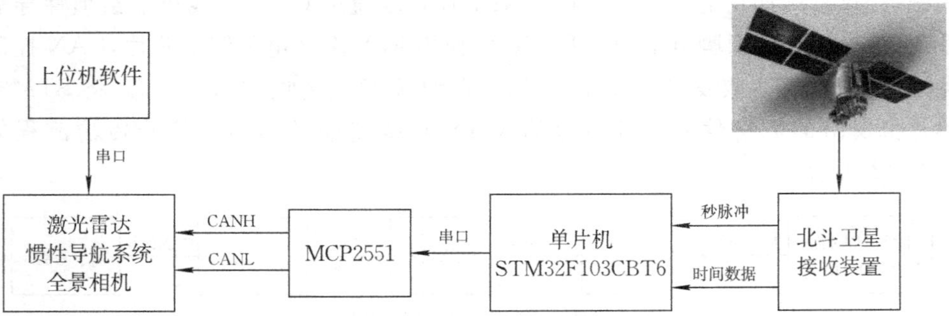

图 2.13　系统结构

4. 激光雷达 CAN 通信协议

单片机得到 UTC 后，将其转化为 UNIX 时间戳，通过 CAN 总线将时间发送给各个传感器进行时间同步。采用 MCP2551 芯片作为 CAN 驱动器，MCP2551 芯片是一个可容错的高速 CAN 器件，可作为 CAN 协议控制器和物理总线接口。MCP2551 芯片可为 CAN 协议控制器提供差分收发能力，完全符合 ISO 11898 标准，包括能满足 24 V 电压要求，它的工作速率高达 1 Mbit/s，CANH（高）和 CANL（低）之间的差分电压高于 1.2 V 时总线为显性状态，差分电压低于 0 V 时为隐性电平，TXD 输入引脚的低电平和高电平对应总线的显性状态和隐性状态，RS 引脚可以选择高速、斜率控制、待机三种操作模式，本装置将 RS 引脚和 VSS 相连实现高速模式，其结构如图 2.14 示。

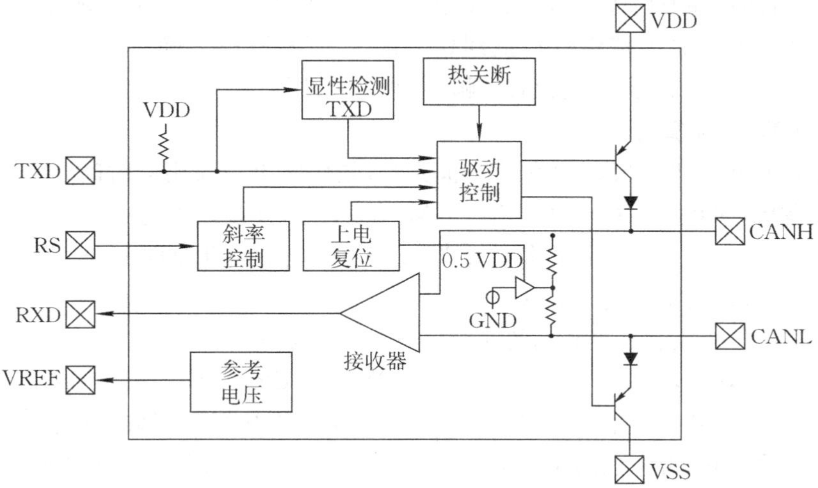

图 2.14　MCP2551 芯片结构

CAN 协议的数据帧由发送单元使用，用来发送信息给接收单元，高速 CAN 总线在传输显性信号(0)时，会将 CANH 端抬向 5 V 高电平，将 CANL 拉向 0 V 低电平。当传输隐性信号(1)时，并不会驱动 CANH 或者 CANL 端。CAN 协议的标准帧由 7 个域组成，分别是帧起始、仲裁域、控制域、数据域、循环冗余校验(CRC)域、确认字符(ACK)域、帧结束，其基础帧时序如图 2.15 所示。

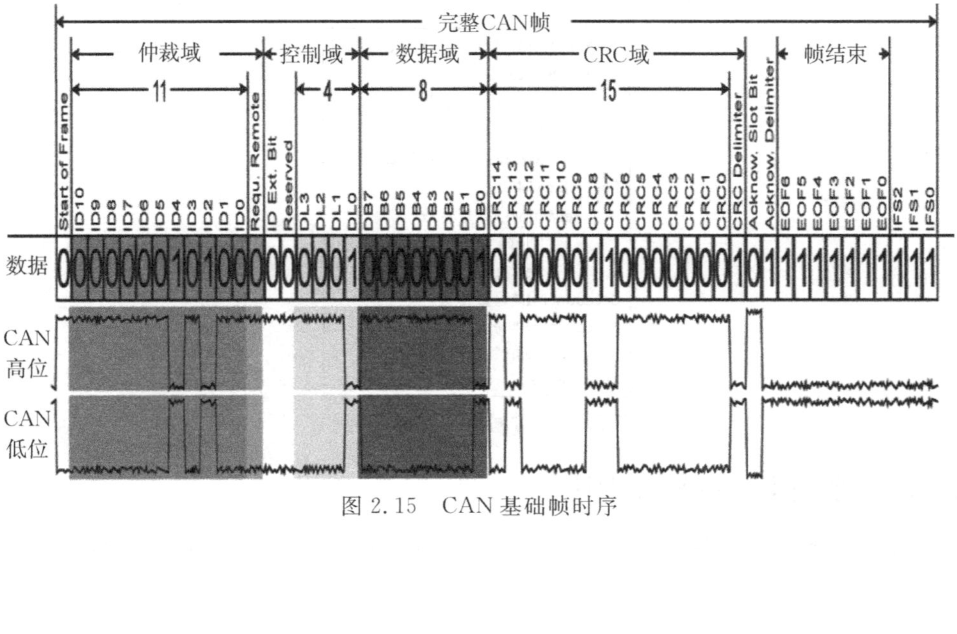

图 2.15　CAN 基础帧时序

所有的帧都以开始位(start of frame, SOF)作为信息传输的起始,由单个显性位组成,而帧结束由 7 个连续的隐性位组成。每个节点具有不同的帧标识号,通过控制域设定集成开发环境可以设置该帧的接收对象。数据域用来存放需要发送的数据,时间传输时将 UNIX 时间戳转化成 16 进制依次放入数据域中。CRC 域作为循环冗余校验为帧传输提供纠错功能。ACK 域用于确认 CAN 帧有效,当 ACK 域为显性电平时,该帧为有效帧,否则为无效帧。

5. UTC 转换算法

协调世界时,即 UTC,又称统一世界时,是国际上最通用的时间标准。UNIX 时间戳是从 1970 年 1 月 1 日(UTC/GMT 的午夜)开始所经过的秒数,不考虑闰秒。STM32 收到 UTC 后,将其转化为 UNIX 时间戳。北京时间与 UTC 的时差为 8 小时,所以北京时间=UTC+8。

卫星信号接收装置接收到的时间信息格式一般为:$BDRMC,〈1〉,〈2〉,〈3〉,〈4〉,〈5〉,〈6〉,〈7〉,〈8〉,〈9〉,〈10〉,〈11〉,〈12〉* hh〈CR〉〈LF〉。其中〈1〉和〈9〉的信息分别为 UTC 中的时、分、秒和日、月、年,将这 6 组数据分别取出减去 UNIX 时间戳起点的时间,再考虑闰年和闰年秒数并加上 8 小时的时差,便可得到当前北京时间的时间戳秒数。

例如:$BDRMC,030551.000,A,3906.2586,N,11720.3131,E,0.00,138.07,150719,…,A * 6B 从该帧中提取出〈1〉和〈9〉的信息得到 UTC 为 2019 年 7 月 15 日 3 时 5 分 51 秒,将其加上 8 小时时差,便得到此刻的北京时间为 2019 年 7 月 15 日 11 时 5 分 51 秒。由此得到相应的 UNIX 时间戳为 1563159951,将其转化为 16 进制得到 5D2B ED8F,存入 CAN 数据帧中等待发送。

时间转化算法伪代码如图 2.16 所示。

```
输入年,月,日,时,分,秒→Y,M,D,H,Mi,S
For I = 1970 to Y
      Seccount+=平年秒数
            If I=闰年
            Seccount+=闰年秒数
For I = 0 to M
      Seccount+=每月秒数
            If I=闰年
            Seccount+=一天秒数
Seccount+=D*每日秒数
Seccount+=H*每时秒数
Seccount+=Mi*每分秒数
Seccount+=S
```

图 2.16 时间转化算法伪代码

2.2.2 系统上位机软件设计

车载激光雷达测量系统由硬件集成系统和上位机软件系统组成。硬件系统集成多种设备可同时获取激光雷达点云数据和全景影像数据，上位机软件系统实现对激光雷达的控制以及激光雷达点云数据的时空配准解算。软件系统采用 Visual Studio 2015 编译平台，利用 C#.net 语言设计系统界面，利用 C++ .net 语言设计算法的动态链接库，完成系统的测绘传感器控制、数据采集、数据检校、数据处理与输入输出等功能，软件系统框架如图 2.17 所示。

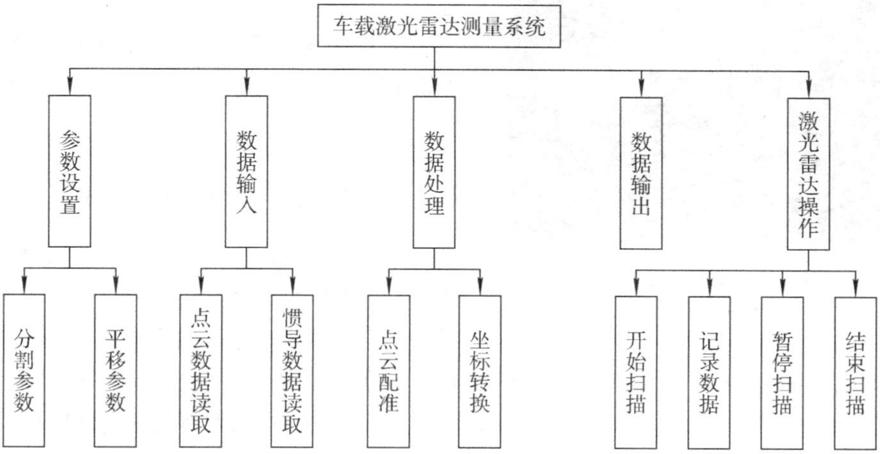

图 2.17　软件系统框架

软件系统主界面如图 2.18 所示，包括七大功能：初始 LiDAR 分割、读取 LiDAR 数据、读取 INS 数据、数据配准、检校、坐标转换、扫描仪操作。

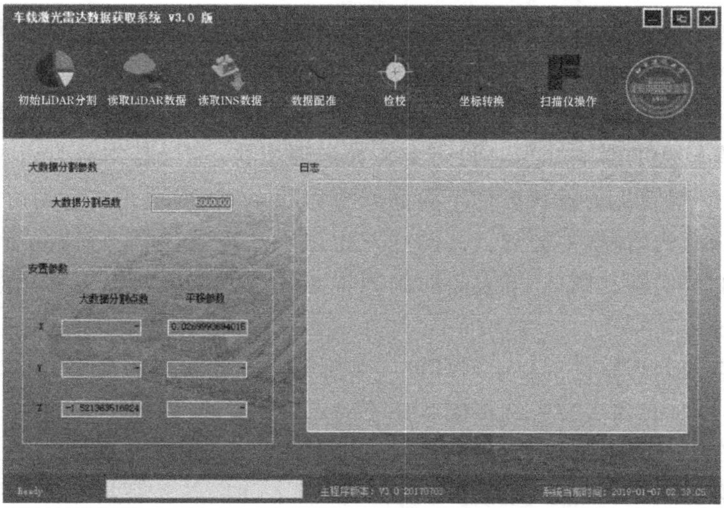

图 2.18　软件系统主界面

进行上位机软件控制时，进入图 2.18 中的扫描仪操作模块，根据不同的操作类型选择各类扫描操作，如开始扫描、记录数据、暂停扫描、结束扫描等，还可利用无线存储技术将存储在高速 SD 卡中的采集数据导入，在扫描过程中实时查看，检查扫描数据是否增加。

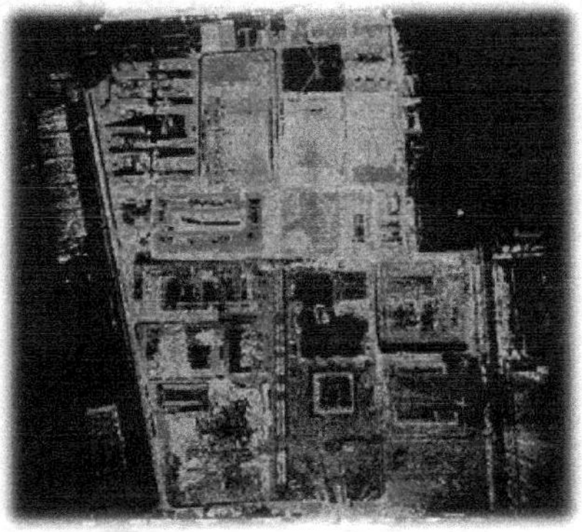

图 2.19　采集处理完成后的激光雷达点云数据

扫描结束后单击扫描操作、结束扫描，激光雷达停止扫描工作。采集结束时先结束扫描，车辆静置 2 分钟左右停止记录轨迹，关闭软件及激光雷达，收回基站。

采集的各类测量传感器数据在导入软件进行处理后生成完整的点云数据，如图 2.19 所示。

2.2.3　整体系统测试与分析

移动激光雷达测量系统是由激光雷达、全景相机和 GNSS 等集成的多传感器系统，各传感器之间的同步存在着一定的时间误差，这些误差对系统的整体精度和点云的质量有很大的影响。本书依托一系列实验，定量分析时间同步的问题对点云质量的影响，以此评定本书提出的时间同步装置的效果。

由于时间同步装置存在一定的误差，本书在时间同步装置处于不同状态的情况下，利用装配有该时间同步装置的移动激光雷达测量系统对某段马路进行点云数据的采集。使用站载点云作为对照组，将时间同步装置处于不同状态下的移动激光雷达测量系统获取的点云作为实验组，来观察点云解算的成果，以此分析时间同步装置的必要性和对移动激光雷达测量系统精度的影响。

通过对数次实验的点云数据进行观察分析可以看出，时间同步装置的状态对成果数据有较大的影响。当时间同步装置是理想状态时，与站载点云相比误差较小，但是当时间同步装置状态处于提前或滞后状态时，特别是在弯道处，会出现提前或延迟转弯的情况，部分点云甚至会发生扭曲的现象，和实际情况有很大差异，影响点云的真实性。图 2.20 表示时间同步装置处于不同状态下移动激光雷达测量系统点云。

利用点云处理软件对以上时间同步装置处于不同状态的几组实验数据进行定量分析，得出时间同步装置在不同状态下的点云误差如表 2.4 所示。

从表 2.4 可以看出，当时间同步装置提前 1 s 时，点云误差为 3.28 m；当时间同步装置滞后 1 s 时，点云误差为 4.23 m；滞后 2 s 时，点云误差为 9.53 m；滞后 5 s 时，点云误差为 25.31 m。时间同步装置滞后的状态下点云误差比提前的状态更大，时间同步装置与理想状态时间差距越大，点云误差越大，而且呈现逐渐上升的趋势。

（a）时间同步正常点云

（b）时间同步提前1 s点云

（c）时间同步滞后1 s点云

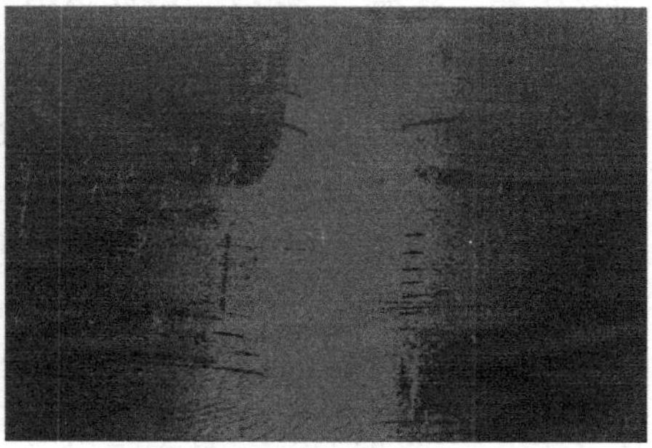

（d）时间同步滞后2 s点云

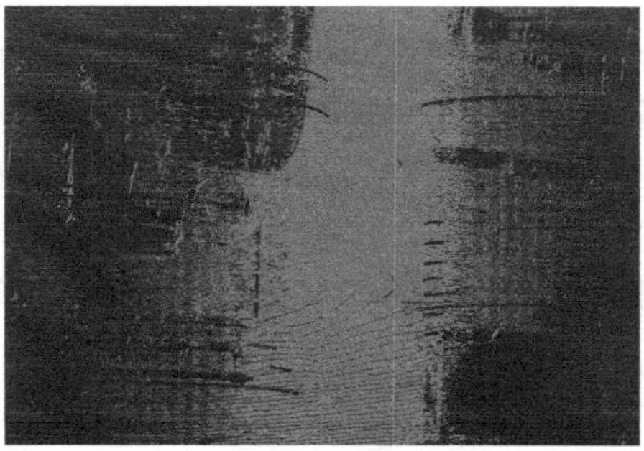

（e）时间同步滞后5 s点云

图 2.20　时间同步装置处于不同状态下移动激光雷达测量系统点云

表 2.4　时间同步装置处于不同状态的点云差异

组号	时间同步装置状态	点云误差/m
1	正常	0
2	提前 1 s	3.28
3	滞后 1 s	4.23
4	滞后 2 s	9.53
5	滞后 5 s	25.31

针对移动激光雷达测量系统中各传感器之间的时间同步问题，本书提出了一套基于北斗卫星系统的时间同步装置。实验结果证明，该装置能够有效提高车载

移动测量系统各传感器之间的耦合性，同时提升车载移动测量系统的整体精度和点云质量，具有较高的可行性和经济价值。

§2.3 基于近景摄影测量技术的多传感器精确位置关系计算

随着车载激光雷达测量系统技术的成熟，其普及率越来越高。为了确保车载激光雷达测量系统的准确性，需要定期对系统进行检校。传统检校车载激光雷达测量系统的方法是使用全站仪进行测量，用全站仪测量的数据均匀、完整，具有很好的立体性。然而，全站仪的价格较为昂贵，且扫描的数据缺少纹理信息、分辨率低。为了解决这些问题，本书提出一种利用近景摄影测量技术检校车载激光雷达测量系统的方法，通过获取测量系统的二维图像，使用单目三维运动重建(structure from motion，SFM)算法将其拟合为点云模型，然后计算得出测量系统的空间属性。该方法简单易行，不仅提高了数据精度，丰富了数据的纹理信息，还降低了作业成本，能够为车载激光雷达测量系统的检校提供良好的技术支撑。使用相机获取目标对象的二维影像图片，对获取的二维影像图片进行配准重建得到目标对象的三维点云模型，将重建出的三维点云模型进行拟合，即可运算得到各仪器间的位置关系。

为证明近景摄影测量方法的精确性，将近景摄影测量方法得到的坐标数据与全站仪数据比较。将全站仪测量的坐标数据视为真值，近景摄影测量的坐标数据视为观测值，计算点位中误差以及标准差。经过检验，使用近景摄影测量获取的坐标数据的标准差在 0.7 mm 以内，小于全站仪的精度。这表明使用近景摄影测量方法获取的车载激光雷达测量系统的三维点云模型是精确有效的。

2.3.1 通过 SFM 算法重建三维模型

通过近景摄影测量获取车载激光雷达测量系统各仪器间的位置关系，关键在于如何利用高分辨率、高重叠度的二维影像图片进行三维点云配准。SFM 重建算法是从二维影像图片中恢复三维模型的有效方法。SFM 算法可以在相机参数和场景三维信息未知的情况下，仅凭借二维影像图片通过迭代算法得到目标对象的三维点云信息。其具体过程如下。

本质矩阵计算公式为

$$\boldsymbol{E}=\boldsymbol{K}^{\mathrm{T}}\boldsymbol{F}\boldsymbol{K} \tag{2.10}$$

式中，$\boldsymbol{K}$ 为相机的内参矩阵，$\boldsymbol{F}$ 为两张图像的基础矩阵。

由本质矩阵 $\boldsymbol{E}$ 向奇异值分解，得到

$$\boldsymbol{E}=\boldsymbol{U}\boldsymbol{D}\boldsymbol{V}^{\mathrm{T}} \tag{2.11}$$

其中

$$\boldsymbol{D}=\begin{bmatrix} r & 0 & 0 \\ 0 & s & 0 \\ 0 & 0 & t \end{bmatrix}$$

式中，$\boldsymbol{U}$ 与 $\boldsymbol{V}$ 是酉矩阵；$\boldsymbol{V}^{\mathrm{T}}$ 是 $\boldsymbol{V}$ 的共轭转置矩阵；$\boldsymbol{D}$ 是奇异值矩阵，其主对角线元素 r、s 和 t 均是 $\boldsymbol{E}$ 的奇异值。

由于存在各种误差，有

$$\boldsymbol{D}=\mathrm{diag}\left(\frac{r+s}{2},\ \frac{r+s}{2},\ 0\right) \tag{2.12}$$

重新得到改正的本质矩阵 $\bar{\boldsymbol{E}}$ 为

$$\bar{\boldsymbol{E}}=\bar{\boldsymbol{U}}\begin{bmatrix} r & 0 & 0 \\ 0 & s & 0 \\ 0 & 0 & t \end{bmatrix}\boldsymbol{V}^{\mathrm{T}} \tag{2.13}$$

获得相机的外参数候选值 $\boldsymbol{R}$ 和 $\boldsymbol{t}$ 为

$$\boldsymbol{R}=\pm\bar{\boldsymbol{U}}\boldsymbol{D}\bar{\boldsymbol{V}}^{\mathrm{T}} \tag{2.14}$$

$$\boldsymbol{t}=\pm\bar{\boldsymbol{U}}[0\quad 0\quad 1]^{\mathrm{T}} \tag{2.15}$$

其中

$$\boldsymbol{D}=\begin{bmatrix} 0 & 1 & 0 \\ -1 & 0 & 0 \\ 0 & 0 & 1 \end{bmatrix}$$

由上述公式便可重建空间点的三维坐标，即生成点云数据，表达式为

$$[P_{\mathrm{l}}^{1}-u_{\mathrm{l}}^{i}P_{\mathrm{l}}^{3}\quad P_{\mathrm{l}}^{2}-u_{\mathrm{l}}^{i}P_{\mathrm{l}}^{3}\quad P_{\mathrm{r}}^{1}-u_{\mathrm{r}}^{i}P_{\mathrm{r}}^{3}\quad P_{\mathrm{r}}^{2}-u_{\mathrm{r}}^{i}P_{\mathrm{r}}^{3}]^{\mathrm{T}}\boldsymbol{X}=0 \tag{2.16}$$

式中，P_{l}^{t} 和 $P_{\mathrm{r}}^{t}(t=1,2,3)$ 分别表示左、右图像对应摄影机矩阵的第 t 列；u_{l}^{i} 和 u_{r}^{i} 分别表示左、右图像第 i 对同名像点的横、纵像素坐标；$\boldsymbol{X}$ 表示对应物点的三维坐标。

SFM 方法成本较低，操作简单，能获得高密度真彩色的渲染点云数据，对于影像的获取位置、尺度及拍摄的焦距没有要求，可十分方便地得到高质量、高精度的三维点云数据。

2.3.2　实验与分析

利用近景摄影测量的方法进行数据采集，将其生成的点云数据与全站仪测量的数据比较，通过检验中误差验证其可行性。

在车载激光雷达测量系统的周围布置大量反射片，使用 ZT-15R 全站仪扫描反射片，获取反射片中心点的坐标。车载激光雷达测量系统的整体如图 2.21 所示。测定完所有反射片中心点的坐标后，将数据导出并整理，图 2.22 为整理后的全站仪数据。

图 2.21　车载激光雷达测量系统

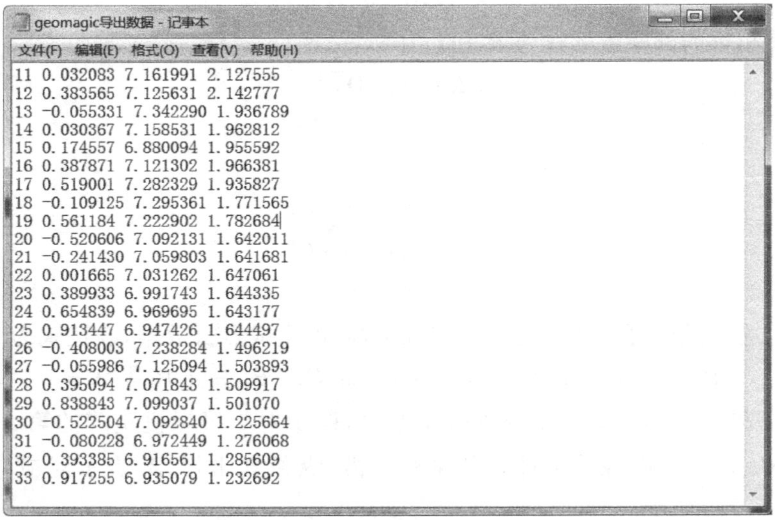

geomagic导出数据 - 记事本

文件(F) 编辑(E) 格式(O) 查看(V) 帮助(H)

11 0.032083 7.161991 2.127555
12 0.383565 7.125631 2.142777
13 -0.055331 7.342290 1.936789
14 0.030367 7.158531 1.962812
15 0.174557 6.880094 1.955592
16 0.387871 7.121302 1.966381
17 0.519001 7.282329 1.935827
18 -0.109125 7.295361 1.771565
19 0.561184 7.222902 1.782684
20 -0.520606 7.092131 1.642011
21 -0.241430 7.059803 1.641681
22 0.001665 7.031262 1.647061
23 0.389933 6.991743 1.644335
24 0.654839 6.969695 1.643177
25 0.913447 6.947426 1.644497
26 -0.408003 7.238284 1.496219
27 -0.055986 7.125094 1.503893
28 0.395094 7.071843 1.509917
29 0.838843 7.099037 1.501070
30 -0.522504 7.092840 1.225664
31 -0.080228 6.972449 1.276068
32 0.393385 6.916561 1.285609
33 0.917255 6.935079 1.232692

图 2.22　全站仪数据

使用 SONY ILCE-7R 相机获取车载激光雷达测量系统的二维影像图片。实验中，将相机放置在以车载激光雷达测量系统为圆心、半径为 2 m 的半圆周上进行拍摄。拍摄高度分三次调整，分别对应车载激光雷达测量系统的底部、中部、顶部。拍摄的二维影像图片须具有高分辨率、高重叠度的特点，才能进行配准实现三维重建。

在得到车载激光雷达测量系统的二维影像图片后，需要对其进行处理。具体操作流程为：①在“工作流程”列表中，选择“添加照片”，并选中所有二维影像图片；②将图片导入后，同样在“工作流程”列表中，单击“对齐照片”选项；③在页面左下角“地面控制”选项下，导入 csv 格式的全站仪数据，此时在页面左边会得到成排的“标记”；④在导入的二维影像图片中，选中能清楚观察到的反射片中心点，放置该点对应的坐标标记,操作结果如图 2.23 所示;⑤对所有二维影像图片均执行步骤④后,再次对齐照片,并依次进行“建立集点云”“生成网格”和“生成纹理”操作,即得到配准后的三维点云数据。

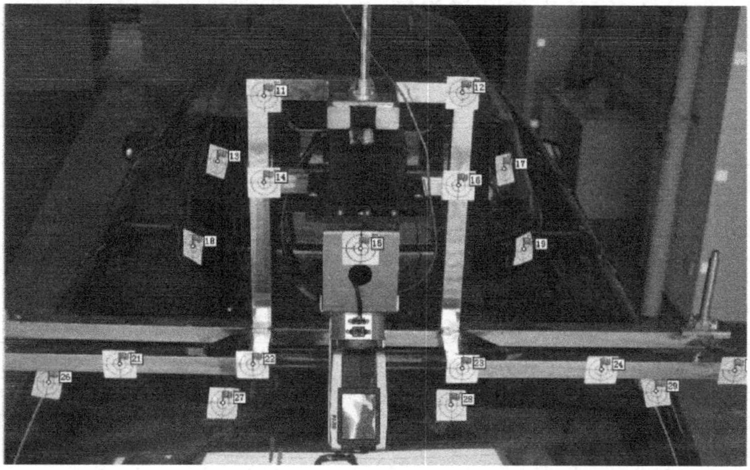

图 2.23　二维影像上的坐标标记

为了检验得到的车载激光雷达测量系统的三维点云数据,要进一步处理点云数据。选出反射片中心点,可根据显示的中心点坐标确认;选择全部的反射片中心点后,将其导出,得到的点云数据如图 2.24 所示。

图 2.24　点云数据

将全部的点分为两类:控制点和检核点。控制点为提前输入的全站仪坐标,是用来验证点云模型准确性的点,检核点为通过近景摄影测量方式得到的点。表2.5是通过两种方法测量得到的控制点坐标。X、Y、Z 为通过全站仪测量得到的中心点三维坐标,命名为全站仪坐标;x、y、z 为通过近景摄影测量方式处理得到的中心点三维点云坐标,命名为摄影测量坐标。

表 2.5 控制点坐标 单位:m

编号	全站仪坐标			摄影测量坐标		
	X	Y	Z	x	y	z
1	0.031 4	7.162 4	2.127 6	0.032 1	7.162 0	2.127 6
2	0.383 6	7.125 8	2.143 0	0.383 6	7.125 6	2.142 8
3	−0.520 2	7.092 0	1.642 0	−0.520 6	7.092 1	1.642 0
4	0.001 6	7.031 1	1.647 3	0.001 7	7.031 3	1.647 1
5	0.912 7	6.947 0	1.644 0	0.913 4	6.947 4	1.644 5
6	0.394 7	7.070 7	1.510 1	0.395 1	7.071 8	1.509 9
7	−0.522 6	7.093 2	1.225 7	−0.522 5	7.092 8	1.225 7
8	0.917 6	6.934 7	1.232 6	0.917 3	6.935 1	1.232 7

检验摄影测量坐标精确性的方法如下:

首先计算每个控制点的点位中误差,计算公式为

$$\Delta_i = \sqrt{\Delta x_i^2 + \Delta y_i^2 + \Delta z_i^2} \tag{2.17}$$

点位中误差计算结果如图2.25所示。根据点位中误差,可以计算全部控制点坐标的标准差。计算标准差的公式为

$$\Delta = \sqrt{\frac{1}{n}\sum_{i=1}^{n}\Delta_i^2} \tag{2.18}$$

计算可得,控制点摄影测量坐标的标准差为0.7 mm。

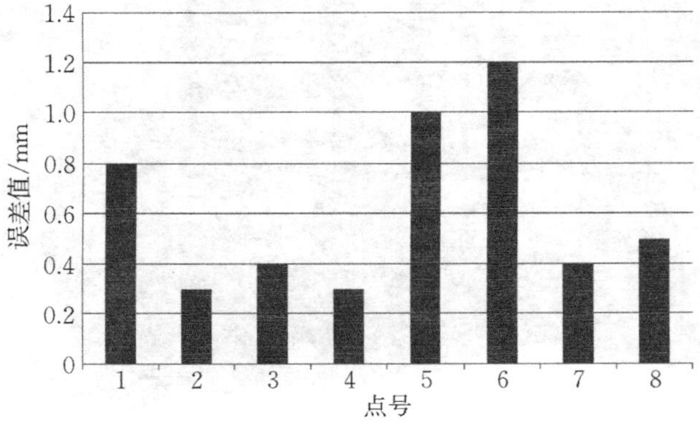

图 2.25 控制点点位中误差

同理，根据式(2.17)和式(2.18)计算检核点的点位中误差及标准差。检核点点位中误差结果如图 2.26 所示，检核点标准差为 0.9 mm。

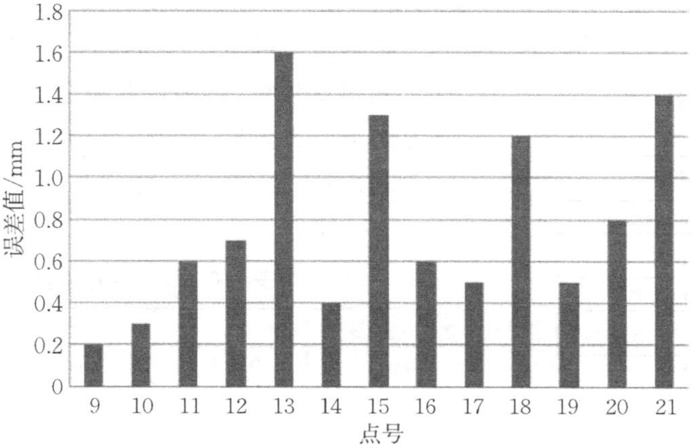

图 2.26　检核点点位中误差

查询可得，ZT-15R 全站仪无棱镜精度为 3 mm，大于摄影测量坐标的标准差，这证明了摄影测量坐标的精确性。

为了得到车载激光雷达测量系统各仪器间的位置关系，需要对三维点云数据进行拟合处理。车载激光雷达测量系统的点云模型如图 2.27 所示。

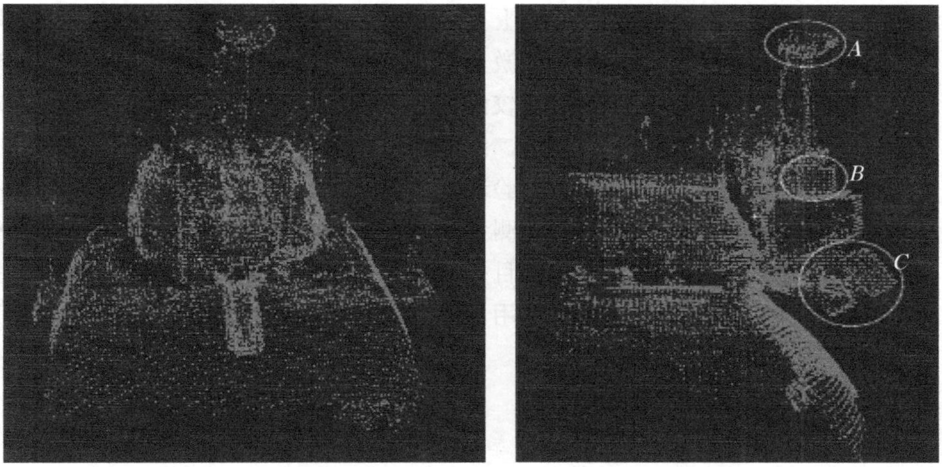

图 2.27　车载激光雷达测量系统的点云模型

要从复杂散乱的点云数据中，将仪器轮廓进行拟合处理，是一件非常繁重且耗时的任务，不过相关算法已经相当成熟。这里采用一种基于 RANSAC 改进的算法进行平面特征提取。球面特征提取方法如下：首先选取种子点，种子点形状为方形，并将其拟合为平面，然后扩展种子点；确定相关合格点参数以及距离阈值参数，再计算种子点与拟合平面 P 之间距离 d；比较距离 d 与阈值的大小关系，判定 d 小于阈值的扩展点在平面上，反之为平面外的点。将判定成功的扩展点加入种子点，重新执行上述步骤。具体流程如图 2.28 所示。

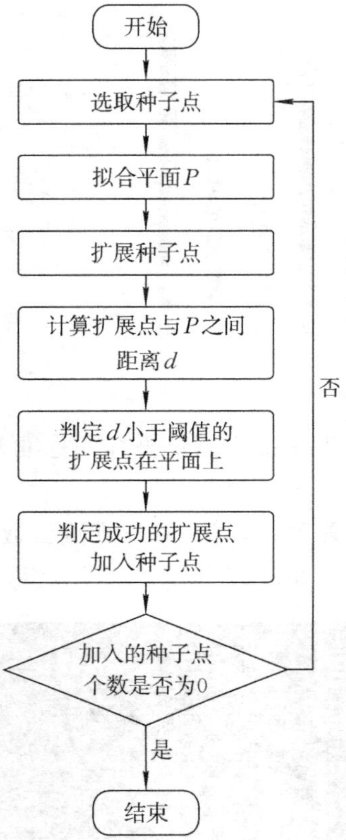

图 2.28　基于 RANSAC 改进算法的流程

将拟合出的立方体的各个平面拼接在一起，计算其顶点坐标，再通过距离公式计算，即可得出立方体中心点坐标，如表 2.6 所示。距离公式为

$$S=\sqrt{(X-x)^2+(Y-y)^2+(Z-z)^2} \tag{2.19}$$

表 2.6　仪器中心点坐标　　　单位：m

点号	X	Y	Z
A	0.187	7.026	2.612
B	0.199	7.013	2.050
C	0.181	6.914	1.651

由表 2.6 可得，A、B 两点距离 $S_1=0.562$ m，B、C 两点距离 $S_2=0.411$ m，C、A 两点距离 $S_3=0.968$ m，即完成车载激光雷达测量系统检校初值的计算。

本书在 SFM 算法重建三维点云模型的理论基础上，详细介绍了使用近景摄影测量方法获取车载激光雷达测量系统检校初值的操作步骤，通过比较两种方法测量空间固定坐标的差值大小对利用二维影像图片进行三维重建的方法进行了有效的验证。研究成果表明，使用近景摄影测量的方法测量易获取高分辨率、高重叠度的二维影像图片目标对象是有效的，可在未来测量事业中推广使用。

第3章　移动激光雷达点云与全景影像匹配技术

§3.1　总体技术流程

目前，针对多张影像与地面激光雷达点云的自动纹理映射问题，国内还没有一款较为成熟的软件，已有的研究多集中于单张影像与点云的纹理映射以及三角网曲面模型与影像的纹理映射。例如，国内已经商业化的应用软件，由武汉大势智慧科技有限公司研发的贴图大师，结合 Photoshop 影像处理软件能够较好地解决多张影像与三角网曲面模型的纹理映射；国外建模软件 Geomagic Studio 通过在影像与模型上选取控制点实现单张影像与模型的纹理映射。利用基于影像的三维重建技术对待测物体在计算机中进行实景复制，虽然能够得到纹理信息较为真实的三维可视化模型，但是在精度上低于激光雷达点云的扫描精度，且生成的模型与真实物体存在尺度上的差异，为后续与激光点云配准带来了问题。因此，本书主要研究基于多像位姿估计的点云纹理映射算法，在一定程度上达到了自动化作业的目的，能够较好地解决点云纹理映射中存在的问题，为激光点云的进一步应用提供了理论依据与数据支撑。为此，提出了三种多视影像与点云的纹理映射方案，设计了一套移动激光雷达点云与全景影像自动匹配方案，技术流程如图 3.1 所示。

(1)基于改进的 EPnP 算法的单张影像位姿估计。传统的 EPnP 算法是人为识别影像与点云上的 2D-3D 同名点，将所有控制点通过主成分分析法归算到虚拟控制点下，进而解算其影像位置姿态。由于人为选取控制点时选点误差不可避免，会造成控制点中存在“外点”。因此，本书利用随机抽样一致性(RANSAC)算法对其进行改进，并利用多组数据进行实验验证，证明改进方法相较于传统的 EPnP 算法在精度上有所提高。

(2)基于空间旋转的全景点云纹理映射。对于地面激光雷达获取的单站全景点云，利用激光雷达内置数码相机的方法，研究基于空间旋转法则的全景点云纹理映射。通过数码相机与激光雷达联合标定首张影像的绝对位姿，利用相机在空间中的水平方向与竖直方向上的固定旋转角度可以求出其余每张影像的绝对位姿，进而完成多张影像与全景点云的自动纹理映射，获取彩色点云模型。

(3)基于 SFM 流水线的点云自动纹理映射。针对地面激光雷达获取的单体建筑物点云模型，传统的从运动中恢复结构的算法能够利用多张无序影像数据集自动恢复影像的相对位置与姿态以及稀疏的彩色点云，但无法获取相对于激光点云的绝对位姿参数和尺度比例因子。因此，本书利用 SFM 算法研究如何恢复影像的绝对位姿和尺度比例因子，并将结果应用于点云的自动纹理映射。

图 3.1 移动激光雷达点云与全景影像匹配技术流程

(4)基于跟踪点构建的点云自动纹理映射。借鉴SFM算法中利用跟踪点重建影像同名点三维坐标的方法,研究旨在通过标定首张影像后,自动寻找后续影像上的2D-3D点对应,并利用改进的EPnP算法求取每张影像的初始绝对位姿。但其精度对首张影像的标定精度依赖性较强,研究采用光束法平差,在将激光点云作为真实值的条件下对其进行优化,最终完成纹理映射。

§3.2　基于空间旋转的全景点云纹理映射

全景点云一般指的是地面激光雷达获取的360°环视点云数据,例如美国的FARO和德国的RigelScan,在它们自带的软件处理系统中,能够实现每站点云与多张影像的自动贴图。在实际工程应用中,为了获取三维目标的点云模型,如塔式建筑、佛像、寺庙等,通常是使用地面激光雷达进行多站扫描,然后在激光雷达软件中自动配准或者人工选择控制点进行配准。本书所采用的点云数据是由地面激光雷达获取的一站全景点云,如图3.2所示。图3.2(a)所示为全景点云外部示意,图3.2(b)所示为全景点云的内部示意。

(a)外部　(b)内部

图3.2　全景点云

针对多张影像与全景点云的纹理映射问题,本书采用数码相机与激光雷达联合标定首张影像,再通过相机的固定空间旋转规则获取拍摄球面上的其余影像的绝对位姿的方案,完成所有影像与全景点云的纹理映射。

3.2.1　影像位姿估计

首先需要完成激光雷达与首张影像的标定,即求取首张影像在激光雷达坐标系下的位姿参数。在激光点云与影像上人工选取至少6对控制点,采用改进的EPnP位姿估计方法即可求出首张影像的位姿参数,记为$\boldsymbol{R}_0$、$\boldsymbol{T}_0$。之后,为了明确其余影像与首张影像的位姿关系,必须根据数码相机的旋转规则进行求取。激光雷达与数码相机旋转模型如图3.3所示。

数码相机安置在激光雷达内部，激光雷达坐标系为 $O\text{-}X_1Y_1Z_1$，相机坐标系为 $O\text{-}X_cY_cZ_c$。激光雷达首先在水平平台上旋转一周获取点云数据，然后自动开启数码相机工作模式，并且自动回到初始位置进行影像的获取。在获取影像时，数码相机的镜头在以自身为原点的三维球空间中旋转拍摄，在水平拍摄时，绕着激光雷达的 Z_1 轴旋转半轴，将水平 180°划分为 6 个拍摄方向，每个拍摄方向间隔 30°。同时，在每次水平旋转后，数码相机再绕着激光雷达的 Y_1 轴竖直旋转拍摄，将竖直一周的拍摄范围划分为 12 个拍摄方向，每个拍摄方向同样间隔 30°，旋转拍摄一周共获得 72 张影像。激光雷达平台在水平方向上旋转 5 次，即可获取整个三维空间的全部影像，如图 3.4 所示。本书并未进行影像拼接以获取单张全景影像，因为拼接后无法找到每个拍摄方向上的影像与其他影像之间的位姿关系，无法完成全景贴图。

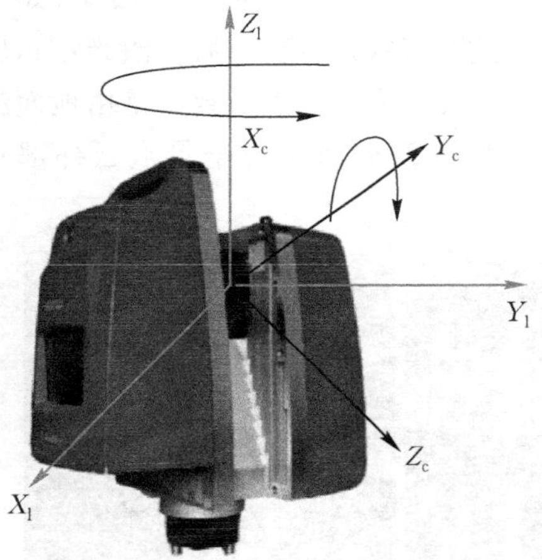

图 3.3 激光雷达与数码相机旋转模型

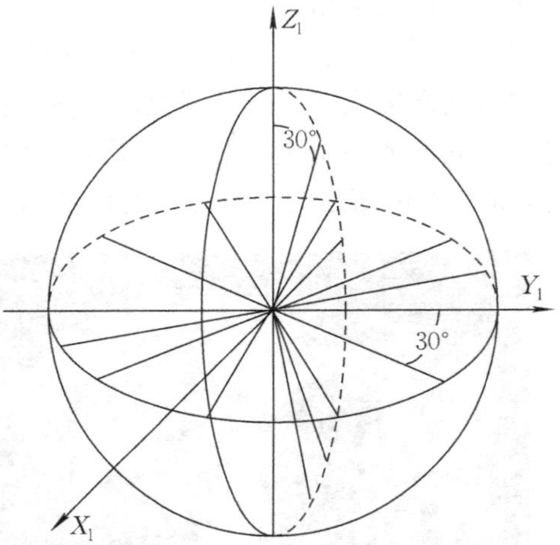

图 3.4 相机旋转拍摄示意

根据相机每次旋转的角度即可得到其余影像相对于首张影像的 $\boldsymbol{R}$ 与 $\boldsymbol{T}$。但需要注意的是，使用改进的 EPnP 算法求出的旋转矩阵 $\boldsymbol{R}$ 与平移向量 $\boldsymbol{T}$，是激光雷达的世界坐标系旋转到摄像机坐标系的变换，若要利用旋转角度求取下一张影像的位姿参数，则需要先求取摄像机坐标系到世界坐标系的旋转矩阵 $\boldsymbol{R}_C$ 与摄像机坐标系原点在世界坐标系下的坐标 $\boldsymbol{C}$，计算公式为

$$\left.\begin{aligned}\boldsymbol{R}_C &= \boldsymbol{R}_0^{-1} \\ \boldsymbol{C} &= \boldsymbol{R}_0^{-1}\boldsymbol{T}_0\end{aligned}\right\} \tag{3.1}$$

在水平旋转方向上，摄像机绕 Z_1 轴旋转角度 $\alpha = 30°$，记此旋转变换为 $\boldsymbol{R}_H$，则有

$$\boldsymbol{R}_H = \begin{bmatrix}\cos\alpha & -\sin\alpha & 0 \\ \sin\alpha & \cos\alpha & 0 \\ 0 & 0 & 1\end{bmatrix} \tag{3.2}$$

在竖直旋转方向上，摄像机绕 Y_1 轴旋转角度 $\beta = 30°$，记此旋转变换为 $\boldsymbol{R}_{\mathrm{V}}$，则有

$$\boldsymbol{R}_{\mathrm{V}} = \begin{bmatrix} \cos\alpha & 0 & -\sin\alpha \\ 0 & 1 & 0 \\ \sin\alpha & 0 & \cos\alpha \end{bmatrix} \tag{3.3}$$

因此，可以根据式(3.1)、式(3.2)与式(3.3)，以及首张影像的位姿 $\boldsymbol{R}_0$、$\boldsymbol{T}_0$ 求得水平旋转方向上的 $\boldsymbol{R}_{i\mathrm{H}}$、$\boldsymbol{T}_{i\mathrm{H}}$ 与竖直旋转方向上的 $\boldsymbol{R}_{j\mathrm{V}}$、$\boldsymbol{T}_{j\mathrm{V}}$，计算公式为

$$\left.\begin{aligned} \boldsymbol{R}_{i\mathrm{H}} &= (i\alpha\boldsymbol{R}_0)^{-1} \\ \boldsymbol{T}_{i\mathrm{H}} &= \boldsymbol{R}_{i\mathrm{H}}\boldsymbol{C} \end{aligned}\right\} \tag{3.4}$$

其中，$i = 1,2,\cdots,5$。

$$\left.\begin{aligned} \boldsymbol{R}_{j\mathrm{V}} &= (j\beta\boldsymbol{R}_{i\mathrm{H}})^{-1} \\ \boldsymbol{T}_{j\mathrm{V}} &= \boldsymbol{R}_{j\mathrm{V}}\boldsymbol{C} \end{aligned}\right\} \tag{3.5}$$

其中，$j = 1,2,\cdots,12$。

先根据 $\boldsymbol{R}_0$、$\boldsymbol{T}_0$ 求解竖直方向上每张影像的位姿参数，当水平旋转一次后，利用水平旋转矩阵求取新的 $\boldsymbol{R}_0$、$\boldsymbol{T}_0$，再求取竖直第二列上的影像位姿。依此类推，所有 91 张影像的位姿参数均可求得。

3.2.2　点云色彩一致性处理

受摄像机的曝光程度、光源照射方向及焦距大小等因素的影响，获取的影像之间的颜色、光照差异有时很大，例如，在背光拍摄时影像整体呈现黑色模糊的现象，而向光拍摄时影像质量较好。若不对其进行处理，在使用多张影像对点云进行纹理映射后，点云上会出现明显的纹理接缝现象。虽然点云是离散的数据，与连续的三角网模型不同，但若在宏观上观察到纹理接缝现象会使得点云模型的整体视觉效果不好。因此，本书分两个方面对点云上的纹理接缝进行处理：一方面对影像先进行预处理，采用基于 Mask 的影像匀光方法对多张影像光照差异进行处理；另一方面直接处理点云，对多张影像上点云的纹理值进行融合处理，最终得到视觉效果较好的全景彩色点云。

从数字图像处理的角度出发，在纹理映射前需要对多张影像的光照差异进行归一化处理，使得不同影像之间的光照差异趋于一致。本书采用广泛应用于遥感影像镶嵌的 Mask 匀光方法对影像进行处理，其基本原理是将一张光照不均匀的影像看作是由一张光照均匀的影像与一个背景影像叠加生成的，因此如果能得到较好的背景影像并将其从原始影像中分离出去，则剩下的即为需要的光照均匀的影像。设原始影像为 $f(x,y)$，背景影像为 $r(x,y)$，光照均匀的影像为 $g(x,y)$，则有

$$f(x,y) = r(x,y) + g(x,y) \tag{3.6}$$

从图像信号学的角度来看，影像中的亮度变化信息由低频信号决定，而高频信号则代表了影像的边缘与纹理变化的信息，为了更好地得到背景影像，基于 Mask 算法将原始影像利用傅里叶变换至频率域后，再进行低通滤波。这样做的好处是频率图像具有较高的规范性，依据能量分布能够有效地去除噪声。算法原理如图 3.5 所示。

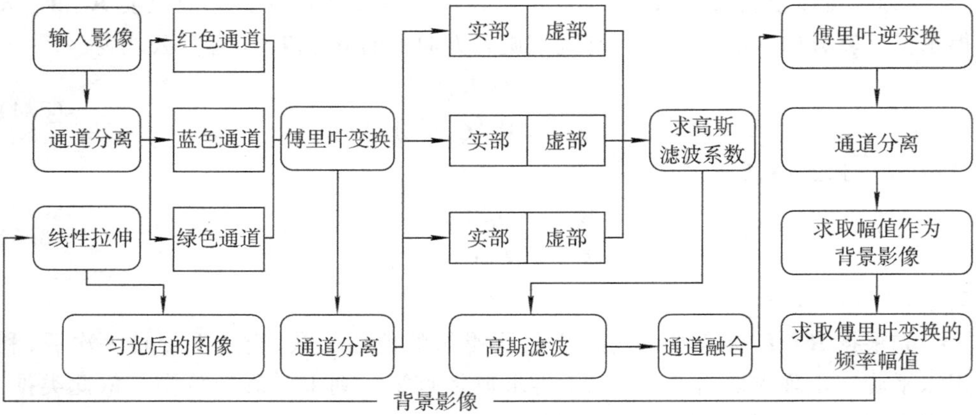

图 3.5 Mask 匀光算法原理

首先需要对输入的影像进行通道分离，得到红、绿、蓝三个通道后分别对这三个通道进行傅里叶变换得到每个通道的实部与虚部，然后求取实部与虚部的高斯滤波系数进行高斯低通滤波，再将滤波后的实部与虚部融合进行傅里叶逆变换至空间域即背景影像，最后与原始影像相减。但是这里得到的影像与原始影像相比对比度减小，因此还要对其做线性拉伸处理才能得到最终匀光后的影像。

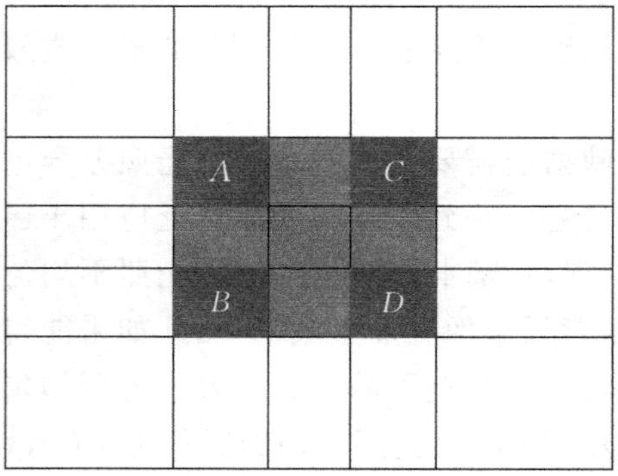

图 3.6 影像重叠示意

此外，还需要对点云进行颜色差异的处理，这是由于影像之间存在一定的重叠度，因此三维空间中的一点能够在多张影像上同时看到。以水平方向上的影像为例，如图 3.6 所示，A、B、C、D 四个区域为四张影像的重叠区域，在通过投影矩阵将三维点投影在影像上后判断是否同时在这四张影像上，若满足条件，则该三维点处于重叠区域，需要对其进行颜色融合。本书通过求取重叠区域处颜色平均值对三维点进行赋色，达到消除点云纹理接缝的目的。

§3.3　基于 SFM 流水线点云自动纹理映射

在计算机视觉中，SFM 算法是指使用一组二维影像集，通过估计对应影像之间的运动参数来恢复静态三维目标物体的三维结构。本质上，SFM 算法主要分为三个步骤：①影像特征的提取（包括点特征、线特征与面特征）及影像之间特征的匹配；②摄像机运动的估计，如使用匹配特征估计立体影像对之间的相对位姿；③通过最小化重投影误差，使用步骤①与②获得的影像特征及运动参数恢复三维结构。Noah Snavely 等于 2006 年提出了增量法 SFM 流水线，并通过实验证明了该算法可以利用成百上千张独立拍摄的影像在实际场景中精确地恢复所拍摄目标的三维结构，引起了人们对于使用大量无序影像进行高效 SFM 三维重建的技术的极大兴趣。SFM 流水线首先需要在每张影像中进行特征点检测，具体方法可以采用影像特征提取与匹配 SIFT 算子、SURF 算子等，并通过生成的特征点描述子在影像间进行特征点的对比，得到可能的影像特征匹配集；再采用 RANSAC 算法鲁棒性地估计影像之间的基础矩阵，即计算摄像机之间的运动参数，同时利用以基础矩阵为模型的对极几何原理剔除错误的影像特征匹配点；然后选取拥有匹配点集最多的两张影像作为三维点云重建的开始，之后每加入一张影像都进行三维点集的计算；最后，将生成的所有三维点集与全部的影像位姿代入光束法平差中进行非线性优化。重复以上步骤，直到所有影像全部加入后，才完成点云三维重建流程。尽管上述增量法的重建流程计算量巨大，但仍然能够较好地解决大规模影像数据集的三维重建问题，并生成质量较好的目标点云模型。

SFM 算法不仅能够精确地估计影像数据集中所有影像之间的相对位置关系及运动参数，而且能够生成高质量的点云模型。而本书所研究内容为多视影像与点云之间的纹理映射，是在已有激光雷达点云的前提下寻找多视影像与点云的绝对位姿关系，并不需要 SFM 算法生成的点云模型，只需要高精度地求解影像的绝对位姿即可。然而单纯地使用 SFM 流水线只能生成以首张影像的摄像机坐标系原点为世界坐标系中心的相对位置与姿态关系，无法据此实现本书要求。因此本节重点介绍如何利用 SFM 流水线完成多视影像与点云的纹理映射。

3.3.1　增量法 SFM 流水线

点云与影像数据融合的传统方法是，影像数据按摄影测量方法通过内外方位元素的解算得到影像点云，再与激光雷达点云配准进行数据融合。而近年来，增量法 SFM 作为一种近景影像的处理手段，不需要内外方位元素初值，利用影像的特征信息自动获取序列影像的同名点对，自动计算影像间的相对姿态与内参信息，通过内外参数整体优化及点云加密得到密集点云，较摄影测量方法具有较大优势。

然而其算法效率随着影像数据量的增加而急剧下降，具体表现在：①特征检测与匹配；②光束法平差；③多视角立体视觉算法（patch-based multi-view stereo，PMVS）密集点云获取。本书自行完成了增量法 SFM 流水线的程序设计与实现，具体算法流程如图 3.7 所示。

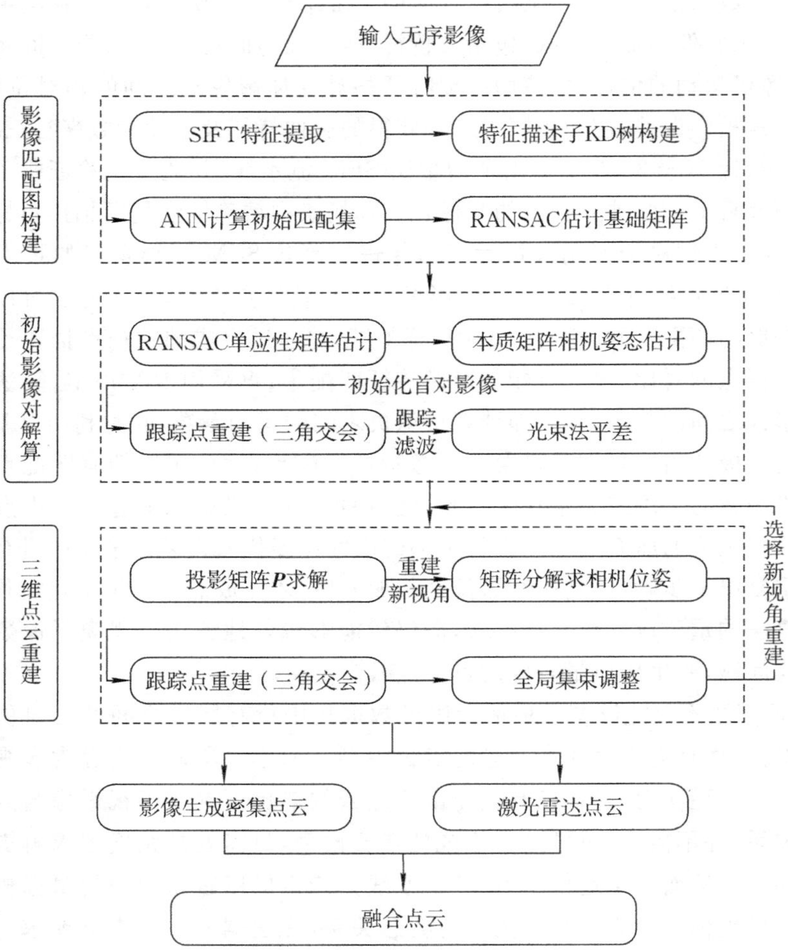

图 3.7 增量法 SFM 流水线算法流程

具体方法如下。

（1）影像匹配图构建。首先利用 SIFT 特征检测算子在影像上进行特征提取，并两两之间进行匹配。为了加快匹配速度，通过对特征描述子建立 KD 树，采用最邻近（approximate nearest neighbor，ANN）优化搜索算法对每一个影像对（I，J）寻找特征点匹配关系，并将匹配点加入候选匹配点集中参与后续运算。但由于候选匹配点中仍可能存在误匹配，因此采用 RANSAC 算法鲁棒性地估计基础矩阵，并利用基础矩阵对匹配点进行过滤，从而得到较好的匹配点，最终构建所有影像间的匹配无向图结构。

(2)初始影像对解算。首先利用 RANSAC 算法估算两影像之间的单应性矩阵，排除单应性关系较强的影像对作为初始像对；再通过统计影像对之间的特征匹配数量，选择匹配数量最多的作为初始影像对；然后估算初始影像对之间的本质矩阵，利用矩阵分解解算其相对位姿。最后通过三角交会构建三维点，并进行光束法平差优化初始影像对的相对位姿及得到的三维点。

(3)三维点云重建。从剩余影像中加入一张新影像，并通过与第二张影像中的匹配点寻找新影像的二维与三维对应点，求解其投影矩阵 $\boldsymbol{P}$。分解矩阵 $\boldsymbol{P}$ 得到新影像的位姿，同时与第二张影像进行三角交会，重建出新的三维点。最后对初始影像对与新加入的影像进行光束法平差优化。

(4)重复步骤(3)，直到所有影像全部加入重建过程为止，得到稀疏点云。再通过密集匹配算法得到密集点云。

增量法 SFM 的优点主要有以下两点：①对影像特征匹配点中的外点具有较高的鲁棒性，这是由于在算法中大量使用单应性矩阵与基础矩阵作为几何约束条件，并采用 RANSAC 算法进行多次随机采样，不断优化模型参数并剔除匹配外点；②通过光束法平差不断优化场景结构，因此重建精度较高。

3.3.2　基于图匹配的影像匀光处理

利用 SFM 算法进行影像的相对位姿重建时，需要先获取影像数据集中两两影像之间的匹配关系，即先建立影像数据集的图匹配关系，包括拓扑连接及匹配数量大小等信息。本书利用该匹配关系对所有影像整体进行匀光处理。

拓扑结构表述了实体之间的连接关系，由点与边组成，记为 $G=(V,E)$。如图 3.8 所示，圆点表示实体，线段表示实体之间的连接关系。其中，实体的集合称为顶点(vertex)集合，记为 V；连接关系的集合称为边(edge)集合，记为 E。通常还会在 E 上标明这条边的权重，权重可以是自定义的评判标准，如本书中的权重是两张影像之间的特征点匹配数量。图 3.8 描述了三种图的结构，分别为无向图、混合图和有向图。

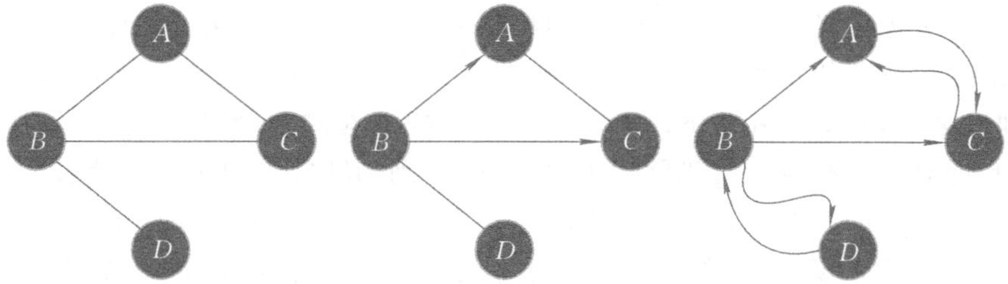

(a) 无向图　(b) 混合图　(c) 有向图

图 3.8　三种图结构示意

本书在使用 SFM 算法时,首先对影像数据集中的所有影像进行两两匹配,若有 n 张影像,则需要进行 C_n^2 次匹配,两两匹配之间没有方向要求,因此,本书采用建立无向图的方式进行匀光,如图 3.9 所示。其中每个圆形节点表示一张影像,节点越靠近边缘说明其与其他影像的连接关系越弱。

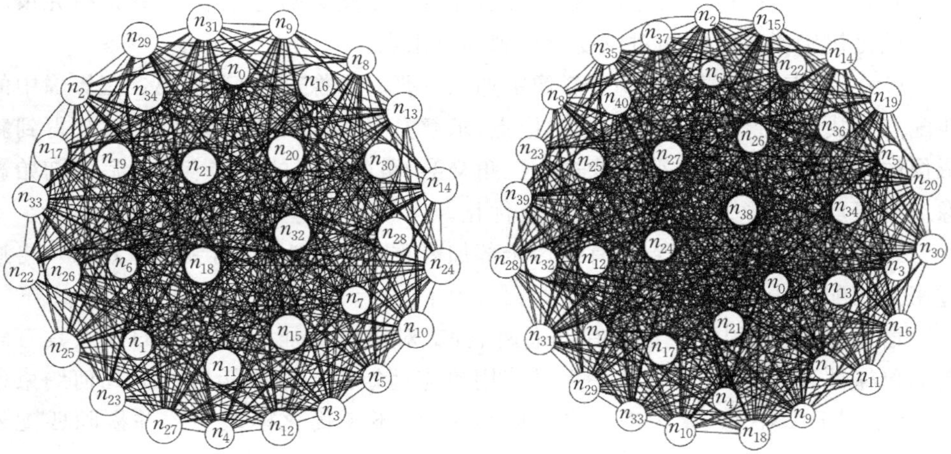

(a) $n=35$　　(b) $n=41$

图 3.9　影像匹配图结构

图 3.9 中分别为采用 35 张影像和 41 张影像构建的匹配图关系。从图中可以看出,在构建影像匹配关系时,个别影像由于与其他影像匹配数量较少或者影像质量较差、纹理信息不丰富等,被舍弃没有加入图结构。另外,每条边上应该保存两张影像之间的匹配点数量,但为了图形美观并未显示。而且从图 3.9 中可以明显看出,越靠近匹配图中心的影像节点,与其相连的边越多,说明该影像与其余影像有较高重叠度。

在恢复了影像数据集的匹配图结构后,需要利用该结构对所有影像进行整体的光照差异处理。本书将其分为两个步骤进行:先估计影像之间共同的色彩信息,然后以其中一张影像的色彩信息作为参考影像,估计其他影像之间的色彩变换。对于一组影像数据集来说,记其中的每张影像为 $I_i(i=1,2,\cdots,n)$,要实现多张影像匀光,达到统一影像之间光照差异的目的,其实就是使影像之间对应像素处的颜色值尽可能一致。本书先计算每个影像对之间可能的对应像素点,即同名点,例如利用 SIFT 算子进行影像特征检测及特征匹配,再利用对极几何原理对误匹配点进行剔除。但是,此时得到的匹配点数量仍可能较少,为了获取更多可能的匹配点,本书采用虚拟线描述符(virtual line descriptor,VLD)解决该问题。VLD 算法能够识别影像对之间共同的像素分割特征,如直线、线段等。利用共同的直线特征作为像素掩模,能够在影像上提取共同的,但并未调整的像素色彩值。但该方法不能保证影像之间逐像素地进行匹配,所以本书采用颜色直方图的方法进行处理，通过在无穷范数 l_∞ 的约束下，使得累计直方图分布的一组分位数位置对齐来解决颜色一致性的问题。实质上是解算一个线性规划，即

$$\underset{\{g_l, O_l\}}{\text{minimize}} \ \max_{i,j,k} \left| (g_i Q_{ij}^k + O_i) - (g_j Q_{ji}^k + O_j) \right| \tag{3.7}$$

式中，g_l 和 O_l 分别代表规范化每张影像的增益系数和偏移量，对于任意的 l，满足 $g_l \geq 0$，对于参考影像，$g_l = 1$ 且 $O_l = 0$；Q_{ij}^k 为影像 i 与影像 j 中匹配点直方图的第 k 分位数。通过求解式(3.7)，得到每张影像的增益系数 g 和偏移量 O，并对其色彩值进行修正。选取两张光照色彩差异较大的影像对该匀光算法进行测试，图 3.10 中影像 1 相较于影像 2 整体光照度较低，色彩偏暗，影像 2 光照度较强，色彩偏亮。使用上述介绍的匀光算法后，实验结果如图 3.10(c)所示。实验中选取影像 1 为参考影像，可以看出，匀光后影像 2 的光照度变弱，色彩偏暗，与影像 1 趋于一致。

(a) 实验影像1

(b) 实验影像2

(c) 匀光结果

图 3.10　匀光实验影像与结果

统计匀光前后两张影像 RGB 三个通道的直方图，如图 3.11 所示。其中每个通道的直方图中，左侧一列为匀光前两张影像的直方图对比，右侧一列为匀光后两张影像的直方图对比。可以看出，每个通道匀光前波峰与波谷差异较大的地方在匀光后都趋于一致。

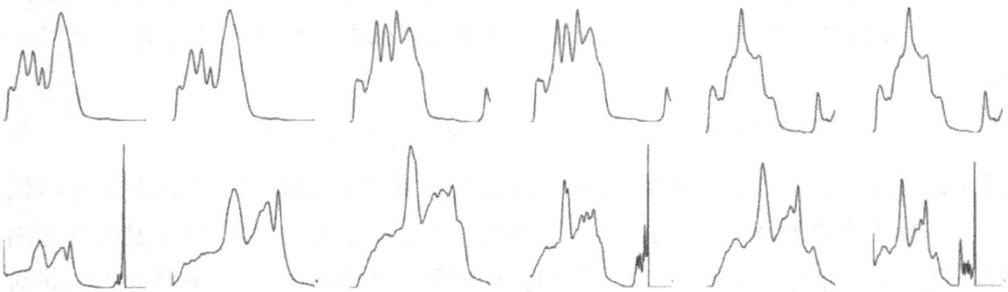

（a）R通道 （b）G通道 （c）B通道

图 3.11 匀光前后两张影像的直方图对比

3.3.3 多张影像绝对位姿恢复

在利用增量 SFM 算法对所有影像进行处理后，能够得到以首张影像的摄像机坐标系原点为世界坐标中心的所有影像的相对位姿及生成的三维点云，如图 3.12(彩图附后)所示，其中红色的平面为每张影像在空间中的示意。但是此时并没有得到摄像机相对于激光雷达点云的旋转姿态与平移参数，同时由影像重建的点云与激光雷达点云分别处在两个三维笛卡儿直角坐标系中，之间不仅存在旋转平移变换差异，并且在尺度上还存在差异。在激光点云处理过程中，将一对在不同坐标系下的点云数据集配准至统一坐标系的问题称为点云配准，通常用一个估计得到的表示平移和旋转的 4×4 的刚体变换矩阵使一个点云数据集精确地与另一个点云数据集进行配准。通常情况下，两站点云之间的配准并不存在尺度上的差异，但是由于影像数据与点云数据不论是在数据结构还是成像方式上均存在巨大差异，若要实现影像生成的密集点云与激光点云配准，则必须考虑尺度因子的影响。同时，本书为了叙述方便，将影像生成的点云称为“影像点云”。

参考激光点云配准的过程，笔者认为在影像点云经过旋转平移后配准至激光点云时，由于每张影像的摄像机坐标系实际上也是三维笛卡儿直角坐标系，与点云坐标系之间的变换也是刚体变换，因此可以将摄像机坐标系旋转平移至激光点云坐标系下，由此恢复影像与激光点云之间的绝对位姿。传统的影像数据与激光点云数据融合时是将影像生成的彩色点云与后者进行配准实现二者的融合，但是利用 SFM 算法及后续的密集匹配算法生成密集点云的过程计算量较大，且算法的效率随着影像数量的增加而逐渐下降。因此，本书跳过由影像生成密集点云的过程，直接将多视影像上丰富的纹理颜色赋给激光点云，不仅在效率上有所提高，而且得到的彩色点云模型保留了原始激光点云数据的精度，同时也提高了激光点云的可视化效果，为后续点云分割、分类、语义识别及曲面重建等应用提供理论与数据支撑。

（a）某高校小鸟巢

（b）学院楼E座

（c）四合院

图 3.12　SFM 算法重建位姿结果

在 SFM 算法中，摄像机坐标系与点云模型的原点均为首张影像的摄像机坐标系的原点，因此将首张影像的旋转矩阵和平移向量记为 $\boldsymbol{R}_0$、$\boldsymbol{T}_0$，其中 $\boldsymbol{R}_0$ 为单位矩阵，$\boldsymbol{T}_0$ 为零向量。在解算第二张影像与首张影像的相对位姿时，采用的方法是利用两张影像上的特征匹配点计算基础矩阵，在已知摄像机内参数的前提下，可以由基础矩阵进行矩阵分解得到第二张影像和首张影像的 $\boldsymbol{R}_1$、$\boldsymbol{T}_1$。当新加入第三张影像后，不能依照上述双目重建方法计算新影像的位姿参数。因为若对第三张影像与第二张影像进行匹配求解二者之间的相对变换，求解得到的是第二张影像与第三张影像之间的变换参数，不能由此得到第一张影像与第三张影像的变换关系，这是由于二者之间的平移向量均为单位向量，丢失了比例关系。因此在三维重建时，先使用双目重建方法对前两张影像进行重建，得到空间中的一些三维点，加入第三张影像后，将其与第二张影像进行匹配，这些匹配点中有一部分的空间坐标是已知的，同时它们在第三张影像上的像素坐标也已知，利用单张位姿估计方法即可求出第三张影像的位姿参数。在计算机视觉中，将上述寻找每张影像的位姿参数的过程称为相机位置估计(camera location estimation, CLE)，本书简称“CLE问题”。同时纹理映射过程实质上也可以归为 CLE 问题，只不过目标对象由影像点变为激光点云。因此，本书采用在多张影像上与激光点云上选取同名点的方法，直接恢复每张影像的绝对位姿，进而自动完成纹理映射。

通常情况下，由于影像生成的点云一般较为稀疏，因此在影像上精确地选取较小的特征十分困难，难以完成影像与激光点云的配准，并实现影像与激光点云的融合。然而，影像数据具有高分辨率的纹理特征信息，人眼能够十分方便地识别纹理细节，达到精确选择控制点的目的。通过在多张影像上选取若干同名控制点，并满足有三对同名点至少在两张影像上能够同时观测到的条件，即可通过这些同名点利用三维度量重构方法重建出若干三维点。影像上选取的控制点如图 3.13 所示。

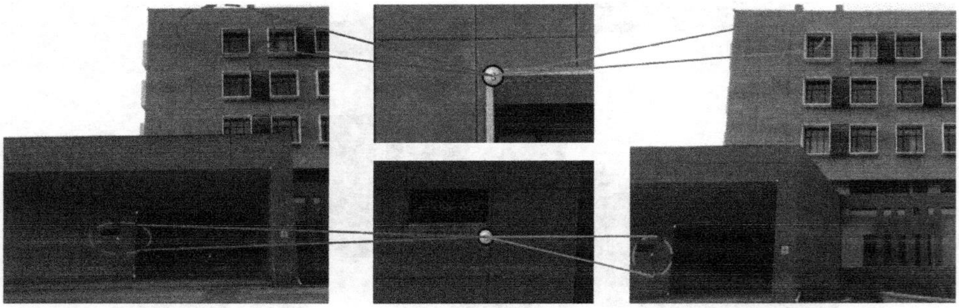

图 3.13 多张影像选点

同时在激光点云上选取对应控制点，利用最小二乘法即可求得实现摄像机坐标系与激光点云坐标系的空间变换关系，包括尺度缩放、旋转变换及平移变换。利用 SFM 流水线进行多视影像与激光点云的自动纹理映射的流程如图 3.14 所示。具体方法如下。

(1)输入多张无序影像，进入 SFM 流水线进行所有影像相对位姿的恢复，得到以首张影像对应的摄像机坐标系原点和世界坐标系原点的所有影像的旋转矩阵与平移量 $\boldsymbol{R}_i$、$\boldsymbol{T}_i$，同时可以得到每个摄像机坐标系原点在世界坐标系下的坐标，即 $\boldsymbol{C}_i=-\boldsymbol{R}_i^{\mathrm{T}}\boldsymbol{T}_i$。另外，这里不需要再进行密集点云重建。

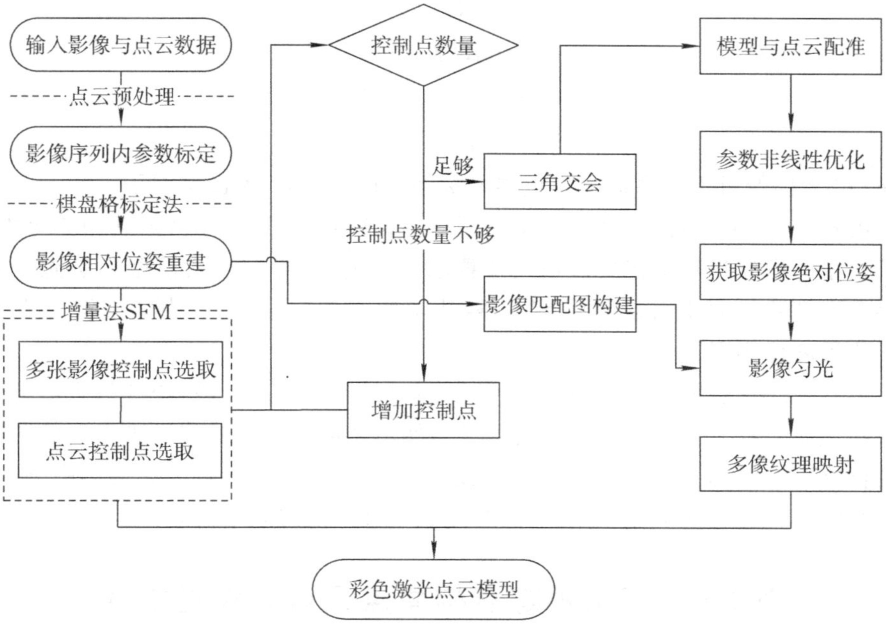

图 3.14　SFM 流水线纹理映射流程

(2)在至少两张影像上选择至少三对同名点,同时在激光点云上选取对应控制点,记为 $\boldsymbol{P}_{il}$ 。

(3)判断激光点云控制点是否小于三个,若满足条件则跳出,增加控制点。同时判断每个控制点的观测值个数,即统计该控制点在几张影像上可以看到。若只能在一张影像上看到,则舍弃该控制点。

(4)利用影像上的同名点进行三角交会,获取若干模型控制点,记为 $\boldsymbol{P}_{ic}$。

(5)通过最小二乘法或者奇异值分解计算 $\boldsymbol{P}_{il}$ 与 $\boldsymbol{P}_{ic}$ 之间,即模型坐标系与激光点云坐标系之间的旋转平移变换,记为 $\boldsymbol{R}_{lc}$、$\boldsymbol{T}_{lc}$。同时,可以由旋转矩阵 $\boldsymbol{R}_{lc}$ 求出缩放比例因子 λ,即 $\lambda=\sqrt[3]{\boldsymbol{R}_{lc}}$ 。

(6)将旋转矩阵 $\boldsymbol{R}_{lc}$、平移量 $\boldsymbol{T}_{lc}$ 及 λ 代入利文贝格-马夸特(Levenberg-Marquardt)算法进行非线性优化,得到更加精确的结果。

(7)将步骤(6)得到的 $\boldsymbol{R}_{lc}$、$\boldsymbol{T}_{lc}$ 及 λ 作用于每张影像的相对位姿,得到绝对位姿。

(8)利用 SFM 算法建立的影像匹配关系,根据影像光照差异处理方法,对多张影像进行匀光。

(9)使用每张影像的绝对位姿及其内参数信息,根据投影矩阵进行纹理映射。

在步骤(7)中求解影像的绝对位姿参数时,若记第 i 张影像的绝对位姿为 $\boldsymbol{R}_i'$、$\boldsymbol{T}_i'$,则有

$$\left.\begin{array}{l}\boldsymbol{R}_i'=\boldsymbol{R}_i\boldsymbol{R}_{\mathrm{lc}}^{\mathrm{T}}\\ \boldsymbol{C}=-\boldsymbol{R}_{\mathrm{lc}}^{\mathrm{T}}\boldsymbol{T}_{\mathrm{lc}}/\lambda\\ \boldsymbol{C}_i'=\lambda\boldsymbol{R}_{\mathrm{lc}}(\boldsymbol{C}_i-\boldsymbol{C})\\ \boldsymbol{T}_i'=-\boldsymbol{R}_i'\boldsymbol{C}_i'\end{array}\right\}\tag{3.8}$$

式中，$\boldsymbol{C}$ 为摄像机坐标系原点在世界坐标系下的坐标，λ 为比例因子。

由式(3.8)可知，比例因子 λ 主要用在平移向量的变换中，而旋转矩阵可由 $\boldsymbol{R}_{\mathrm{lc}}$ 基于每张影像的相对旋转变换相关计算求出。因此，影像点云模型与激光点云模型存在尺度差异的原因是利用 SFM 算法求解影像姿态时，其中的平移量未包含真实的尺度比例因子。

最后在纹理映射时，根据每张影像的绝对位置与姿态参数，统计每张影像上能够看到的激光点云点数，并对其进行排序，然后从能够看到最多激光点云的影像开始进行纹理映射，同时将已完成纹理映射的激光点云从原始点云数据集中删除，直到所有的点云全部映射完成为止，最终完成全部的纹理映射过程。

§3.4 基于跟踪点构建点云自动纹理映射

§3.3 的方法在对激光点云进行纹理映射时采用的策略是将激光点云数据与影像数据分开进行处理，首先对多站点云数据进行配准、去冗及滤波等，再对无序影像使用 SFM 算法获取每张影像的相对位置与姿态，然后利用控制点整体地将影像的相对位姿转换到绝对位姿，从而完成纹理映射。该方法继承了增量法 SFM 对匹配外点具有较高鲁棒性的优点，不仅能够生成三维目标的稀疏点云模型，也能解算每张影像的相对位姿。但是该方法最大的缺点是需要在多张影像上选取同名控制点，而且由于采用最小二乘解超定方程，所以选取的同名控制点越多，在影像上分布越多，则最终纹理映射的精度越高，对影像控制点要求越高。

解决激光点云与多视影像的纹理映射问题最理想的方案是以激光点云与多张影像作为输入数据集，在不进行任何人为干涉的情况下自动完成。对于单张影像与激光点云的自动纹理映射来说，虽然近年来解决方案已取得初步成效，但这些方法对拍摄场景的适用范围有一定的限制。因此本书提出了一种基于跟踪点构建的方法解决多视影像与点云的配准问题。“跟踪点”在计算机视觉中一般称为 track，也叫“多度重叠点”，指的是多张影像上的匹配特征点集，这些特征点都对应了三维空间的同一点。跟踪点描述了多张影像之间的连接关系，在基于影像的三维重建中，由影像生成的彩色点云即众多跟踪点的集合。基于影像三维重建的过程，本节所述算法将影像数据与激光点云作为整体进行考虑，即只在首张影像上选取控制点，采用边加入影像边解算每张影像的绝对位姿的策略。在获得所有影像的绝对位姿后，对点云建立八叉树，借鉴计算机图形学中视锥体剪裁的原理，依据影像内外参数建立以像平面为远平面、近平面设置为摄像机原点处的视锥体，快速地搜索当前影像视锥体范围内的点云集合，并将其赋上纹理值。算法流程如图3.15所示。

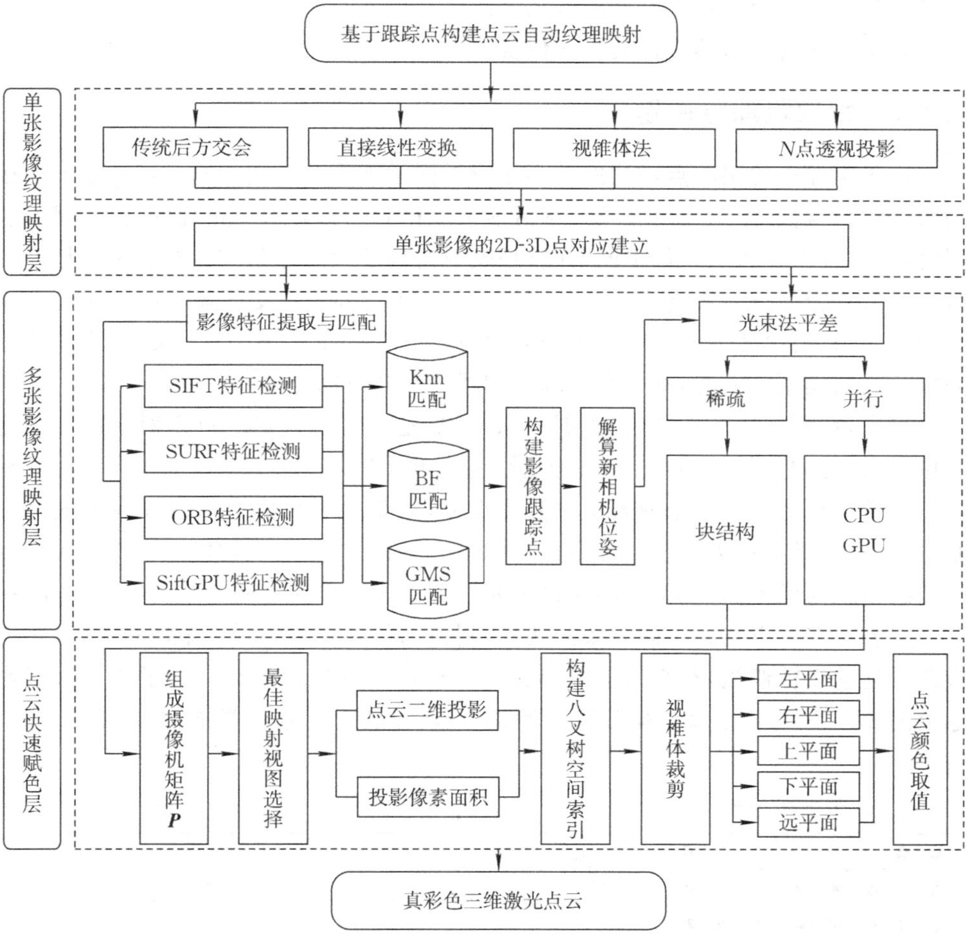

图3.15 基于跟踪点构建点云自动纹理映射算法流程

整个算法流程可以分为三层，即单张影像纹理映射层、多张影像纹理映射层及点云快速赋色层。单张影像纹理映射层主要采用单张影像的位姿估计方法，通过在首张影像与激光点云上选取若干控制点解算其位姿参数，然后可以建立首张影像上的每个像素点与激光点云的一一对应。在多张影像纹理映射层中，从影像数据集中选择一张影像与首张影像进行特征检测与匹配，则在第二张影像上必然存在一部分已知激光点云坐标的匹配点，根据两张影像的匹配点索引关系即可找到在第二张影像上的2D-3D对应点，即跟踪点；然后解算第二张影像的外参数，同时将跟踪点对应的三维点云与在影像上的观测坐标及两张影像的内外参数代入光束法平差中进行优化;依次类推,每次加入一张影像,直到获得所有影像的外参数为止。在点云快速赋色层中,结合八叉树与视锥体进行点云裁剪,获取影像视锥体范围内的点云集合,完成纹理映射。由于利用点云建立八叉树,通过几何视锥体判断点是否能够在当前视点观察到的方法已经较为成熟,本书不再对其进行过多介绍,主要介绍如何自动求解影像的绝对位姿。

3.4.1 影像跟踪点构建

由于影像上的跟踪点描述的是多张影像同时观测三维空间同一点的匹配连接关系,因此在构建跟踪点时必须要尽可能多地得到两张影像上正确的特征匹配点。同时,与三维重建时的条件不同,在纹理映射时构建跟踪点是在已有大量高精度的激光点云集合的条件下进行。而利用影像三维重建时,并没有激光点云作为先验已知条件,只是单纯地将每个立体像对生成的三维点加入一个统一集合,组成最后的稀疏点云模型。因此,本书在跟踪点构建时有几点问题需要注意。

首先,在利用首张影像(记为 IMGA)与激光点云上的 2D-3D 点对应求取其绝对位姿后,得到其旋转矩阵与平移向量,记为 $\boldsymbol{R}_0$、$\boldsymbol{T}_0$。另一方面,首张影像上的每一个像素块均对应了一个或若干个激光点云,这是由于平面影像的成像方式为中心投影,以摄像机作为光源的发出点,则影像上的每个像素块均可以看作是摄像机发出的光线与像平面的交点,同时每条光线又穿过了空间中的三维目标。因此,在点云中若有多个点均处于同一条光线上,则在影像中投影为同一个像素点,且距离摄像机远的点被遮挡,在影像上只能看到距离摄像机最近的点。为了建立每张影像上的 2D-3D 对应点集,本书只取距离摄像机最近的点。数据结构如图 3.16 所示。

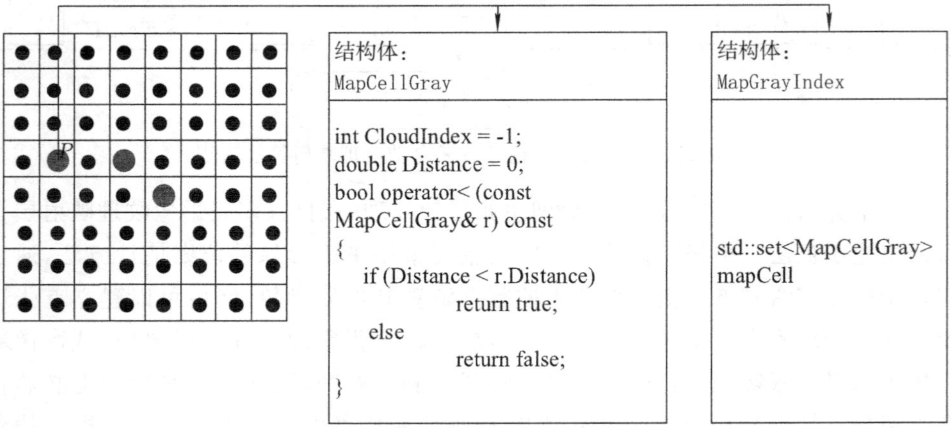

图 3.16 跟踪点数据结构示意

图 3.16 中大圆点 P 所在的像素块内代表有多个三维点在一条光线上,小圆

点则代表只有一个三维点在该条光线上。针对每个像素块，建立结构体 MapCellGray，CloudIndex 初始化为−1，记录该像素块内点云的索引，Distance 初始化为 0，记录该三维点距离摄像机中心的距离。为了方便在程序上运算，本书采用 set 集合的数据结构存储每个像素块的三维点信息。由于 set 是一个关联容器，在 set 集合中每个元素的值均是唯一的，且能够依据该值将元素自动排序，因此在 MapCellGray 中重载了运算符"<"，使得在 MapGrayIndex 结构体中的集合插入元素时，自动根据每个三维点与摄像机中心的距离进行排序，最终只取 MapGrayIndex 中的第一个元素作为三维控制点。

若记激光点云中坐标为 $\boldsymbol{P}$ 的一点与摄像机中心的距离为 d，则需先求出摄像机中心在点云世界坐标系下的坐标 $\boldsymbol{C}$，根据已求得的影像旋转矩阵与平移量 $\boldsymbol{R}$、$\boldsymbol{T}$，计算摄像机中心的坐标，即

$$\boldsymbol{C} = -\boldsymbol{R}^{-1}\boldsymbol{T} \tag{3.9}$$

则距离 d 为

$$d = \sqrt{(\boldsymbol{P} - \boldsymbol{C})^2} \tag{3.10}$$

根据上述方法，将激光点云中的三维点利用影像内外参数反投影在影像上。若像素块内只有一个三维点，则改变其 RGB 值并显示蓝色；若像素块内三维点个数大于 1，则改变像素块颜色并显示红色，如图 3.17（彩图附后）所示。在小鸟巢影像上，由于距离摄像机较近的电线杆遮挡了后续的建筑物，因此，在影像上杆塔附近红色像素块较多，说明在该区域上存在较多的点云遮挡。

图 3.17　点云反投影结果

当加入第二张影像（记为 IMGB）后，需要根据 IMGA 上已经建立的 2D-3D 点对应寻找 IMGB 上的 2D-3D 点对应，进而解算 IMGB 的绝对位姿。首先对 IMGA 与 IMGB 进行特征点检测与匹配，得到两张影像上的同名点集合。同时，在建立 IMGA 中的 2D-3D 点对应时，记录首张影像上的第 i 个特征点对应的点云索引。因此，IMGA 中的匹配点索引能够获取该像素点对应的三维点，并将其作为 IMGB 的三维控制点，同时，IMGB 中的匹配点作为二维控制点，此时即可得到 IMGB 的 2D-3D 点对应，求出 IMGB 的旋转矩阵与平移向量 $\boldsymbol{R}_1$、$\boldsymbol{T}_1$。同理，再继续从剩余

影像集合中选取新的影像 IMGC、IMGD 等，依次求解所有影像的位姿参数。跟踪点构建示意如图 3.18 所示。

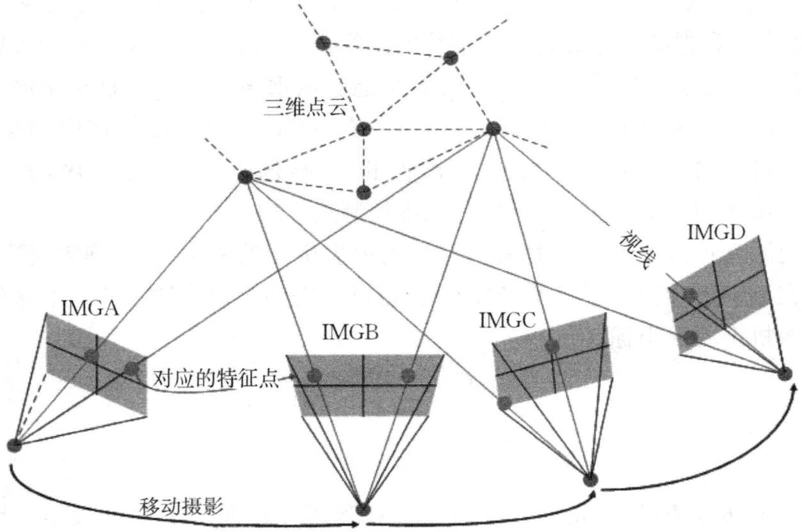

图 3.18 跟踪点构建示意

在本节所述算法中，最关键的步骤为如何根据已经标定的首张影像的绝对位姿，利用两张影像间跟踪点的关系，确定下一张影像的绝对位姿，即函数 FindNextImagePose()。其输入参数为影像的内参数矩阵 $\boldsymbol{K}$、首张影像 IMGA、首张影像的绝对位姿 $\boldsymbol{R}_0$ 与 $\boldsymbol{T}_0$，以及下一张影像 IMGB；输出参数为下一张影像 IMGB 的绝对位姿 $\boldsymbol{R}_1$ 与 $\boldsymbol{T}_1$，以及点云数据集 structure。寻找下一张影像的绝对位姿参数算法如下：

```
输入:IMGA, IMGB , R0, T0, K, structure
输出:R1, T1
Function: FindNextImagePose()
    SimpleCloudIndexVec←0
    for each point in structure do
      if structure[i] can be projected by K and R0 and T0 on ImageA then
          find x and y pixel by K and R0 and T0
          insert pixelCell into SimpleCloudIndexVec
      end if
    end for
    detectAndCompute(IMGA, KeyPointsA)
```

```
    for each keypoint in KeyPointsA do
        find its index in structure[i]
        insert i into correspond_struct_idx[0]
    end for
    detectAndCompute(IMGB, KeyPointsB)
    matchFeatures(KeyPointsA, KeyPointsB, matches)
    for all match in matches do
        query_idx = matches[i]. queryIdx
        train_idx = matches[i]. trainIdx
        struct_idx = correspond_struct_idx[0][i]
        insert structure[idx] into Point3ds
        insert KeyPointsB[idx].pt into Point2ds
    end for
    R1, T1 = SolveEPnPRansac (Points3ds, Point2ds, K)
end function
```

3.4.2　最优影像选取

在获取首张影像的位姿参数后，如何从剩余的影像数据集中挑选出合适的影像与首张影像进行匹配成为关键问题。在影像三维重建中，增量法 SFM 对初始影像对的选取十分敏感，如何从无序影像中挑选一对合适的影像进行稀疏点云的初始化对最终的三维重建精度具有较大的影响。因此，选择初始影像对时应该至少满足三个条件之一。

(1)影像匹配点足够多。这是为了在初始影像对三角交会时能够重建出尽可能多的三维点，为后续影像相对位姿重构提供更多的 2D-3D 对应点，提高每张影像位姿的解算精度。

(2)像对之间的基线足够长。实质上是对两张影像之间的交会角进行约束，交会角过大或过小，重建出来的三维点的精度均不高。因此应该选择交会角适中的影像进行匹配。记两张影像的交会角为 α，计算时首先根据两张影像的旋转矩阵及各自像点坐标计算出两条摄影光线，即

$$\left.\begin{aligned} \boldsymbol{a} &= \boldsymbol{R}_1^{\mathrm{T}} \boldsymbol{K}^{-1} \boldsymbol{x}_1 \\ \boldsymbol{b} &= \boldsymbol{R}_2^{\mathrm{T}} \boldsymbol{K}^{-1} \boldsymbol{x}_2 \end{aligned}\right\} \tag{3.11}$$

式中，$\boldsymbol{a}$ 与 $\boldsymbol{b}$ 为两条光线的向量。

对求得的两条光线向量进行归一化，得到其单位向量的形式。夹角 α 的计算公式为

$$\alpha = \arccos\left(\frac{\boldsymbol{a}\boldsymbol{b}}{|\boldsymbol{a}|\,|\boldsymbol{b}|}\right) \tag{3.12}$$

在选取初始像对时，需要计算每对影像中特征匹配点对夹角的中值β，并判断β是否在合适的阈值内，然后对所有影像配对的β进行排序，取最大的β对应的影像对作为初始影像。

(3)满足单应性(homography)条件的匹配点尽量要少。这是由于单应性表达的是三维空间中两个二维平面之间的变换，若匹配点大量地满足单应性条件约束，说明这些匹配点对应的三维点大多数分布在空间同一平面上。

由于本节所述算法是以人为选取的影像作为输入影像数据集的第一张影像，并不需要利用SFM算法进行三维点云重建。因此，本书算法在挑选下一张影像时只需满足第一个条件即可，采取的具体方案是先将所有影像数据集中的影像两两进行匹配，并以文件形式存储其匹配点个数及在两张影像上的匹配点坐标，用两张影像的名称对其进行命名，具体形式为“影像A-影像B”。然后挑选出包含IMGA的所有匹配点文件，并从中选取具有最多匹配点数的影像，得到IMGB。依次类推，直到所有影像都加入算法流程并求得其位姿参数后结束程序。

3.4.3 捆集调整优化

通过上述方法解算出的影像数据集中每张影像的绝对位置与姿态，如果直接用于纹理映射，精度会随着影像数量的增加而下降，最后甚至会在点云上出现错误的纹理颜色值。因此，必须对每张影像的绝对位姿进行后续优化，才能最终达到精度要求。光束法平差是摄影测量中的概念，在计算机视觉中又称为捆集调整，指的是以一张影像所组成的一束光线作为平差的基本单元，以中心投影的共线方程作为平差的基础方程。通过各个光线束在空间的旋转和平移，使模型之间公共点的光线实现最佳交会，并使整个区域最佳地纳入已知的控制点坐标系中。光束法平差作为一种非线性优化方法，大量地应用于影像三维重建、实时定位与构图，以及飞行器位姿估计等领域。因此本书采用捆集调整的方法对得到的多张影像的绝对位姿进行最终优化。

捆集调整一般应用于重构算法的最后一步，使用该方法的好处是能够容忍数据的丢失并提供真正的最大似然(maximum likelihood，ML)估计，并且可以在控制某些参数不变的情况下求解最优值。捆集调整的目的是最小化三维点在多张影像上的重投影误差，计算公式为

$$g(\boldsymbol{C},\boldsymbol{X})=\sum_{i=1}^{n}\sum_{j=1}^{m}\omega_{ij}\left\|\boldsymbol{q}_{ij}-\boldsymbol{P}(\boldsymbol{C}_i,\boldsymbol{X}_j)\right\|^2 \tag{3.13}$$

式中，m、n分别代表物方点数量和影像数量；$\boldsymbol{P}(\boldsymbol{C}_i,\boldsymbol{X}_j)$代表将第$i$个摄像机的摄像机矩阵$\boldsymbol{C}_i$作用于第$j$个物方点的三维坐标$\boldsymbol{X}_j$；$\boldsymbol{q}_{ij}$代表第$j$个物方点在第$i$张影像上的像素坐标；$\omega_{ij}$代表第$j$个物方点在第$i$张影像上的可见性，$\omega_{ij}=1$表示第$j$个物方点在第$i$个相机中可见，若$\omega_{ij}=0$表示不可见。

由于本书所述方法需要在首张影像上选择控制点，因而存在选点误差。同时，在解算每张影像的绝对位姿时也存在计算误差，导致二维像素坐标与三维点坐标不能完全满足 $\boldsymbol{x}=\boldsymbol{PX}$ 的二维、三维映射关系。另外，由于激光点云本身就具有较高的精度，因此，在进行最终的捆集调整时将其与影像特征点坐标作为真实值进行整体优化。在捆集调整的未知参数中，每个摄像机有 11 个自由度，包括 6 个外方位元素和 5 个内方位元素，而每个三维空间点有 3 个自由度，若有 m 张影像的位姿信息和 n 个三维点需要进行调整，则共有 $3n+11m$ 个以上的参数需要求解。在数据结构设计上，由于在寻找影像上的跟踪点与激光点云的对应关系时，不可能根据每个点的坐标值进行比对查找，因此，本书使用索引形式对其进行记录。光束法平差的数据结构类设计如图 3.19 所示。

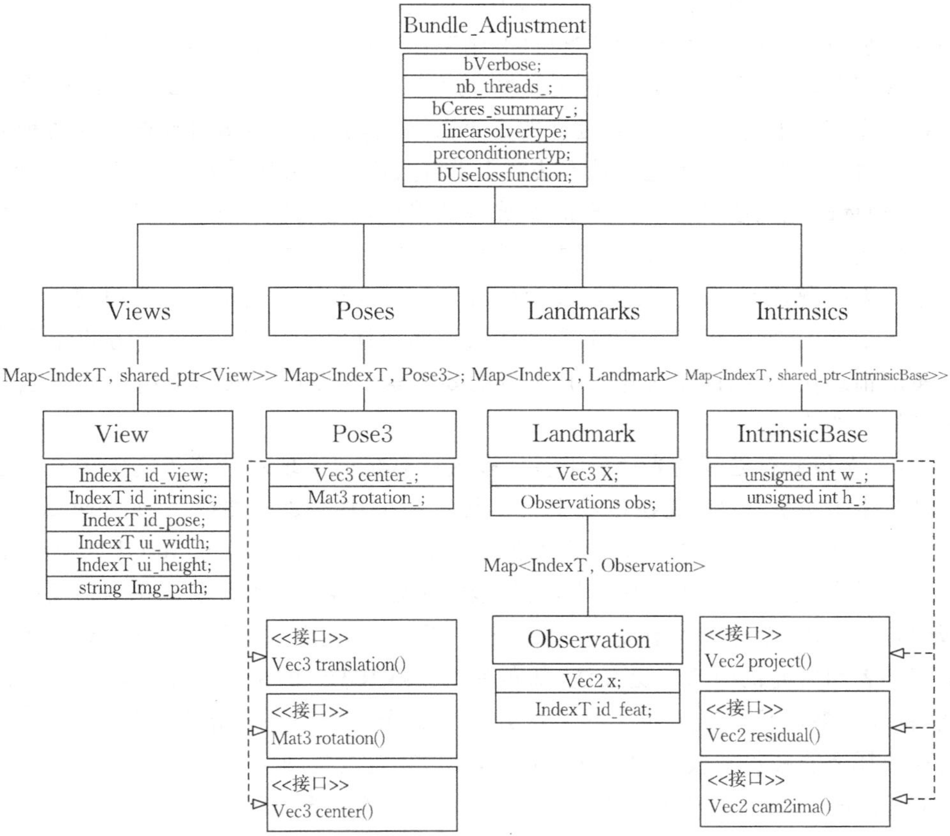

图 3.19　光束法平差数据结构

针对光束法平差中所需要的影像内外参数及三维点坐标，本书共设置视图 View、位姿 Pose3、目标三维点 Landmark，以及影像内参数 IntrinsicsBase 四大结构体，同时 Bundle_Adjustment 是为光束法平差而设置的数据结构。视图结构中主要存储视图索引号、内参数索引号、位姿参数索引号，以及影像的绝对路径和长宽等变量；位姿结构主要有三个接口，实现结构体重旋转矩阵、平移向量，以及摄像机的世界中心坐标获取，主要存储影像的外参数矩阵，包括旋转矩阵与平移向量；目标三维点中包括目标点的三维坐标值及该点在影像上的观测值，因此在其结构中又设置了 Observation 结构，主要记录该点在影像上的观测值坐标 x 和该观测值在该影像上的特征索引号；影像内参数结构记录了影像的内参数信息，如焦距、像点中心坐标及畸变参数，通常情况下一组影像数据集是由同一款摄像机拍摄，所有影像的内参信息相同，故 Intrinsics 的大小为 1。上述结构体均描述了该结构的单体形式，但光束法平差中不只有一张影像或一个三维点，因此在单体结构与复述结构之间采用 Map 映射进行关联，便于利用索引号关键字进行查找。

事实上，在影像上的观测值较多，因而列出的误差方程一般为超定方程，当 m 与 n 增加时，求解这个方程的计算机"开销"巨大，运算效率较低，甚至最终不可行。针对该问题，本书研究了基于利文贝格-马夸特(Levenberg-Marquardt，LM)算法的稀疏光束法平差和多核并行处理的光束法平差，通过使用多组数据对这两种方法进行对比分析，验证了这两种方法对于求解大规模光束法平差具有较好的效果。

(1)稀疏光束法平差。一般来说，光束法平差问题能够转化为求解多元非线性方程的问题，针对此问题，LM 算法通过迭代寻找多元变量的最小值。对于非线性最小二乘问题，LM 算法已经成为求解的标准方法，并广泛应用于计算机视觉。在光束法平差中，使用标准的 LM 算法是以烦琐的计算为代价，但误差方程中存在大量的稀疏块结构，即矩阵中含有大量的零元素，这在计算效率上给 LM 算法带来了极大的收益。

(2)多核并行处理的光束法平差。多核计算机的出现对计算机视觉中的算法设计产生了重大影响，现在市场上大多计算机的中央处理器(central processing unit，CPU)有 2～16 个核心，而图形处理器(graphic processing unit，GPU)甚至有 4～128 个核心。在光束法平差中，通过最大化处理器的使用率及优化内存访问以减少资源占用，能够极大地提高计算效率。近年来，基于 GPU 的并行运算得到了众多学者和研究机构的广泛关注，如英伟达(NVIDIA)的稀疏矢量乘法库等。因此，将基于多核 CPU 与 GPU 的处理方法用于光束法平差解算中，在计算效率和内存消耗上能够得到极大的改善。其实，在计算机视觉领域，已经有许多算法加入了 GPU 进行提速，如基于 GPU 的 SIFT 特征检测算子、影像特征匹配，以及双目视觉重建等。

目前，稀疏光束法平差与多核并行处理的光束法平差主要为稀疏束调整(sparse bundle adjustment，SBA)和平行束调整(parallel bundle adjustment，PBA)。本书利用多组数据对 SBA 和 PBA 进行对比分析，同时采用 CPU 进行运算，但未采用 GPU 进行加速。统计其运行时间，得到如图 3.20 所示的运行时间报告。

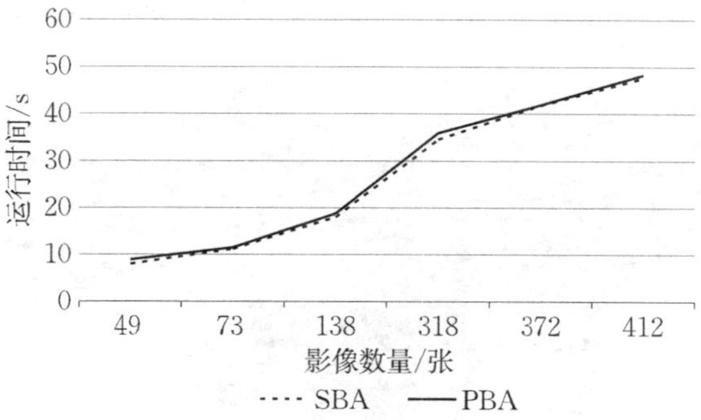

图 3.20　光束法平差运行时间

从图 3.20 中可以看出，SBA 与 PBA 均能较好地解决大规模场景影像的光束法平差问题，且在运行效率上相差无几。6 组影像数据含有的影像数量分别为 49、73、138、318、372、412，每组数据在影像上对应的投影点个数分别为 31 843、46 122、85 217、179 919、204 472、224 242，每组数据中含有的三维点个数分别为 7 776、11 032、19 878、41 628、47 423、52 215。随着影像数量、三维点数量及影像上的投影点数量不断增加，SBA 和 PBA 两种方法的运行时间也随之增加。

§3.5　实验与分析

多视影像与点云的自动纹理映射的结果是真彩色点云模型，纹理映射的质量是衡量纹理映射算法鲁棒性与实用性的重要标准，决定了纹理映射算法的成功与否。而点云纹理映射的质量主要从视觉效果和重投影误差精度上进行衡量。从视觉效果上可以直观地观测在点云纹理映射后是否恢复了原本扫描目标的真实颜色信息，特别是多张影像重叠处的纹理映射情况；从精度上对纹理映射算法进行评价，主要是利用求得的影像内外参数求取点云在影像上的重投影误差来衡量。因此本书分别对三种纹理映射算法从这两方面进行分析与评价。

3.5.1　视觉效果分析

1. 基于空间旋转的全景点云纹理映射

对于基于空间旋转的全景点云纹理映射，获取的全景彩色点云外部如图 3.21（彩图附后）所示，其内部纹理映射情况如图 3.22（彩图附后）所示。

由图 3.21 和图 3.22 可以看出，使用本书提出的纹理映射算法，能够较好地解算每张影像在点云坐标系中的绝对位置与姿态，在点云上能够得到正确的纹理颜色值，如图 3.21 和图 3.22 中红色框中的门框与窗户中的纹理细节。另一方面，由于影像像素分辨率较低，纹理细节并不丰富，且在成像时焦距自动调焦效果不好，因此个别图像十分模糊。同时,在同一竖直方向上的多张影像在纹理映射后点云上并没有特别明显的接缝,但是在水平方向上的影像之间接缝较为明显。

图 3.21 全景彩色点云外部

图 3.22 全景彩色点云内部

2. 基于 SFM 流水线的点云自动纹理映射

利用 SFM 流水线对点云进行自动纹理映射,该算法依赖于 SFM 算法对影像的相对位姿的估计精度,在增量法 SFM 中,能够自动判断新加入的影像质量。若影像模糊或者目标景物有大量的反光面即重复的纹理特征,可能出现特征点个数及与其余影像的匹配点个数较少的现象;若个别影像的质量较差,则无法估计其相对位姿。因此在程序中对之进行舍弃。利用该算法对学院楼 E 座和四合院前门两栋单体建筑物的点云进行纹理映射的结果如图 3.23(彩图附后)和图 3.24(彩图附后)所示。

图 3.23　学院楼 E 座纹理映射结果

图 3.24　四合院前门纹理映射结果

由图 3.23 和图 3.24 可以看出，经过 SFM 流水线和三角交会恢复的影像绝对位姿应用到点云纹理映射是正确的。从两张影像在点云上的重叠部分即可看出，如图 3.23 中的红色框线内的建筑黑色纹理线，能够较为吻合地衔接。同时，学院楼 E 座与四合院前门上的花纹、窗体等纹路也能够清晰地辨别。然而，当点云扫描质量较差且遮挡较多时，如图 3.24 中四合院门前的棱柱、树木及花盆后面的点云均存在缺失，对彩色点云模型的视觉效果具有较大影响。因此在获取点云数据时需要多站进行扫描，尽量减少扫描空洞，或者利用影像生成的密集点云对其进行补充。但总体来看，本书算法对点云场景进行纹理映射后对真实场景有较高的还原度，弥补了原始点云缺失纹理颜色信息的缺陷。

3. 基于跟踪点构建的点云自动纹理映射

为了验证该算法的正确性与实用性，仍使用学院楼 E 座和四合院前门两处的点云与影像数据集进行实验。实验过程中，在首张影像上和点云中选取控制点解算其绝对位姿的过程可用单张影像的位姿估计进行计算，因此只需要验证利用跟踪点求解后续影像的绝对位姿是否正确即可。由于影像张数较多，为了验证该算法的正确性，只展示部分影像的纹理映射结果，如图 3.25（彩图附后）所示。

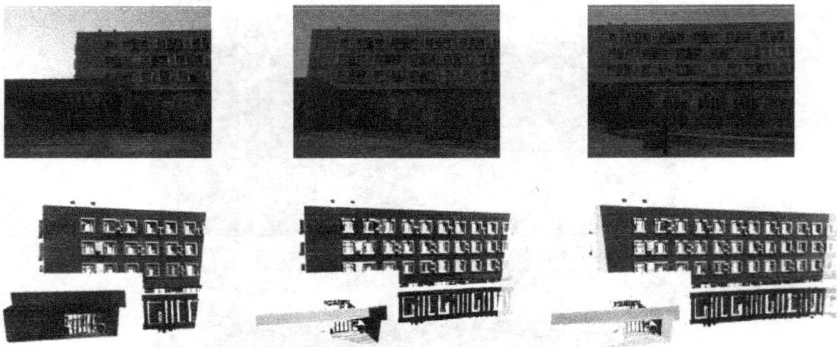

图 3.25　学院楼 E 座三张影像纹理映射结果

图 3.25 分别为第一张、第三张和第五张影像的纹理映射结果，从建筑物的窗体特征即可看出，相机在从左至右运动时，点云上的纹理颜色区域也在不断向右推移，最终将所有影像依次进行纹理映射，完成整体点云的颜色赋值，得到如图 3.26（彩图附后）所示的结果。

图 3.26　学院楼 E 座整体纹理映射结果

四合院前门使用该算法得到的三张影像的纹理映射结果如图 3.27 所示。

图 3.27　四合院前门三张影像纹理映射结果

其所有影像与点云自动纹理映射结果如图 3.28 所示。

图 3.28　四合院前门整体纹理映射结果

3.5.2　精度分析

为了对本书提出的三种纹理映射方法进行精度验证，需要验证除首张影像外的其余影像的绝对位姿精度，评价指标采用以下方法进行计算。

设每个控制点的重投影误差为 Ω_i，计算重投影误差的公式为

$$\Omega_i = \left\| \boldsymbol{x}_i - \frac{1}{\omega_i}\boldsymbol{K}[\boldsymbol{R} \mid \boldsymbol{T}]\boldsymbol{P}_i \right\| \tag{3.14}$$

式中，$\boldsymbol{K}$ 表示摄像机内参矩阵；$\boldsymbol{R}$ 和 $\boldsymbol{T}$ 分别表示世界坐标系与相机坐标系之间的旋转矩阵和平移向量；$\boldsymbol{P}_i$ 表示世界坐标系中第 i 点的三维坐标；$\boldsymbol{x}_i$ 为影像上的对应控制点的像素坐标，本书视其为真实值；ω_i 为三维点经过摄像机内、外参数的作用后得到的齐次坐标的第三维。

平均重投影误差反映了所有控制点对应的重投影误差的算术平均值。若使用

N 个控制点进行影像位姿估计，则平均重投影误差 Ω 计算公式为

$$\Omega=\frac{1}{N}\sum_{i=1}^{N}\Omega_i \tag{3.15}$$

对于基于空间旋转的全景点云纹理映射方法，在点云与后续影像上选取四对控制点作为检核点，计算其重投影误差。选取的四对控制点如表 3.1 所示。

表 3.1 控制点坐标 单位：m

影像序号	点号	u	v	X	Y	Z
IMG02	Point1	2 317	3 933	−3.690	1.664	−0.189
IMG02	Point2	3 015	4 381	−3.708	2.628	−0.767
IMG03	Point3	1 379	3 718	−2.690	−1.405	0.080
IMG05	Point4	2 835	3 010	−2.797	−10.188	2.032

表中，Point1 和 Point2 在第 2 张影像上，Point3 在第 3 张影像上，Point4 在第 5 张影像上。后续影像的标定精度依赖于首张影像的标定精度，所以本书采用光束法平差的方法对后续影像的位姿参数进行优化。由于相机在旋转拍摄过程中，每两张影像之间存在重叠区域，可以通过用上述方法获取的初始影像姿态参数得到每个三维点能在哪两张影像上被观测到，并记录其在影像上的像素坐标，这样在点云中便能够得到"二度重叠点"。最后，将"二度重叠点"作为真值，相机内外参数作为待优化的参数进行整体光束法平差优化，得到平差前与平差后使用相机内外参数计算每个点的重投影误差，如表 3.2 所示。

表 3.2 平差前后重投影误差 单位：m

影像序号	点号	Δu	Δv	Ω	$\Delta u'$	$\Delta v'$	Ω'
IMG02	Point1	33.45	0.10	33.45	10.69	5.66	12.10
IMG02	Point2	28.04	1.10	28.06	8.71	4.63	9.86
IMG03	Point3	50.23	27.43	57.23	12.69	11.41	17.07
IMG05	Point4	60.50	26.26	65.95	13.80	10.19	17.15

表中，Δu、Δv 及 Ω 为平差前的影像横纵坐标重投影误差分量和重投影误差值，$\Delta u'$、$\Delta v'$ 及 Ω' 为平差后的横纵坐标重投影误差分量和重投影误差值。由表 3.2 中数据可知，随着相机旋转拍摄，相机姿态累积误差越来越大，出现"漂移"现象。但光束法平差能够有效地提高后续影像的纹理映射精度，使得重投影误差稳定在 10 个像素左右。然而，经过平差后仍然存在一定的像素误差，这是由于在人工选取控制点时存在偶然误差。

对基于 SFM 流水线的点云自动纹理映射和基于跟踪点构建的点云自动纹理映射方法，依然采用上述方法进行精度评定，在后续每张影像上选取四个像素点，并在点云上选取对应控制点作为检核，统计其重投影误差值随影像数量的变化情况，如图 3.29 所示。

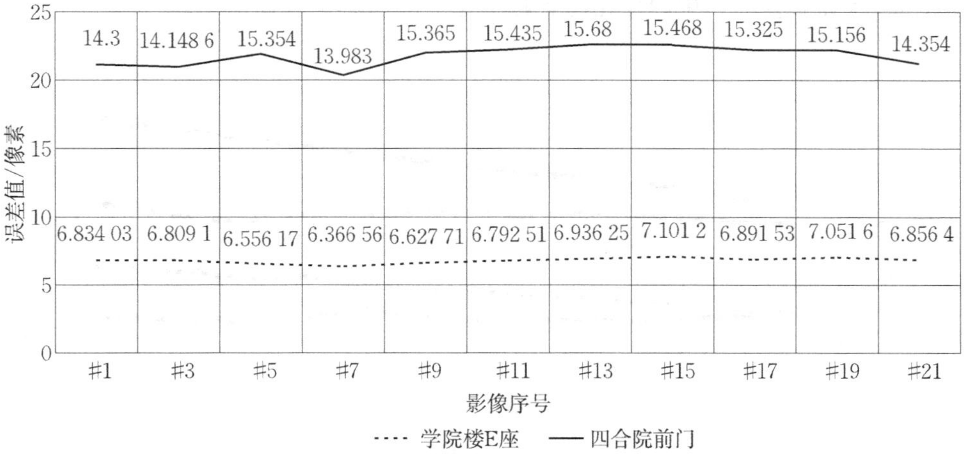

图 3.29　影像重投影误差随影像数量的变化

从图 3.29 可以看出，利用本书提出的基于 SFM 算法进行多张影像与点云的自动纹理映射，影像序列的纹理映射精度不随影像数量的增加而增加，学院楼 E 座的精度稳定在 6～8 个像素，四合院前门点云的纹理映射精度稳定在 14～16 个像素，均在可接受的范围内。造成误差的因素主要有摄像机标定精度、控制点选取误差、检核点选取误差等，且由于影像分辨率较低，选取控制点和检核点时鼠标不易控制，容易产生误差。另外，两块点云数据的纹理映射精度不同主要是受影像与点云控制点的分布情况影响，但与所有影像的绝对位姿解算并无关系。该方法纹理映射精度较为稳定的原因主要是采用了增量法 SFM 流水线解算所有影像的相对位姿，其中每加入一张影像即进行一次光束法平差，并且所有影像加入后再整体进行一次光束法平差，具有较高的位姿解算精度。

对于本书提出的第三种纹理映射方法，在添加影像解算其绝对位姿时，需要与前一张影像进行匹配构建跟踪点得到新加入影像的 2D-3D 点对应，因此除去首张影像外，后续每张影像的绝对位姿精度都依赖于与其进行匹配的前一张影像，导致影像序列的位姿估计误差逐渐增加。本书采用 SFM 流水线中的策略，每加入一张影像后都进行一次光束法平差，所有影像绝对位姿解算完成后，再整体进行一次光束法平差优化，利用初始得到的每张影像绝对位姿和光束法平差优化后的绝对位姿分别计算重投影误差，平差前后重投影误差变化曲线如图 3.30 所示。

由图 3.30 可以看出，在光束法平差前，随着影像数量的增加，重投影误差逐渐增加，学院楼 E 座的重投影误差由第一张影像的 14 个像素增加至超过 20 个像素；四合院前门的重投影误差由第一张影像的 6 个像素增加至 10 个像素。在使用光束法平差后，学院楼 E 座的重投影误差稳定在 14～15 个像素，四合院前门的重投影误差稳定在 6 个像素左右。由此可以看出，经过光束法平差，纹理映射的精度有所提高，且在影像序列中的变化趋势趋于稳定。

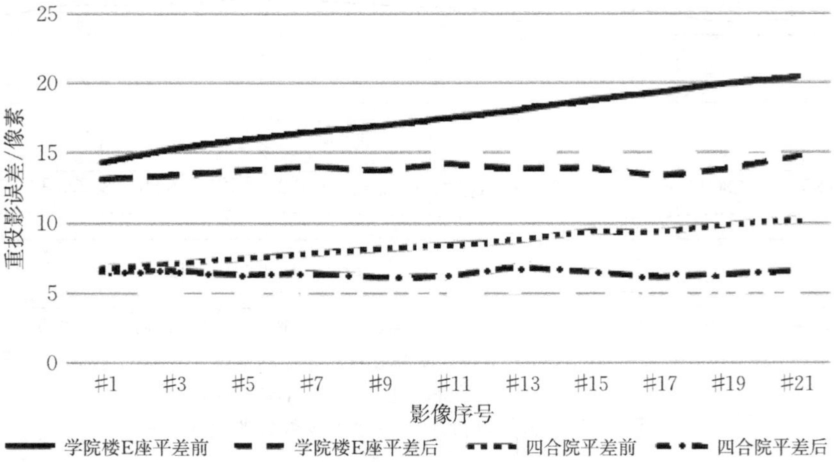

图 3.30 平差前后重投影误差变化曲线

3.5.3 算法对比分析

为了验证本书算法的实用性、正确性及在效率上的优势，本书利用学院楼 E 座和四合院前门两组点云与影像数据，首先用多视角立体视觉(structure from motion with multi-view stereo,SFM-MVS)流水线(pipeline)进行影像密集点云的重建，再与激光点云进行配准，并对比最终的融合效果和算法效率。

首先，利用 SFM-MVS 流水线生成密集点云，结果如图 3.31 和图 3.32 所示。

图 3.31 学院楼 E 座 SFM-MVS 密集点云

其中，学院楼 E 座的密集点云中点的数量为 159 500，四合院前门密集点云中点数为 46 336 993。对比图 3.31 与图 3.26、图 3.32 与图 3.28 可以看出，使用 SFM-MVS 流水线生成的点云虽然本身具有真实的纹理信息，但与激光点云相比有明显点云漏洞，这是由于点云漏洞处影像质量较差，纹理信息欠缺，或者是由于该处获取的影像较少，重叠度较低。从图 3.31 中可以看到，建筑物中的窗户有明显的变形，导致生成的点云数据精度不高。同时，为了验证本书算法在效率上的优势，统计 SFM-MVS 流水线中每一个步骤所消耗的时间，得到的结果如图 3.33 所示。

图 3.32　四合院前门 SFM-MVS 密集点云

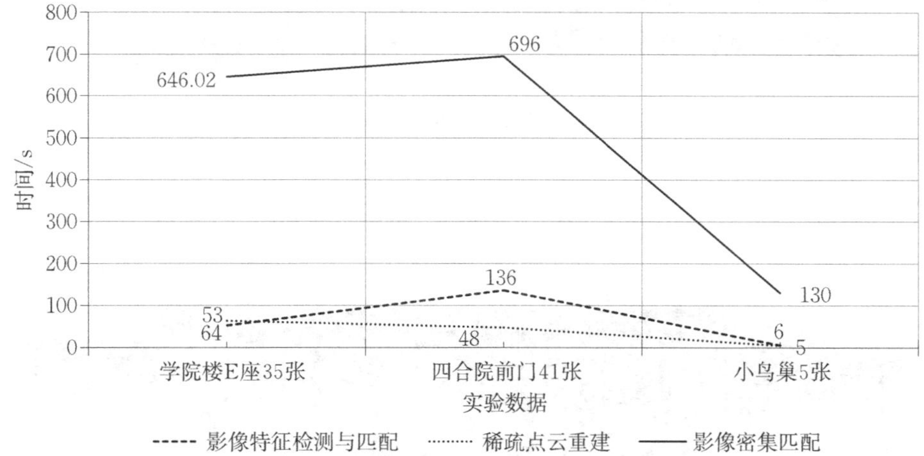

图 3.33　SFM-MVS 各步骤算法运行时间

从图 3.33 中可以明显看出，利用三组影像生成密集点云的过程中，在影像特征检测与匹配和影像密集匹配这两个步骤所耗时间较长，大约占重建总时间的 95%，尤其是影像密集匹配步骤占到重建总时间的 80%左右。而本书所采用的两种算法，算法时间主要消耗在影像特征检测与匹配上，因此，与利用 SFM-MVS 流水线生成密集点云的方法相比在效率上具有较大的优势。

为了实现影像数据与激光点云数据的融合，还需要将影像生成的密集点云与激光点云进行配准。由于二者在尺度上存在较大的差异，目前还没有较为行之有效的算法能够实现自动配准，因此，需要在两种点云数据集上分别选取控制点进行配准,配准结果如图 3.34 和图 3.35 所示。

图 3.34　学院楼 E 座点云融合结果

图 3.35　四合院前门点云融合结果

从图 3.34 和图 3.35 中可以看出,通过人为选取控制点的方法实现影像生成的点云与激光点云的配准,在一定程度上能够解决二者的融合问题,但受选点误差及影像生成点云的精度较低的影响,融合后的点云在细节上还存在缺陷,无法实现二者精确的配准。同时,配准后激光点云中仍存在大量的假彩色点,视觉效果较差。

综上，可以得出以下结论：针对多张影像与激光点云的纹理映射问题，本书的两种算法在实用性上相较于传统的融合方法具有一定的优势，在可视化效果上也优于传统方法；在算法效率上，本书提出的两种算法由于只涉及影像特征检测与匹配，不需要影像密集匹配重建密集点云，因此在效率上也优于传统方法；与在影像生成的点云上选取控制点相比，本书采用直接在影像上选取控制点的方法则更方便操作。

第 4 章　基于深度学习的车载道路点云分割

深度学习(deep learning)的概念在 2006 年由多伦多大学的 G. E. Hinton 等提出，深度学习是机器学习研究领域的一个重要研究方向，目的是通过建立深度神经网络来模拟人脑的机制对输入的数据进行分析与处理，输入的数据包括图像、声音、文本等。深度学习主要包括监督学习、半监督学习、非监督学习等方法。深度学习是一种深层的网络学习模型，通过模型的深度在网络的每一层中对数据的特征进行变换，从而可以在网络的最后几层得到一个高维抽象的特征来帮助模型对输入的数据进行分类与分割。随着传感器技术、存储技术、计算机技术和网络技术的迅猛发展，以及越来越膨胀、变得海量的数据，深度学习已经在数据驱动的特征提取上展现了强大的能力。随着深度学习在许多视觉任务中超越了现有的技术水平，特别是在物体检测、分类、分割等领域突破了瓶颈，深度学习技术得到社会各界越来越多的关注。

目前，在深度学习研究中，卷积神经网络(convolutional neural networks, CNN)与全卷积神经网络(fully convolutional networks, FCN)是在分类与分割任务中比较有代表性的深度网络结构，下面对这两个网络进行详细的介绍。

§4.1　卷积神经网络

4.1.1　卷积神经网络设计思想

卷积神经网络广泛应用于各类图像处理，包括图像特征提取分类、场景识别等。卷积神经网络相较于传统的图像处理算法，优点之一在于避免了对图像复杂的前期预处理过程，尤其是人工参与图像预处理过程，卷积神经网络可以直接输入原始图像进行一系列工作。卷积神经网络是一种为了处理二维输入数据而特殊设计的多层人工神经网络，网络中每层输入与输出都是二维平面，每一层的网络都由大量的相互独立的神经元组成，相邻两层的神经元之间互相连接。卷积神经网络在图像数据分析与处理上的优势是其网络结构上的两种独特设计——局部感受野和卷积核权值共享。

1. 局部感受野

对于一般的全连接神经网络，在处理输入图像时，其网络结构中每一个输入像素点都与网络中的神经元直接连接。而卷积神经网络则是把神经元连接到部分图像像素，这样可以大大降低神经网络的参数计算数量，从而在有限的数据集规模上有效地避免神经网络在训练中的过拟合问题。例如，一张大小为 1 024×1 024 的图像，使用 5×5 的感受野，则只需要 25 个权值参数。对于一般的视觉也是如此，当观看一张包含鸟的图像时，人们更多时候关注的是这张图像上的鸟，而不是全部的图像，卷积神经网络中的局部感受野就是这样的设计。

2. 卷积核权值共享

权值共享指在将图像输入卷积神经网络后，图像一部分提取得到的特征可以在图像其他部分中使用，所以对于这个图像上的所有位置都可以使用同样的学习特征。在卷积神经网络的卷积层中，神经元对应的感受野中的权值是相同的，因此可以减少训练的参数量。例如，在卷积神经网络中每个神经元与 5×5 的感受野相连接，那么每一个神经元中的参数权值是 25，如果将这 25 个参数权值设置为一样，那么不管有多少个神经元，两层网络之间连接的参数权值总为 25 个。通过权值共享这一设计，卷积神经网络减少了权值参数的数量，并且通过对网络深度的加深，增加网络的特征提取学习能力。

4.1.2　卷积神经网络结构

卷积神经网络主要由卷积层、激活层、池化层、全连接层等几类网络层结构组成，一个完整的卷积网络结构如图 4.1 所示。卷积层是卷积神经网络的重要组成部分，它主要通过使用卷积运算提取输入数据的高维特征；激活层在卷积神经网络中通过使用非线性激活函数来弥补线性模型表达能力不足的缺点；池化层是卷积神经网络中另一个重要的组成部分，该层结构的主要功能为下采样，池化层主要通过池化运算使输入的数据大小、维度降低，减少内存占用和特征冗余；全连接层在卷积神经网络中主要功能为把所有的特征连接起来，并且把输出值送给分类器(如 SVM 分类器、Softmax 分类器)。

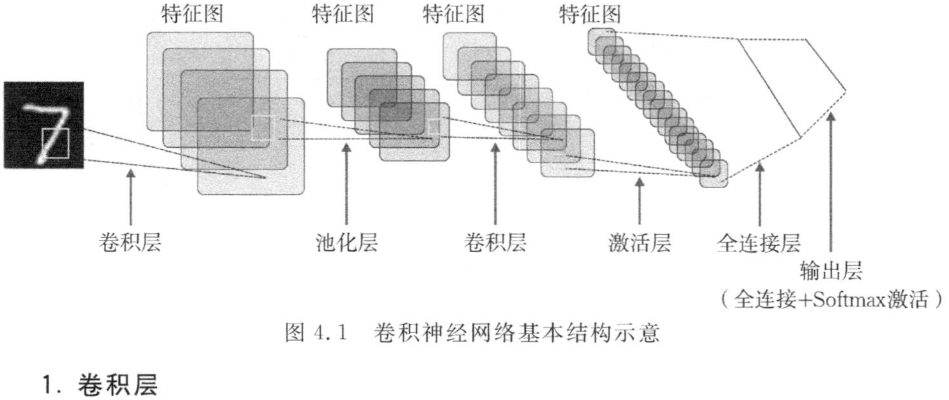

图 4.1　卷积神经网络基本结构示意

1. 卷积层

卷积层是卷积神经网络的核心组成部分，卷积神经网络的名称也是缘于此，卷积神经网络对输入数据进行特征提取主要通过一个小尺寸带有权重的掩膜以滑动窗口的方式对输入数据进行卷积运算。二维图像的主要数据输入形式为栅格矩阵,卷积运算在二维矩阵上的计算公式为

$$g(u,v)=w*x(u,v)=\sum_i\sum_j w(i,j)x(u-i,v-j) \tag{4.1}$$

式中,$g(u,v)$ 表示在输入二维图像像素(u,v)上的卷积结果,w 为核函数,x 为输入图像,卷积运算用 $*$ 表示,(i,j) 表示滑动窗口滑动的两个方向。

卷积运算过程如图 4.2 所示,输入数据是大小为 $m\times m\times c$ 的图像,其中,m 表示图像的尺寸大小,图中 m 为 4;c 表示该输入图像的通道(channel),图中 c 为 1,即输入一张单通道图像。将图像输入像素与一个 $n\times n$ 的卷积核做卷积运算,图 4.2 中 n 为 3。在卷积过程中,首先将卷积核与输入图像像素点对应重合,然后计算卷积核权值与对应像素的乘积和,并使用乘积和得到的结果替代参与卷积运算部分像素值,这样新得到的像素在一定程度上就代表了相邻像素点之间的高级特征,因此卷积输出结果也称为特征映射图(feature map),特征映射图的大小根据输入图像的大小、卷积核大小、步长(stride)、边缘填充值(padding)共同计算,计算公式为

$$N=\frac{(W-F+2P)}{S}+1 \tag{4.2}$$

式中,W 和 N 分别为输入与输出图像大小,F 为卷积核的大小,S 表示步长,P 表示边缘填充值大小。

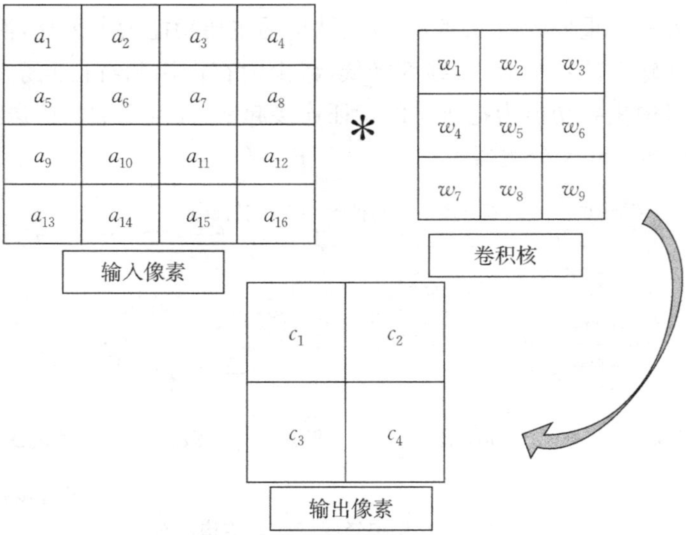

图 4.2 卷积运算示意

每个卷积后的输出像素与输入像素的对应关系为

$$
\left.\begin{aligned}
c_1 &= w_1a_1 + w_2a_2 + w_3a_3 + w_4a_5 + w_5a_6 + w_6a_7 + w_7a_9 + w_8a_{10} + w_9a_{11} \\
c_2 &= w_1a_2 + w_2a_3 + w_3a_4 + w_4a_6 + w_5a_7 + w_6a_8 + w_7a_{10} + w_8a_{11} + w_9a_{12} \\
c_3 &= w_1a_5 + w_2a_6 + w_3a_7 + w_4a_9 + w_5a_{10} + w_6a_{11} + w_7a_{13} + w_8a_{14} + w_9a_{15} \\
c_4 &= w_1a_6 + w_2a_7 + w_3a_8 + w_4a_{10} + w_5a_{11} + w_6a_{12} + w_7a_{14} + w_8a_{15} + w_9a_{16}
\end{aligned}\right\} \tag{4.3}
$$

式中，a_i 代表输入的每一个像素，c_j 代表输出的每一个像素。

2. 激活层

单层卷积层理论上可以看成是一个线性函数，即 $f(x)=wx+b$，w 为卷积核，x 为输入，b 为偏置。线性模型的表征能力往往不强，因此如果能在卷积层的输出结果中增加非线性因素，卷积神经网络对输入数据的描述能力将会有极大的提高。为了增加非线性因素，当前常见的实现方法是将每层卷积的输出结果 $f(x)$ 输入一个非线性函数 $g(t)$，可以得到一个非线性输出 $g(f(x))$。连接非线性函数的层就是激活层，对应的非线性函数叫作激活函数。激活层常连接在卷积层之后，激活层的一般结构如图 4.3 所示。在卷积神经网络模型中常用的激活函数有 Sigmoid 函数、Relu 函数、Tanh 函数，具体公式为

$$
\left.\begin{aligned}
Sigmoid &= \frac{1}{1+\mathrm{e}^{-x}} \\
Relu &= \max(0,x) \\
Tanh &= \frac{\mathrm{e}^{x}-\mathrm{e}^{-x}}{\mathrm{e}^{x}+\mathrm{e}^{-x}}
\end{aligned}\right\} \tag{4.4}
$$

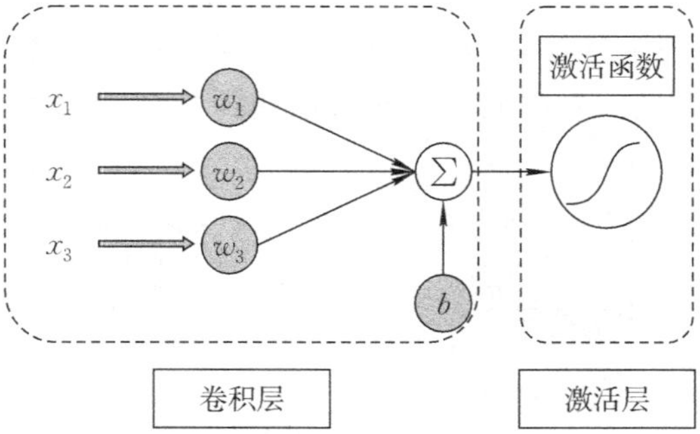

图 4.3　激活层示意

三种激活函数示意如图 4.4 所示。Sigmoid 函数和 Tanh 函数是两条光滑的函数曲线，它们的值域分别为(0,1)与(−1,1)，当函数定义域趋向于无穷小或无穷大时，它们的函数输出值也趋向于平滑边界。在误差反向传播（back propagation）中，由于需要计算函数的相关梯度，当 Sigmoid 函数和 Tanh 函数随着输入的绝对值不断变大时，函数的相关梯度逐渐变小，最后甚至为零。这就是使用 Sigmoid 和 Tanh 激活函数时常会遇到的梯度弥散问题，该问题会导致神经网络在训练中拟合缓慢，不利于神经网络参数的训练与更新。而 Relu 函数的提出就是为了解决这个问题，Relu 函数是一个分段函数，当函数输入值 $x \geqslant 0$ 时，Relu 函数为 $y=x$ 的线性函数，该函数的梯度为常数 1。因此，使用 Relu 函数在网络模型训练多次后依然有较大的梯度使模型的

参数继续更新，这解决了在神经网络训练中常常遇到的梯度弥散问题，而且添加一定的阈值后也可以加快训练速度。Relu 函数是当前使用比较广泛的激活函数。

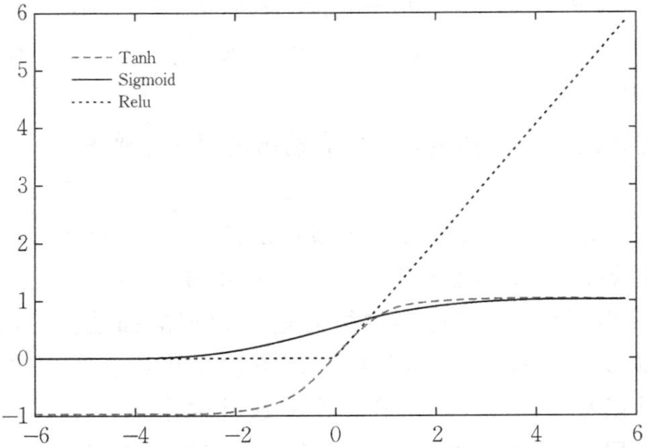

图 4.4　三种激活函数示意

3. 池化层

池化层是卷积神经网络中另一个较为重要的网络结构，池化操作其实与下采样操作类似，因此池化层往往也称为下采样层。由于待处理的图像往往比较大，图像在经过卷积特征提取后会得到高维特征映射图，高维特征映射图中会有大量的数据冗余，而在高维特征映射图的处理过程中，使用原始图像直接进行分析易造成计算资源不必要的消耗。为了避免计算资源的浪费，降低计算时间，如何在原特征映射图中有效地获取图像的特征是最主要的，对此可以对特征映射图进行抽象与降维操作，该操作的主要思想来源于图像压缩。对图像进行卷积之后，通过池化操作可以使得特征映射图的尺寸在神经网络的前向传播中不断地缩小，可以减少网络中的数据计算量。常见的池化操作主要分为最大值池化(max pooling)和均值池化(average pooling)两种方式。最大值池化是取池化窗口中的像素最大值为新的像素值，均值池化是取池化窗口中的像素平均值作为新的像素值。池化操作的过程如图 4.5 所示。池化层的使用一方面可以减少网络结构中的数据计算量，另一方面可以使卷积神经网络计算更大尺度范围的特征，增强卷积核获取高级抽象特征的效果。

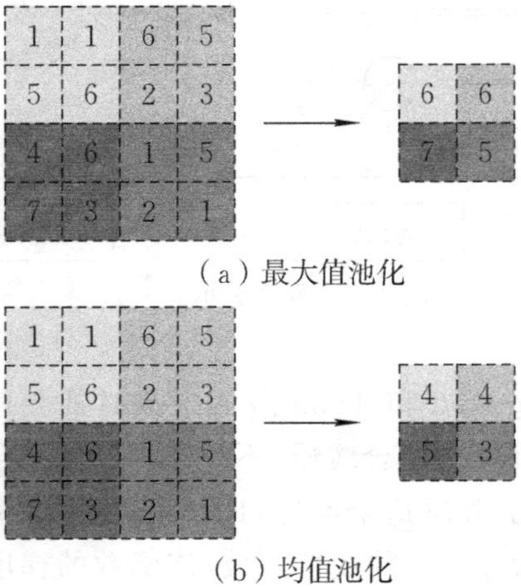

图 4.5　最大值池化和均值池化的过程

4. 全连接层

全连接层一般位于卷积神经网络末端几层，连接在最后几层池化层之后。全连接层在整个卷积神经网络结构中起一个类似于“分类器”的作用，该“分类器”将经过卷积层、池化层学习得到的深层次特征映射成一个一维向量，最后使用该一维向量判别各个类别的置信度，全连接层具体结构如图 4.6 所示。与卷积层中的权值共享、局部感受野连接不同，全连接层中的每一个神经元都与前一层的所有神经元相连接，因此全连接层需要计算的参数量远远大于卷积层需要计算的参数量。在实际应用中，全连接层可以相应地用卷积层替换，具体替换规则为：若被替换的全连接层的前一层是全连接层，可以使用卷积核大小为 $1*1$ 的卷积运算替代当前全连接层；若被替换的全连接层的前一层是卷积层，可以使用卷积核大小为 $h*w$ 的卷积运算替代当前全连接层，其中 h 和 w 分别为前一层卷积结果的高度和宽度。

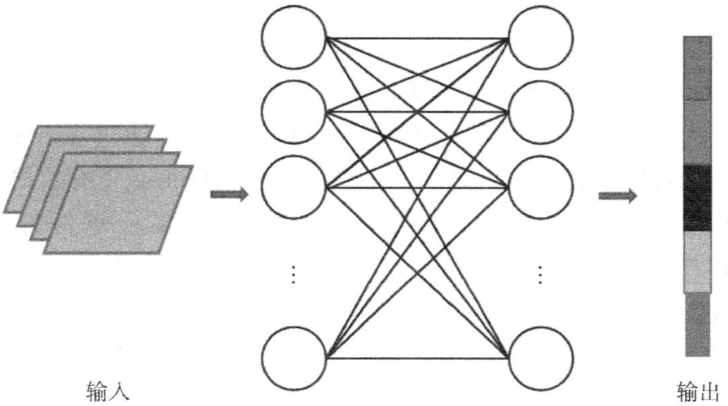

图 4.6　全连接网络结构示意

§4.2　全卷积神经网络

虽然当前卷积神经网络在分类与识别任务中取得了不错的成绩，但是卷积神经网络有一个较为严重的缺点，即卷积神经网络的输入必须为固定大小，而且一般只能进行一对一的预测，即如果将一张二维影像输入卷积神经网络，输出的结果为这张影像整体的预测，无法对影像中每一个像素进行预测。因此，卷积神经网络往往只能处理分类与特征提取任务，不适用于分割任务。而在计算机视觉与测绘领域中，越来越多的任务需要对输入场景进行分割，只对输入数据整体预测已经无法满足要求。场景语义分割任务十分复杂，一般需要密集预测，即对输入对象中的每一个元素都进行预测，这是卷积神经网络无法完成的，而全卷积神经网络可以满足对输入数据的每一个元素进行分类的需求，在语义分割任务中具有较好的成绩。

传统的卷积神经网络中,在最后的卷积层之后会连接上若干个全连接层,将卷积层产生的特征图映射成一个固定长度的特征向量,它们最后都期望得到输入图像的分类的概率。与卷积神经网络不同,全卷积神经网络中包含的所有网络层都是卷积层,根据任务需要可以适当保留池化层,为了完成对输入数据的每一个元素的预测,卷积神经网络中的全连接层必须用卷积层替代,这也是全卷积神经网络最大的特点之一。由于保留了卷积和池化操作,全卷积神经网络可以像卷积神经网络一样直接提取输入数据的高维特征。此外,全卷积神经网络对于输入数据非常宽容,可以处理任意大小的输入信号。

全卷积神经网络的主要结构如图 4.7 所示,它第一次真正实现了全卷积神经网络在像素级预测任务上的端对端训练。FCN 算法通过将 CNN 中的全连接层替换为卷积核为 1×1 的卷积层来实现全卷积网络结构。通过这个操作,FCN 可以对图像中的每个像素点都产生一个预测结果,最终输出一个与输入图像大小相关的预测图。在结果预测阶段,提出了一种可学习的双线性上采样方法,实验证明该方法优于采用固定参数的上采样方法。为使分割结果更加精细,FCN 采用了跳层结构,将来自多个不同层的特征图上采样到同样大小后,通过求和的方式进行融合。由于浅层信息的加入,输出结果的语义和空间精度得到了有效提升。此外,为了使网络梯度快速收敛,FCN 以在 ImageNet 数据集上训练好的 AlexNet、VGG16、GoogLeNet 3 个分类网络为基础,去掉分类层,将连接层转换为卷积层,然后用其他训练数据集微调权重参数,进行语义分割任务,其中 FCN-VGG16 在语义分割任务中取得了较好的结果。

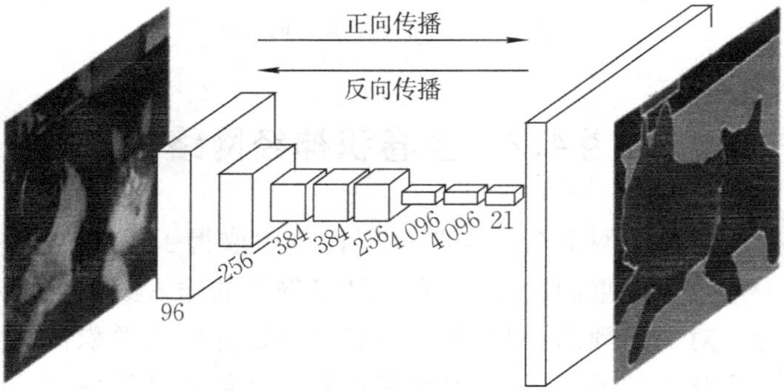

图 4.7 全卷积神经网络结构

FCN 有以下优点:1×1 卷积层的使用使网络可以处理任意大小的输入数据;基于块的方法需要在重叠块上进行很多冗余计算,而 FCN 中感受野的显著重叠使得网络在前馈和反馈计算中更加高效。FCN 也存在以下缺陷:首先网络整体规模过大,很难在相关任务上完成端对端训练;其次,由于预测结果由多个下采样后的特征图通过上采样直接产生，这些特征图过于稀疏，因此分割结果不够精细，缺乏细节信息。FCN 通过跳层结构将来自不同层的特征图进行有效融合能有效提升分割精度。这是由于 FCN 中较深的层能学习到目标的全局特征，而较浅的层可以捕获目标的大量细节信息，这种信息的互补对目标分割任务有利。

§4.3　深度学习主要框架

“工欲善其事，必先利其器。”深度学习框架就是帮助我们搭建深度神经网络的重要工具。深度学习框架的出现使得深度学习变得十分简便，构建深度神经网络不再需要丰富的计算机背景知识，只需要从框架中选取合适的模块，然后用这些模块像搭积木一样一层一层构建深度神经网络。

当前，已经有许多出色的深度学习框架，并且受到大家的广泛欢迎。其中包括 TensorFlow、Theano、Caffe、Keras、CNTK、Torch、MXNet 和 PyTorch 等，表 4.1 对六种深度学习框架进行了对比与介绍。本节对当前工业界和学术界常用的 TensorFlow、Caffe、PyTorch 三种框架进行详细介绍。

表 4.1　深度学习主流框架

框架	TensorFlow	Caffe	Keras	Theano	MXNet	CNTK
维护机构	谷歌公司	伯克利视觉与学习中心（BVLC）	Fchollet	蒙特利尔大学	分布式深度机器学习社区（DMLC）、百度公司	微软公司
支持语言	C++、Python	C++、Python	Python	Python	C++、Python	C++
是否支持分布式	是	否	是	否	是	是
优点	包含的网络种类多，调用简单方便	适合快速训练和工程应用，成熟方便	简便，高度模块化，训练网络容易	灵活性较高，适合开发新的网络结构	内存优化较好，调试方便	支持多个 GPU 与服务器并行
缺点	框架较为复杂，难以入门	接口较少，不支持分布式	无法直接使用多个 GPU	Python 解译器效率低，代码运行速度快	技术门槛较高	不支持精简指令集处理器（ARM）架构，无法在移动端使用

4.3.1 TensorFlow 框架

TensorFlow 是当前最受欢迎的深度学习框架之一，该框架的开发者与主要维护机构都为谷歌公司。TensorFlow 框架是一个非常基础的系统，当前广泛应用于场景理解、影像识别、自然语言处理等领域。TensorFlow 底层框架主要由 C++、Python 编写，提供的接口语言包括 C++、Python 和 Java 等。TensorFlow 框架部署方便，含有较为全面的深度学习模块，而且设计较为底层，适合改进与拓展。因此，本书中训练网络主要使用的深度学习框架为 TensorFlow。

TensorFlow 框架主要有以下优点：①网络结构代码设计简洁，深度学习算法分布式执行效率较高；②维护团队谷歌具有高水平，更新与维护较好；③TensorFlow 框架已经形成了十分活跃的社区。虽然作为当前工业界中使用最为广泛的深度学习框架，TensorFlow 取得了巨大的成功，但是也有以下缺点：①TensorFlow 的系统框架过于复杂，对研究者来说，复杂的底层设计往往很难理解，因此很难入门；②TensorFlow 的版本更新过于频繁，导致框架内的许多接口发生改变，并且没有很好地考虑更新后的兼容性，使得以前很多使用旧版本 TensorFlow 的开源项目不能再使用；③TensorFlow 框架的接口设计复杂且功能有很多重复，对于同一种功能的实现有许多不同的方法，每一个方法又有许多细微的区别，这样会给用户带来巨大的不方便与困扰。

4.3.2 Caffe 框架

Caffe 框架是由伯克利大学的贾杨清博士开发的一个高效、开源的深度学习框架，目前 Caffe 框架主要由伯克利视觉与学习中心进行维护。Caffe 框架的主要底层语言为 C++，同时也提供基于 Python、Matlab、命令行的接口，既可以在 CPU 上运行，也可以在 GPU 上运行。Caffe 框架有以下优点：①简洁高效，使用 Caffe 框架训练 ImageNet 这样的大型神经网络只需要不到 2 小时；②框架结构模块化，模块化的结构设计使得用户可以随意对数据格式、网络层、网络超参数进行选择与拓展。Caffe 框架的主要缺点是不够灵活，在 Caffe 中最主要的抽象对象是层，每实现一个新的层，必须要利用 C++ 实现它的前向传播和反向传播，而如果想要新层运行在 GPU 上，还需要同时利用统一计算设备架构（compute unified device architecture，CUDA）进行编程。这种限制让不熟悉 C++ 和 CUDA 的用户扩展 Caffe 十分困难。

Caffe 框架的代码简洁明了、运行高效，使用简便易上手。因此自从其推出后，Caffe 框架便获取了众多用户，尤其是工业界许多大型公司。但是，Caffe 框架的主要维护团队较小，更新维护较慢，且随着各种用户对深度学习框架的要求不断提高，Caffe 框架的性能越来越无法满足现在主要任务的需求，因此现在大多数的深度神经网络框架都不再使用 Caffe。

4.3.3　PyTorch 框架

PyTorch 框架是由脸书(Facebook)公司于 2017 年开源的深度学习框架,它是 Torch 的 Python 版本,专门针对 GPU 加速的深度神经网络编程。由于 PyTorch 框架的灵活与便捷性,PyTorch 现在已经成为学术界进行深度神经网络训练的热门选择。PyTorch 的设计相比 TensorFlow 更加简洁,具有较少的封装,避免了 TensorFlow 中模块复杂、繁多、重复的缺点。此外,PyTorch 的源码只有 TensorFlow 的十分之一左右,更少的抽象、更直观的设计使得 PyTorch 的源码十分易于阅读。PyTorch 框架还具有较快的运行速度,在许多评测中,PyTorch 的速度表现胜过 TensorFlow 等框架,同样的算法,使用 PyTorch 框架消耗的时间要比使用其他框架更少。PyTorch 框架的缺点是当前 PyTorch 的社区活跃度还远远不如 TensorFlow,文档也不如 TensorFlow 的丰富。目前 Facebook 公司在负责 PyTorch 框架的日常维护,相信将来 PyTorch 框架的社区活跃度与日常维护将不再是问题。

§4.4　基于深度学习的点云分割方法

4.4.1　基于投影和视图的方法

为了能利用基于 CNN 的网络架构,通过变换将点云光栅化为 2.5D 结构化图像阵列,或者按照球面、柱面将三维坐标投影到二维平面上。这样不仅可以避免处理复杂的三维数据,还能利用成熟的图像处理技术和海量的二维图像数据集进行模型预训练。

早期在地理信息科学中,就有将机载激光扫描点云数据光栅化为二维图像的做法。自从多视图 CNN 提出后,视图投影方法就开始广泛应用。近年来,随着诸如 Microsoft Kinect R 这样的低成本 RGB-D 传感器的广泛应用,越来越多研究倾向于针对 RGB-D 图像的设计网络架构。虽然 RGB-D 图像与点云是不同类型的三维数据,但 Boulch 等(2018)提出了 SnapNet,其网络架构打破了两者之间的鸿沟。该方法生成的快照除了常规的 RGB 图像外,还有包含点云提供的几何特征的融合图像。

4.4.2　基于体素的方法

最早的深度体素网络是 Maturana 和 Scherer 于 2015 年提出的 VoxNet 架构。通过将点云按 0.1 m 的分辨率采样后,形成大小为 32×32×32 的体素网格,再将输入数据归一化到[−1,1]。数据输入一个简单的包含两个卷积层、一个池化层和两个全连接层的 VolumetricCNN，最后输出简单的分类标签。实验仅在简单分类任务进行了测试，但提出三维卷积是开创性的突破，将此概念由二维空间推向三维空间。基于二维全卷积网络思路，有学者提出了一种三维的全卷积网络架构 SEGCloud。该方法先对 3D 点云进行体素化并通过 3D CNN 进行馈送，以生成粗略的降采样标签，然后通过三线性插值层将这种粗略输出从体素解析为原始 3D 点表示。过程中得到的 3D 点分数可用于 3D 全连接条件随机场中的推断，以产生最终结果。该方法提出了一种 3D-FCN 架构，并在公开的两个室内数据集和两个室外数据集上取得了不错的结果，证明了三维空间也是可以构造全卷积网络的。

4.4.3 无序点云的方法

无序点云的方法，在很多文献中也称为点方法。其特点是直接输入原始数据，输入网络之前不对点云数据做任何变换。这也符合基于深度学习的端到端架构的思想，同时基于点的方法也是现在点云分割的主流发展方向。最早直接输入点云数据进行特征学习的网络是 Qi 等(2017)在 2017 年国际计算机视觉与模式识别会议上提出的 PointNet。与其他架构不同，PointNet 不使用卷积提取特征，仅由全连接层组成。网络解决了点云无序性、几何旋转的问题，实验结果也表明其性能相当可观。

4.4.4 有序点云的方法

最早对点云进行有序化处理的一个最突出的例子是 Riegler 等(2017)提出的深度网络 OctNet，该方法将点云数据存储在浅八叉树中并加以索引，卷积运算符是直接在树的结构上定义的，能够处理非定长数据。类似的，通过使用 KD(K 维)树结构索引点云，Klokov 等(2017)提出了一种直接在 KD 树上构造的称为 Kd-Network 的深度网络。与 CNN 一样，Kd-Network 是一种前馈神经网络，但可学习与 KD 树中节点的权重相关联的参数。Kd-Network 网络还展示了训练和推理的效率及可扩展性。

4.4.5 无监督学习的方法

无监督学习是深度学习技术甚至是机器学习领域的一个发展趋势，虽然现有的技术不是那么成熟，但在当前大数据的背景下，无标注数据所带来的效益是极大的。因为三维数据的标注相比二维数据，其不仅是时间成本上的升维，还对操作人员的技能素质有极大的要求。此外，即便是专业人员，为正确标注数据，要付出更多的耐心和细心。而无监督学习利用了自编码器的特性，能实现一种类型到另一种类型的跨越式生成；另一方面，无监督学习不需要利用标注的数据，可以利用大量无标注数据。

§4.5　数据集制作

为了验证所提出的算法对点云语义分割的效果，最为关键的是要有一个有效的数据集。随着 CNN 的应用，数据集的地位愈发重要。它不仅应当有效，而且应包含丰富的数据量，这样才能使模型得到良好的训练，从而保证后续的处理效果。本书构建了一个大型道路点云数据集用于网络模型的训练、测试和验证。

数据集构建的主要步骤如图 4.8 所示，本书使用自主研发的车载移动激光雷达对道路场景进行扫描，得到原始点云后，对点云数据进行数据预处理。数据预处理的主要内容包括多站点云配准、点云去噪、点云抽稀等。在点云数据预处理后，还需要对点云数据中的不同种类进行手动分类、分割，各个种类分割完成后，按照同种类别为点云中每个点添加标签。最后将添加标签后的点云数据集按照规定区域划分为训练集、测试集和验证集。

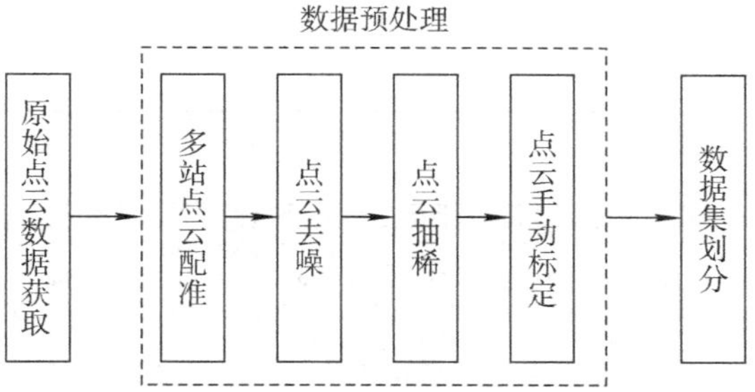

图 4.8　数据集构建主要步骤

4.5.1　点云数据获取

由于获取数据源存在一定难度，当前很少有开源的道路点云数据集，本书以自主研发的车载激光雷达测量系统采集的点云为数据源，进行数据集的制作。通过此方法制作数据集有以下优点：

(1)车载激光雷达可以直接获取物体表面点云，无须通过深度图像转为点云。

(2)车载激光雷达可以直接获取点云反射强度信息。

(3)车载激光雷达扫描得到的点云数据密度更高，精度更高。

(4)车载激光雷达可以全天候扫描，受光照天气影响较小。

数据集场景主要选取某学校园区及周围道路，获取的数据集主要包含 1.3×10^{8} 个左右标定好的点，共 5 种分类，具体类别为路面、路灯、树、指示牌、道路标线。在数据集中点云不仅包含空间坐标信息 (X,Y,Z)、颜色信息 (R,G,B)，还包含反射强度信息。构建的部分数据集如图 4.9 所示，数据集的数据格式如图 4.10

所示。

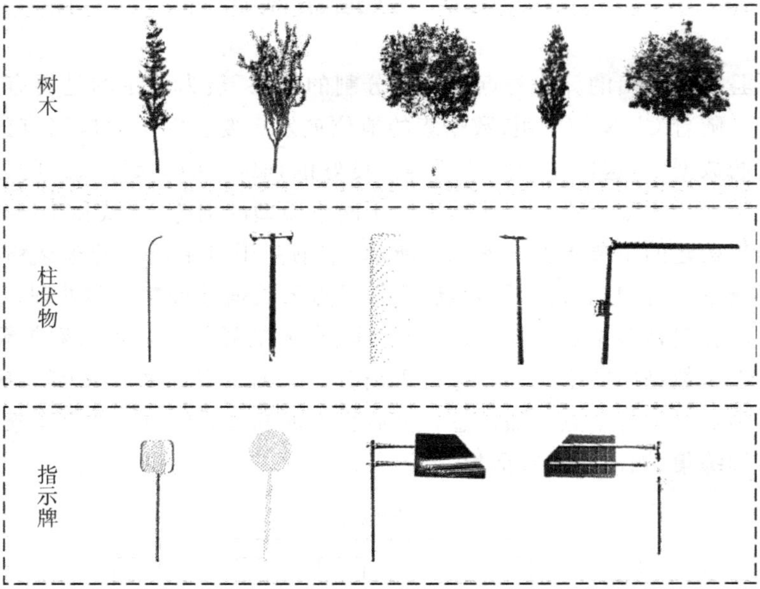

图 4.9　数据集样例

972.6223755	193.3647003	206.2442932	253	251	252	1540
972.6088867	193.3737946	206.2442932	253	250	253	1521
972.5947876	193.3780975	206.2467041	253	243	251	1425
972.6336060	193.3181000	206.2433014	255	252	254	1555
972.6203003	193.3265076	206.2434998	254	251	251	1565
972.6072998	193.3348999	206.2436981	253	252	252	1555
972.5936279	193.3439026	206.2438049	252	250	250	1569
972.5811157	193.3518066	206.2440033	252	249	252	1556
972.5673828	193.3603973	206.2442932	252	251	252	1534
972.5529175	193.3665924	206.2460938	254	251	251	1444
972.6448975	193.2704926	206.2425995	255	252	254	1547
972.6312256	193.2783051	206.2431946	255	252	254	1559
972.6179810	193.2868958	206.2431946	254	252	254	1553
972.6046143	193.2953949	206.2434998	254	250	251	1549
972.5916138	193.3038940	206.2436066	255	251	254	1557
972.5778198	193.3126984	206.2438049	254	250	253	1557
972.5654297	193.3213043	206.2436981	254	249	252	1565
972.5516968	193.3300934	206.2440033	253	250	253	1551
972.5383911	193.3390961	206.2440033	251	248	252	1558
972.5252075	193.3473969	206.2444000	252	249	253	1526

图 4.10　道路点云数据集数据格式

4.5.2　点云数据预处理

在使用激光雷达获取原始点云后，还需要进行点云解算、点云去噪、点云抽稀、点云手动分割等一系列数据预处理步骤。本书车载点云数据解算使用的软件为自主研发的车载激光雷达点云预处理系统，点云去噪、点云抽稀、点云手动分割等操作主要在 CloudCompare 软件上完成。CloudCompare 软件是一个大型开源点云数据处理软件，其中去噪、抽稀与手动分割都需要人工交互完成。车载点云预处理软件与 CloudCompare 软件操作界面如图 4.11 所示，点云数据预处理主要步骤的效果如图 4.12 所示。

图 4.11　车载点云预处理软件与 CloudCompare 操作界面

(a) 单站点云显示

(b) 整体点云显示

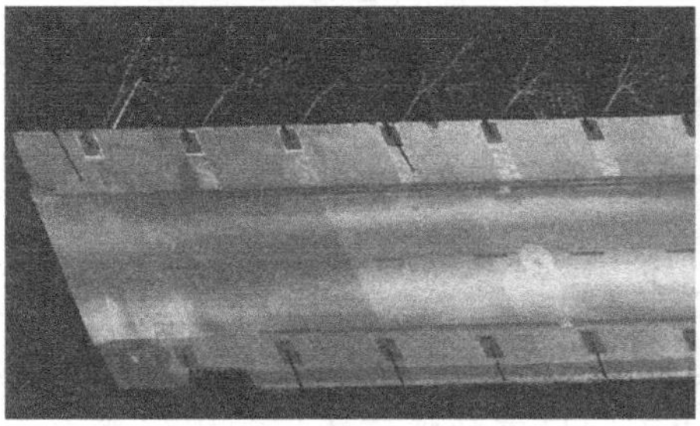

(c) 点云去噪后显示

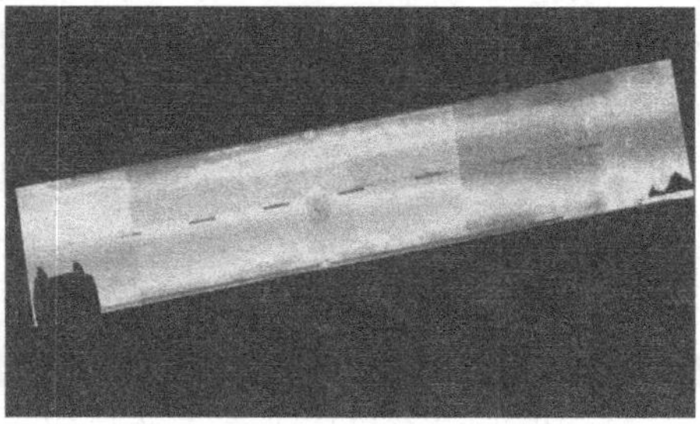

(d) 点云手动分割后显示

图 4.12　点云数据预处理效果

§4.6 基于 PointNet ++的约束特征提取

本书对车载点云进行分割提取采用的神经网络模型是 PointNet++ 模型，PointNet ++ 是对 PointNet 改进后的模型，克服了 PointNet 无法获取空间点局部信息的缺点，提升了模型泛化能力。PointNet++ 是一个分层的神经网络结构，主要是对输入的点云进行层级采样，将采样后的点代入网络，这样就可以利用上下文信息学习到点的局部特征，具体网络结构如图 4.13 所示。

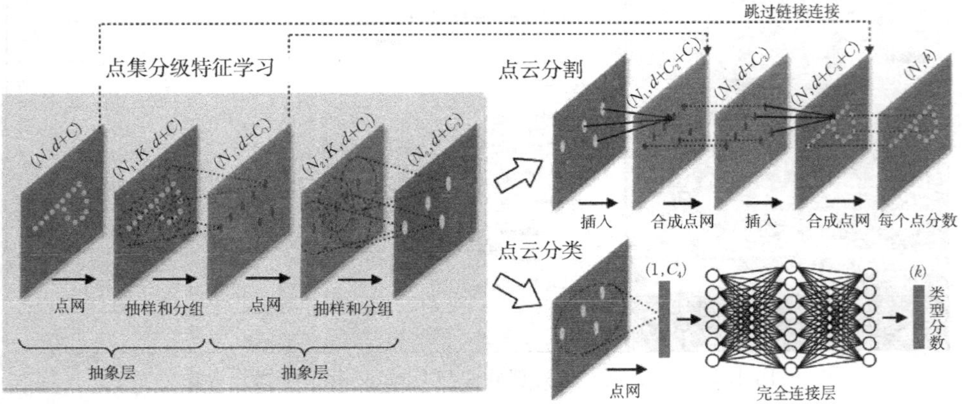

图 4.13 PointNet++ 结构

PointNet++ 由一系列的集合抽象层组成，在每个层次上处理和抽象一组点，产生一组元素更少的集合。PointNet++ 抽象层的三个关键层为采集层、分组层和 PointNet 层。采样层用来定义局部区域质心，使用迭代最远点采样(FPS)来选择最远点，与随机抽样相比，在质心数相同时，它对整个点集具有更好的覆盖。与 CNN 扫描数据分布的向量空间无关性相反，以数据依赖的方式生成接受域。分组层是利用上一步得到的中心点将点集划分成若干个区域，输出点集组，每个点集代表一个局部区域。PointNet 层是对上述得到的每个区域进行编码，变成特征向量，PointNet 作为局部特征学习模块的基本构件。利用相对坐标与点特征相结合的方法，可以在局部区域内捕获点对点的关系。

为提高点云均匀密度，PointNet++ 提出了两种适应性特征学习方法，即多尺度组合(multi-scale grouping，MSG)和多分辨率组合(multi-resolution grouping，MRG)。

多尺度组合是一种在网络各个层中都使用的一种特征学习方法，它将点的不同半径大小的邻域范围视为不同尺度，然后基于不同尺度分别进行采样并使用 PointNet 提取每个尺度上点云的特征，再将不同尺度的特征连接起来形成多尺度特征输入到下一层网络中，在下一层网络中重复以上过程，具体如图 4.14(a)所示。然而，因为点云数据的海量特性，MSG 方法的计算量很大，尤其在网络的最低层输入点的个数最多，若一直改变尺度进行采样并提取局部特征，那么耗费的时间成本也会增加。

为了减少计算量，PointNet++ 提出了一种替代方法，即 MRG，如图 4.14(b)所示。假设网络的某层为 L_i，则使用 MRG 方法得到的 L_i 层的局部特征是两个特征的融合：一个特征是由 L_{i-1} 层的采样点的局部特征合并而成，另一个特征是使用 PointNet 直接处理 L_i 层中的所有点而获得的特征。当点云密度低时，第一个特征可能不如第二个特征，因为组成第一个特征的局部特征是对点云较为稀疏的局部区域进行学习得到的且容易受到采样不足的影响，而第二个特征是整个区域的点云特征，在这种情况下两者融合时，应对第二个特征设置更高的权重；当点云密度高时，第一个特征能学习到更精细的细节信息，此时两者融合应偏重于第一个特征。与 MSG 相比，MRG 避免了在网络的较低层中对点云进行多尺度邻域采样和特征学习，而且还能很好地适应点云密度的变化，在计算上也更加高效。

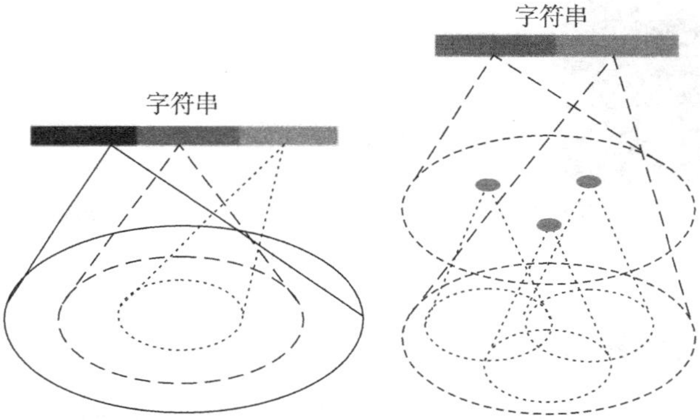

（a）多尺度组合（MSG）　　（b）多分辨率组合（MRG）

图 4.14　MSG 和 MRG 示意

4.6.1　实验环境

为了进行深度学习网络训练，主要需要的实验环境包括硬件和软件两个方面，本书中所用的硬件设备和软件平台如表 4.2 和表 4.3 所示。本书使用的主要硬件设备为 Think Station P310 图形工作站，该工作站的主要配置为：1 个频率为 3.5 GHz 的 Intel 酷睿 i7-8700 CPU；4 根 8 GB 内存条，共有 32 GB 内存；2 块独立显卡，其中一块为 NVIDIA GeForce GTX 1060 显卡，显存为 6 GB，另外一块为 NVIDIA TITAN XP 显卡，显存为 12 GB。本书使用的主要操作系统为 Ubuntu 16.04；深度学习框架为 TensorFlow，版本为 1.21；主要编程语言为 Python 3.5；主要使用的 GPU 加速软件为 CUDA 9.0 与 cuDNN 7.0。编程的主要环境组件为 Spyder，网络结构可视化和参数拟合过程可视化使用的软件为 TensorBoard。主要软件操作界面如图 4.15 所示。

表 4.2 实验平台硬件

CPU	GPU	内存(RAM)
i7-8700	1 块 NVIDIA GeForce GTX 1060(6 GB), 1 块 NVIDIA TITAN XP(12 GB)	32 GB

表 4.3 实验平台软件

操作系统	深度学习框架	GPU 加速	程序语言
Ubuntu 16.04	TensorFlow 1.21	CUDA9.0,cuDNN 7.0	Python 3.5

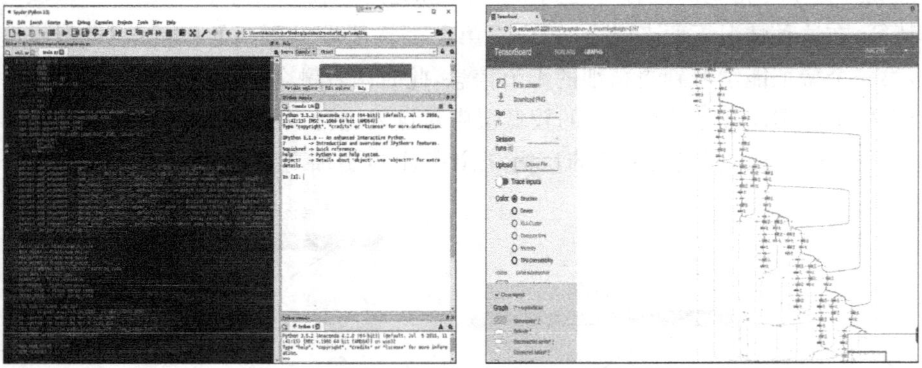

(a) Spyder显示界面　(b) TensorBoard显示界面

图 4.15 主要软件操作界面

4.6.2 实验具体参数

在深度神经网络训练中,超参数的设置与调整是很重要的步骤,不同的超参数选择会导致网络训练时间、网络训练结果等出现巨大的差异。实验中主要设置以下超参数。

1. 学习率

学习率(learning rate)是指在优化算法中更新网络权重的幅度大小。学习率可以是恒定的、逐渐降低的,基于动量的或是自适应的。不同的优化算法决定不同的学习率。学习率过大可能导致模型不收敛,损失不断上下震荡;学习率过小则可能导致模型收敛速度偏慢,需要更长的训练时间。

2. 数据输入批次大小

批次大小(batch size)是每次训练神经网络送入模型的样本数,在深度神经网络训练中,大批次通常可使网络更快收敛,但由于受到内存大小的限制,批次过大可能会导致内存不够或程序崩溃。

3. 网络优化器

目前 Adam 是快速收敛且常被使用的优化器。随机梯度下降(stochastic

gradient descent，SGD）虽然收敛偏慢，但是加入动量（momentum）可加快收敛，同时带动量的随机梯度下降算法有更好的最优解，即模型收敛后会有更高的准确性。若追求速度则通常用 Adam 更多。

4. 迭代次数

迭代次数是指整个训练集输入到神经网络进行训练的次数。当测试错误率和训练错误率相差较小时，可认为当前迭代次数合适；当测试错误率先变小后变大时则说明迭代次数过大，需要减小迭代次数，否则容易出现过拟合。

5. 激活函数

在神经网络中，激活函数给神经网络加入一些非线性因素，使得网络可以更好地解决较为复杂的问题。

6. R 近邻距离阈值

R 近邻距离阈值是 PointNet++ 中选取 R 邻域的重要参数，如果距离阈值设置过小，则邻域内点云点数较少，点与点之间的相关性降低，进而导致局部特征的表征能力下降。

4.6.3　实验结果与精度分析

在实验中，网络训练的超参数主要设置如下：初始学习率为 0.001，数据输入批次大小为 16，采用 Adam 网络优化器，优化器动量为 0.8，迭代批次设置为 50，激活函数使用 Relu 函数，还使用了 Dropout 技术，Dropout 设置为 0.7，R 近邻距离阈值设置为 3 cm，点云的输入信息特征设置为 $(X,Y,Z,R,G,B,X_0,Y_0,Z_0)$ 9 维特征，输入点云点数为 4 096。本实验对自制数据集的分割结果如图 4.16 所示，分割精度如表 4.4 所示。

图 4.16　特征分割结果

表 4.4　自制数据集各元素分割精度

网络模型	评价指标 mIoU	地面	路灯	标线	树	指示牌
PointNet++(with I)	68.24	92.93	96.23	80.68	85.37	91.31
PointNet++ (without I)	66.78	92.13	95.53	78.36	83.12	41.73

第5章　面向自动驾驶的道路信息提取方法

§5.1　技术路线设计

与传统测量手段相比，车载激光扫描技术因其独特的优势——数据获取快速、数据密集、精度高、主动式、全天候、全数字特征、易于理解等，成为目前城市数据获取的热门手段，可以在城市规划、智能交通、城市道路检测等方面发挥重要作用。但是车载激光扫描技术成果数据也存在一些缺点——数据量大、点云散乱、场景复杂，这导致成果数据的应用和分析成为困难，因此研究基于车载激光扫描技术成果数据的高效、自动的道路要素提取具有重要意义。

国内关于移动激光雷达测量系统数据的应用研究整体落后于国外，是对国外先进技术的引进、吸收和创新。近年来，国内对于车载激光扫描数据中地物提取的研究方法主要有以下几种。

(1)基于扫描线上地物点云的分布特征和地物的空间特征进行提取。

Manandhar 等(2001)提出基于扫描线提取建筑物的方法，该方法需首先根据车载激光雷达的安装参数和数据中路面点云的分布特征借助统计分析的方法提取出路面点云，然后根据建筑物点云相对于自然地物点云的分布非离散性进行建筑物点云的提取。

此方法能简单、快速地实现路面点云的提取，但对于建筑物点云的提取有很大的局限性，对城市内复杂环境中地物点云的提取效果不好。

(2)投影生成二维图像，借助图像处理技术并结合点云空间分布特征和地物几何特征进行提取。

有学者提出基于点密度进行投影生成距离图像，利用图像分割提取目标的方法，开启了利用图像处理车载激光扫描数据的新方向。

此方法提高了运算效率，能够提取出一些主要目标，但是由于投影时地物点相互叠加及生成图像时存在精度损失，无法准确提取出地物边界点云，并且生成图像的网格大小选择也会对地物点云提取结果产生较大影响。

(3)划分三维体素，利用邻域聚类并结合体素特征、地物几何特征进行提取。

董震等(2015)提出一种利用点云颜色和空间特征划分多层次体素，并结合体素特征和分割区域显著性进行邻域聚类，利用地物目标几何特性判断聚类区域类别并再次聚类确认的方法。

此方法通过生成体素减小了运算量和噪声点的影响，能够实现大多数地物的准确分类和提取，但是存在过程复杂、处理时间较长、体素分类出错时会导致结果出错、不完整地物提取率低等问题。

(4)基于反射率提取道路标线。

邹晓亮等(2012)基于反射率对路面点云进行滤波提取道路标线，基于道路标线点云的瞬时扫描角分离出每一段连续的道路标线，对每一段连续的道路标线点云采用最小二乘线性拟合方法拟合中心线，结合长度和宽度绘制重建，从而实现道路标线的自动化识别。

道路标线点云的反射率对于不同的激光雷达往往具有不同的分界值和质量，仅依靠反射率无法删除噪声点实现道路标线的准确提取，而且该方法不适用于车载三维激光雷达侧向安装的情况。

总而言之，车载激光扫描数据的地物点云提取仍然存在以下几个方面的问题：①场景复杂、点云散乱导致地物点云准确提取耗时；②简单、高效算法的提取准确率和完整性较低；③距离相近地物识别困难，不易提取。

本书综合分析现有地物提取算法，结合高速公路环境特征，提出一套高速、高效、提取准确率和完整性较高的提取方法。

移动激光扫描数据道路信息提取技术路线如图 5.1 所示。首先导入激光扫描数据，数据为 las 格式文件，原始数据包含了一些过高或过低的粗差点，这会对后续的数据处理造成影响，因此需要剔除粗差。对剔除粗差后的数据以每个点的法向量和残差作为生长条件进行生长，得到分配面片。构建初始不规则三角网，将待定点与三角面片的角度和距离作为判定条件，对三角网进行渐进加密。统计每一个三角面片的地面点数，如果大于预设阈值(地面点与该点所在三角面片总点数的百分比)，则将所有位于该面片的点判定为地面点，否则判定为非地面点。对得到的地面点生成网格，以选取的道路中心线为基准，每个网格内所有点的高程平均值为生长判断依据，进行道路面生长。提取道路生长后的道路边界，利用反射强度信息将车道标线从生长后道路面中提取出来，依次利用前面提出的短标线追踪算法和长标线提取算法，提取车道标线，最后将提取的道路边界和车道标线矢量化。

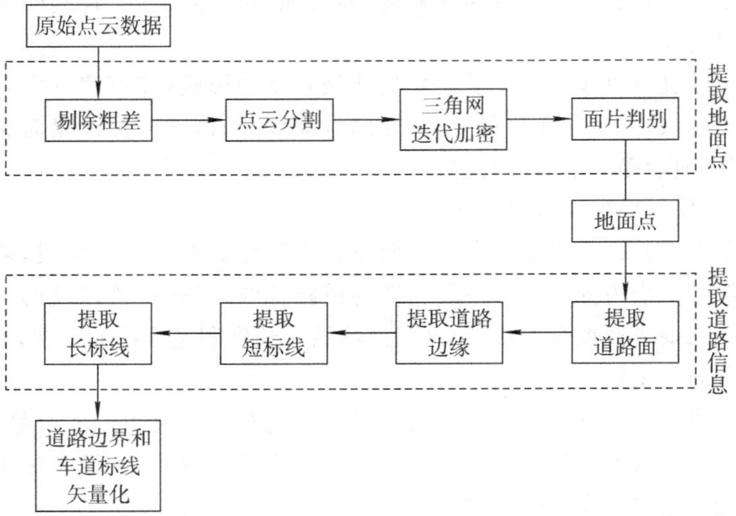

图 5.1 移动激光扫描数据的道路信息提取技术路线

§5.2 提取地面点

经典不规则三角网渐进加密方法常用于机载激光扫描数据的滤波处理，通过建立初始三角网，并对三角网不断加密，分离出地面点和非地面点。虽然移动激光扫描数据与机载激光扫描数据相比点云密度差别较大，但这两种数据都能较好地体现地表的起伏特征，因此，这两种数据的处理方法在一定程度上可以相互借鉴和补充。本书在充分分析移动激光扫描数据特征的基础上，提出了基于分割面片的不规则三角网渐进加密方法，该方法首先将点云数据分割成面片，对点云数据建立三角网，初步判别地面点和非地面点，最后依据每个面片中的种子点占该面片所有点的比重进一步判别。

5.2.1 经典不规则三角网渐进加密滤波方法

经典不规则三角网渐进加密流程主要包括剔除粗差、选择种子点构建初始不规则三角网、不规则三角网加密三个部分。其中剔除粗差的步骤主要是为了防止粗差加入三角网，影响滤波的精度，在进行选择种子点和三角网加密过程之前需要输入先验阈值，这些阈值主要包括最大建筑物尺寸 m、最大地形坡度值 t、最大角度 θ 和最大距离 d。本小节将对滤波过程中需要输入的参数进行说明，并对滤波过程进行详细介绍。

1. **参数说明**

(1)最大建筑物尺寸 m。该参数用来确定单元格的大小，单元格如图 5.2(a)

中的网格所示。如果输入的最大建筑物尺寸数值较小，就可能使建筑物顶端被划分到一个单元格中，在构建初始三角网时，建筑物顶端的点会被选为初始种子点，从而影响滤波结果精度。因此，在选取最大建筑物尺寸参数 m 时，应使 m 的值大于场景中最大建筑物的尺寸。

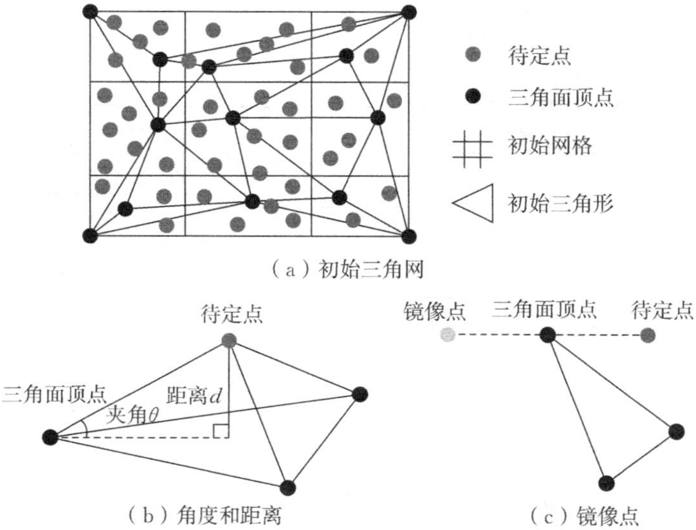

图 5.2　输入参数

(2)最大地形坡度值 t。对待定点进行判断时，如果待定点所在三角面片坡度小于最大地形坡度值 t，则计算待定点与三角面片的角度和距离进行判别，如果两个数值都在预设范围内，将该点加入三角网；如果待定点所在三角面片坡度大于最大地形坡度值 t，需要计算待定点的镜像点与三角面片的角度和距离，当镜像点满足条件时，则将待定点加入三角网。

(3)最大角度 θ。待定点与三角面片的夹角是指待定点与三角面片的最近顶点之间的连线与三角面片的夹角，如图 5.2(b)所示。当该夹角大于最大角度时，将待定点判定为非地面点，如果小于最大角度，还需要根据距离阈值等进一步判断。

(4)最大距离 d。待定点与三角面片的距离是指待定点沿三角面片法线方向与三角面片的空间距离，如图 5.2(b)所示。如果待定点到三角面片的距离大于最大距离 d，则将待定点判定为非地面点；如果距离小于 d 且角度小于最大角度 θ，则将待定点加入三角网。

2. 方法步骤

经典不规则三角网的渐进加密方法主要包括剔除粗差、选取种子点构建初始三角网和不规则三角网渐进加密三个步骤，具体流程如图 5.3 所示。

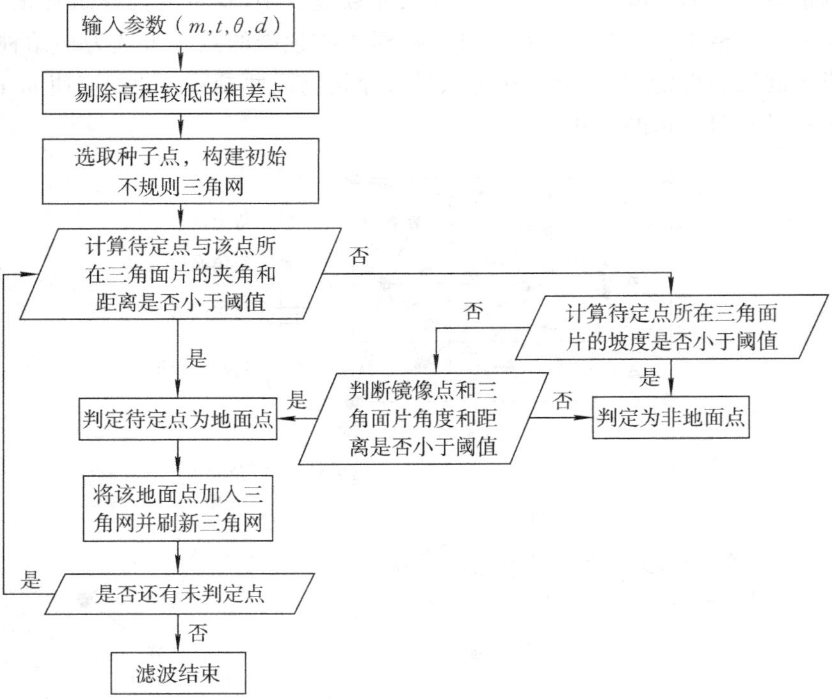

图 5.3　不规则三角网渐进加密流程

1）剔除粗差

就目前的硬件技术水平而言，机载激光雷达测量系统获取的扫描数据中往往包含部分粗差，如图 5.4 所示。而粗差一般会对滤波质量有显著的负面影响。三角网渐进加密滤波方法对于低位粗差敏感。例如，图 5.4 中黑色点代表正确的激光脚点，灰色为粗差点。如果不将灰色粗差点剔除，当选取种子点时，就会将单元格中最低的灰色点选为种子点，使得该区域的地面点误判为地物点。因此，为了防止低位粗差点加入代表地形模型的三角网，需要对粗差进行剔除。

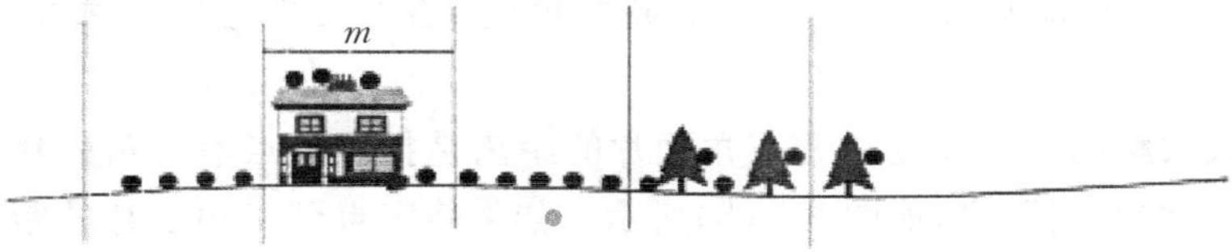

图 5.4　激光脚点

剔除粗差首先需要统计点云数据的高程直方图，通过观察高程直方图的分布规律，将高程非常高和高程非常低的点去除。对剔除粗差后的点云数据建立三维空间的 KD 树，将每一个点的高程和它周围点的高程进行比较，如果该点相对于周围点的高程过高或过低，则将该点剔除，如果对最后的剔除结果不是很满意，可以手动改正。

2)选取种子点构建初始不规则三角网

首先需要确定点云数据的边界，通过遍历点云数据的平面坐标信息，确定平面上的左上角和右下角两个点的坐标，通过计算两个点的平面坐标，得到点云数据在平面上的长 l 和宽 w，根据最大建筑物尺寸 m（图5.4)，将点云数据按平面坐标分成 N_{row} 行乘以 N_{column} 列的网格，行列数的计算公式为

$$N_{\text{row}} = \text{ceil}\left(\frac{l}{m}\right) \tag{5.1}$$

$$N_{\text{column}} = \text{ceil}\left(\frac{w}{m}\right) \tag{5.2}$$

式中，ceil(x) 函数是指返回一个不小于 x 的整数值。

构建初始不规则三角网的种子点包括两部分：一是选取每个网格中的最低点作为种子点；二是选取点云数据平面坐标中的四个角点作为种子点。选取的四个角点高程与距离各自最近的种子点的高程相等。通过建立初始三角网，将点云数据初步分为种子点和待定点两部分。

3)不规则三角网渐进加密

在初始三角网的基础上，对待定点进行判别，将符合要求的待定点加入三角网，并刷新三角网，重复以上步骤，直至没有新点加入三角网为止，具体过程如下。

(1)确定待定点 $P(x_p, y_p, z_p)$ 位置，找到待定点所在的三角面片，并确定待定点在所在三角面片中所处的位置(如位于三角面片的内部或位于面片边缘等)。

(2)计算待定点与三角面片的角度和距离，如图5.2(b)所示，待定点与所在三角面片的角度是指待定点和三角面片中距离最近的顶点的连线与三角面片之间的夹角，距离指的是空间垂直距离。如果角度小于最大角度 θ，且距离小于最大距离 d，则将待定点加入三角网，并刷新三角网，否则进入步骤(3)。

(3)计算待定点所在三角面片的坡度。如果待定点所在三角面片的坡度小于最大地形坡度值 t，则将该点归为非地面点，否则转入步骤(4)。

(4)对待定点的镜像点 $P_m(x_m, y_m, z_m)$ 进行判断。镜像点如图5.2(c)所示，镜像点的坐标是依据待定点所在三角面片中高程值最大的顶点坐标 $P_v(x_v, y_v, z_v)$ 确定的，计算公式为

$$\left.\begin{aligned} x_m &= 2x_v - x_p \\ y_m &= 2y_v - y_p \\ z_m &= z_v \end{aligned}\right\} \tag{5.3}$$

计算镜像点与三角面片的距离和夹角，如果角度小于最大角度 θ，并且距离小于最大距离 d，则将待定点加入三角网，并刷新三角网，否则，将待定点判定为非地面点。

(5)重复步骤(2)至步骤(4),直到没有新点加入为止。

5.2.2 改进后的不规则三角网渐进加密方法

与经典三角网渐进加密方法相比,改进后的不规则三角网渐进加密方法的不同之处在于:经典三角网方法是以点为判断单元,如果点的距离和角度都满足要求,则将该点加入三角网;而改进后的方法是以对象(分割面片)为基本单元进行判断,如果分割面片中种子点占该面片总点数的百分比大于阈值,则将该分割面片中的点都判断为地面点。改进后的方法主要包括四个部分(图 5.5):粗差剔除、点云分割、三角网渐进加密和面片判别。改进后的方法除了经典不规则三角网方法中需要输入的 4 个先验阈值外,还包括点云分割和面片判别中用到的 5 个先验阈值:邻近点个数 k、邻近点搜索半径 d'、待定点到拟合平面距离 r、种子点与待判定点法向量差值 α 和种子点百分数 p。

1. 参数说明

(1)邻近点个数 k。该参数是在分割过程中,拟合平面所需的点个数。

(2)邻近点搜索半径 d'。该参数是在分割过程中,种子点在三维空间中的搜索半径。

(3)待定点到拟合平面距离 r。如果待定点到拟合平面的距离小于 r,且与种子点的法向量差值小于 α,则将该点加入种子点队列。

(4)种子点与待判定点法向量差值 α,为种子点的法向量和待定点法向量之间的夹角。

(5)种子点百分数 p。p 为不规则三角网加密后,每个面片中种子点个数占该面片总点数的百分比。

2. 方法步骤

改进后的不规则三角网渐进加密方法流程如图 5.5 所示。具体步骤如下。

(1)粗差剔除。与经典不规则三角网粗差剔除方法相同,通过统计点云数据高程直方图和建立二维空间 KD 树,剔除高程非常高和高程非常低的点,最后对剔除结果进行改正。

(2)点云分割。点云分割是改进方法的主要步骤,分割结果的好坏对地面点提取结果精度有重要影响。点云分割主要包括以下两个步骤。

——法向量和残差估计。每一点的法向量是由周围的点拟合成的平面确定的。首先建立 KD 树,搜索该点的 k 个最邻近点,采用最小二乘思想,将这些点拟合成一个平面,获得该平面参数。最小二乘平面拟合的标准是能够使得所有点到拟合平面的距离的平方和最小,则每一个邻近点相对于该拟合平面都有一个残差。

——区域生长。区域生长是以种子点与邻近点法向量差值和待定点到拟合平面距离作为生长条件,具体步骤如下。①输入两个阈值,第一个阈值是待定点到拟

合平面距离 r，第二个阈值是种子点与邻近点在三维空间中的距离 d'；② 输入法向量差值 α，它是种子点和邻近点法向量之间的角度差值；③ 如果所有的点都分割完毕，则跳到步骤 ⑦，否则，统计所有未分割点的残差值，以残差最小的点为种子点，将该点加入一个种子点的队列，开始进行区域生长；④ 搜寻与种子点在三维空间中距离小于 d' 的邻近点，如果搜索到的点与种子点法向量角度差值小于 α，且该点

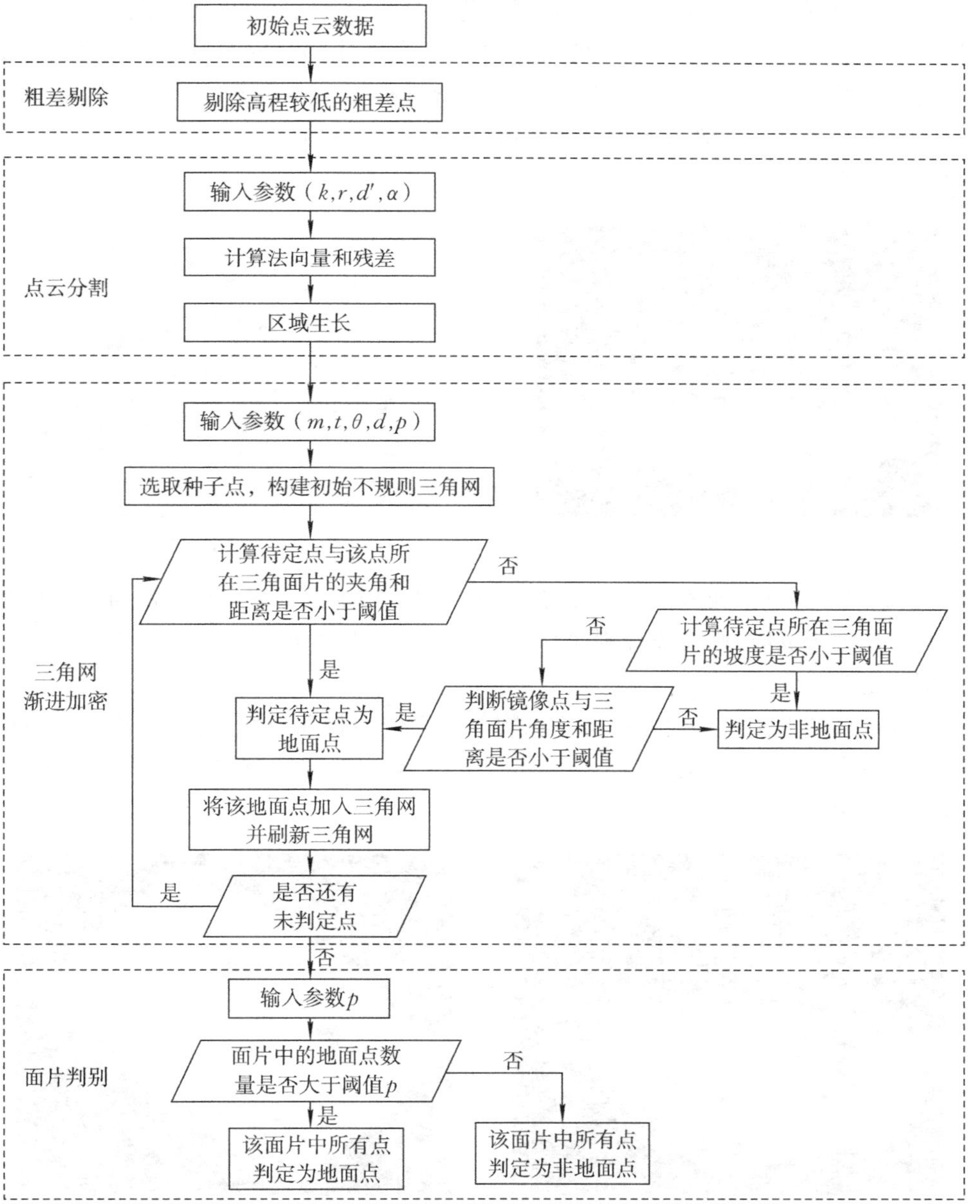

图 5.5　改进后的不规则三角网渐进加密方法流程

到种子平面的距离小于 r，则将该点加入种子点队列中；⑤如果种子点队列不为空，则将新加入的种子点作为新的种子点，并将当前的种子平面作为新的种子平面，继续判别其他未处理的种子点；⑥将当前的区域纳入分割平面，并转到第③步，消除种子点队列；⑦完成分割。上述分割过程所用的四个参数应根据经验和实际场景的复杂情况设定。

(3)三角网渐进加密。经典三角网渐进加密方法选取的初始种子点是每个网格的最低点，而改进方法中选取的初始种子点，是每个网格内的最低点和该点所在分割面的所有点。改进后的三角网渐进加密过程和经典三角网渐进加密过程相同。三角网渐进加密效果如图 5.6 所示，构建三角网时，由种子点生成的三角面片如图 5.7 所示。

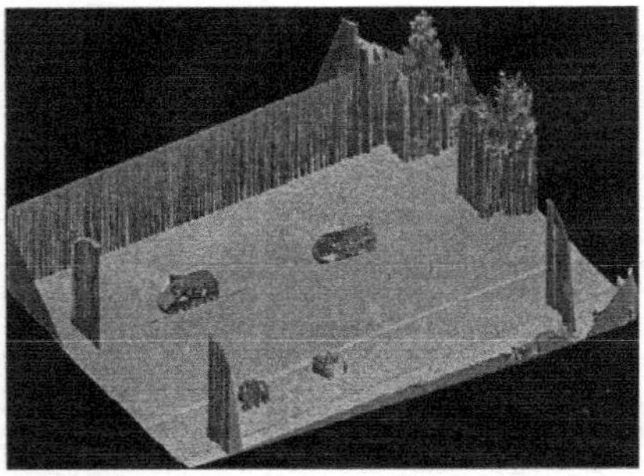

图 5.6 三角网渐进加密效果

图 5.7 三角面片

(4)面片判别。输入阈值 p，当分割面片中的种子点个数占该分割面片总点数的百分比大于 p 时，则将该分割面片的点全部判定为地面点，否则将分割面片的点全部判定为非地面点。

改进后的方法能够较好地将建筑物等较高的地物和地面分离，分离出的地面点数据包含道路、人行道等信息。原始数据如图 5.8 所示，提取的地面点数据如图 5.9 所示。

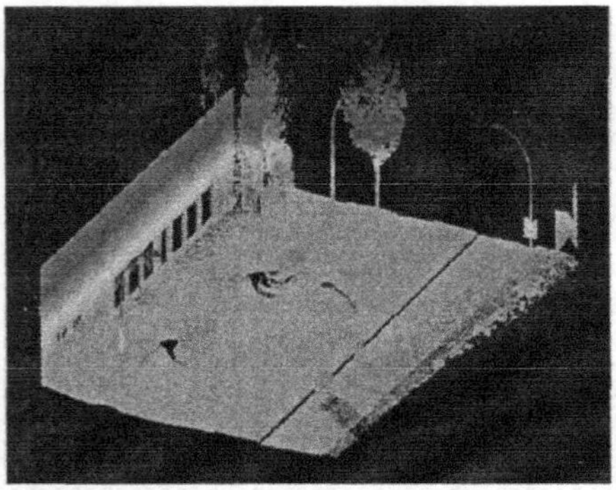

图 5.8 原始数据

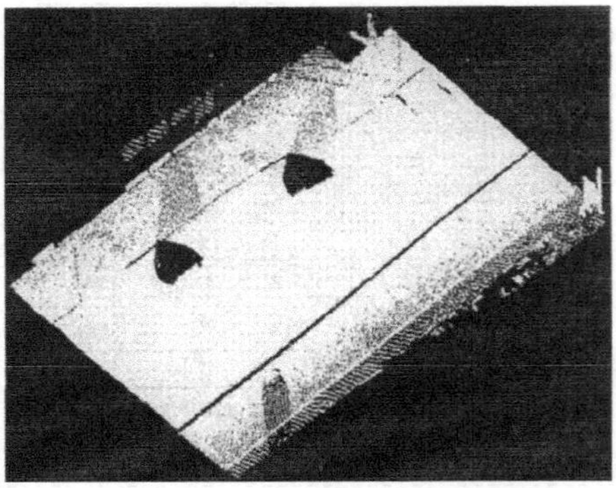

图 5.9 提取的地面点数据

§5.3　提取道路信息

道路的车道是以车道标线相隔的，车道标线包括长实线和短虚线两种，提取车道标线和道路边界，对确定道路的宽度和道路的车道数等信息具有重要意义。本书在充分分析道路特征和移动激光扫描数据的基础上，提出了以网格为基本处理单元提取车道标线的方法，该方法利用扫描数据的强度信息和道路边界路缘石特征信息，能够较好地提取车道标线和道路边界信息。提取流程如图 5.10 所示。

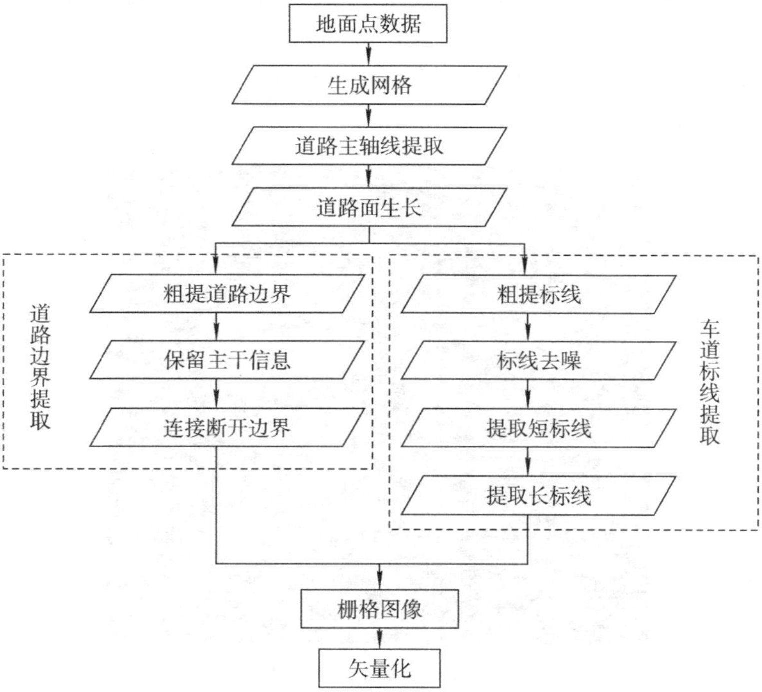

图 5.10　道路信息提取流程

5.3.1　生成网格

在提取道路边界和车道标线前，需要根据地面点的平面坐标信息，将每个点都存放到对应的网格中，每个网格的形状都为正方形。网格的计算过程如下。

将提取的地面点数据投影到 XY 平面上，遍历每个点的平面坐标信息，获得最大 X 坐标 X_{max}、最小 X 坐标 X_{min}、最大 Y 坐标 Y_{max}、最小 Y 坐标 Y_{min}，根据输入的网格间隔 W，将地面点数据分成 M 行 N 列。计算公式为

$$\left.\begin{aligned}M&=\frac{X_{\max}-X_{\min}}{W}\\N&=\frac{Y_{\max}-Y_{\min}}{W}\end{aligned}\right\}\tag{5.4}$$

在很多情况下，需要分别在分母上加上一个数值，使得计算的 M、N 均为整数。

网格划分好后，参考地面点数据的平面坐标，按照从下到上、从左到右的顺序依次为每个网格编号。然后按照每个点平面坐标将点存放到对应的网格中，在存放过程中，有一部分点位于两个网格的边界线上，把这些点划分到序号靠前的网格中。

为了更好地观察网格效果，将每个网格内的点赋上不同的 RGB 值，生成的网格效果（输入的网格间隔为 0.12 m）如图 5.11 所示。

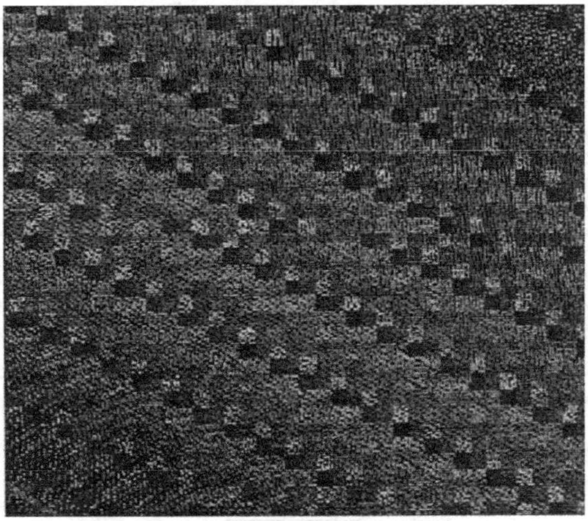

图 5.11　点云数据网格

5.3.2　道路主轴线提取

移动激光雷达测量系统在记录激光脚点的空间三维坐标和反射强度等信息的同时，也记录了汽车的行车轨迹线，而位于行车轨迹线上的激光脚点（简称车轨点）一定在道路面内。以车轨点所在的网格（简称车轨网格）为生长起始位置，以某一标准作为道路面生长的判断依据，就能得到道路面。因所用数据缺少行车轨迹线信息，本书人工选取一条位于道路面上的主轴线作为行车轨迹线。首先，在道路的两端各选取一个网格，以这两个网格为主轴线的端点，利用两个端点网格的平面坐标 $P_1(x_1,y_1)$ 和 $P_2(x_2,y_2)$ 解方程组，计算出这两个端点所在直线的参数 a 和 b，方程组为

$$\left.\begin{array}{l} y_1 = x_1 a + b \\ y_2 = x_2 a + b \end{array}\right\} \tag{5.5}$$

所有平面坐标位于该拟合直线上，且位于两端点之间的网格被标识为主轴线网格。为了更好地观察道路主轴线提取结果，将道路主轴线上网格内的点赋上与道路面其他点不同的 RGB 值。道路主轴线提取结果如图 5.12 所示。

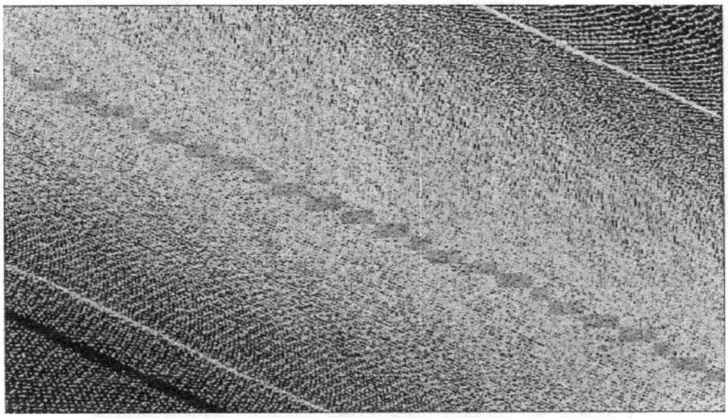

图 5.12　道路主轴线提取结果

5.3.3　道路面生长

在真实道路环境下，道路的横剖面是一个中间略高两边略低、有一定弧度的圆弧。城市道路两边有路缘石，路缘石是设在路面边缘的界石，作为设置在路面边缘与其他构造带分界的条石，路两侧路缘石外露高度一般为 10～20 cm。激光脚点在道路横剖面上的分布如图 5.13 所示。

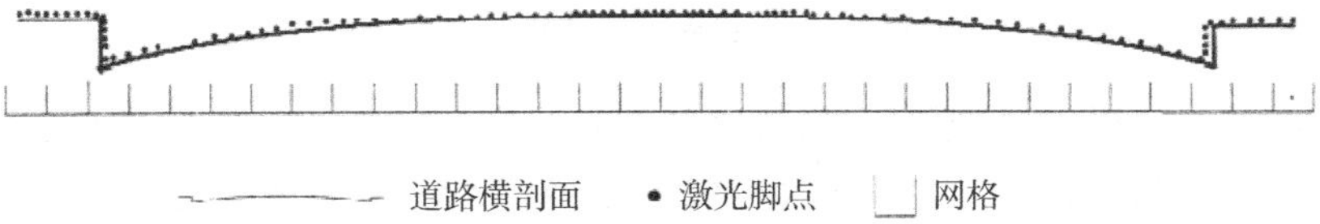

图 5.13　道路横剖面

为了对道路点云特征有一个直观的了解，根据地面点数据生成间隔为 0.2 m 的网格，按照每个网格内的点密度和高程等信息生成特征图像，密度特征如图 5.14 所示（亮度越高，网格点密度越大），高程方差特征如图 5.15 所示（亮度越高，网格点高程方差越大），高程平均值特征如图 5.16 所示（亮度越高，网格点高程平均值越大）。从图 5.14 中可以看出，道路中间位置和道路边缘（路缘石）附近的点云密度较大，距离道路中心越远，密度越小。从图 5.15 中可以看出，道路面的灰度值较低，局部区域出现灰度值突升或突降，道路边缘网格与其周边网格相比灰度值较高，这说明道路边缘网格内点的高程差异与道路面和地面网格相差较大。从

图 5.16 可以看出，道路面网格的灰度值相差甚微，且连通性较好，与其他地面网格能够较好地区分开。

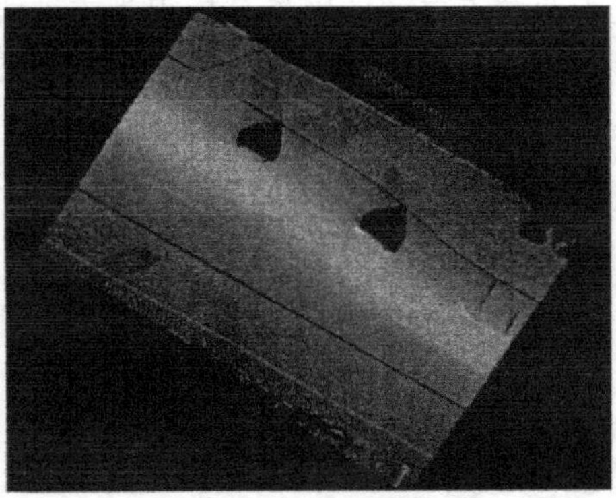

图 5.14 密度特征图像

图 5.15 高程方差特征图像

图 5.16 高程平均值特征图像

根据以上分析，总结道路点云特征如下：

(1)道路面起伏较小。道路面相邻网格的高程平均值相等或仅相差几个灰度值。

(2)道路边缘易判断。道路边缘网格的高程方差与其周围网格相比相差较大，且两边的高程平均值有明显差别。

根据以上两个特征，本书提出了道路面生长方法。根据每个网格内点的平均高程生成特征图像，以道路主轴线作为生长起始区域，相邻网格内的激光脚点平均高程相关。道路生长流程如图 5.17 所示。

该方法需要输入两个参数，一个是网格间隔(单位为 m)，另一个是生长阈值(单位为 m)。如果网格间隔或生长阈值过大，就会造成过度生长；如果两个值设置过小，就会使道路面生长不完全。

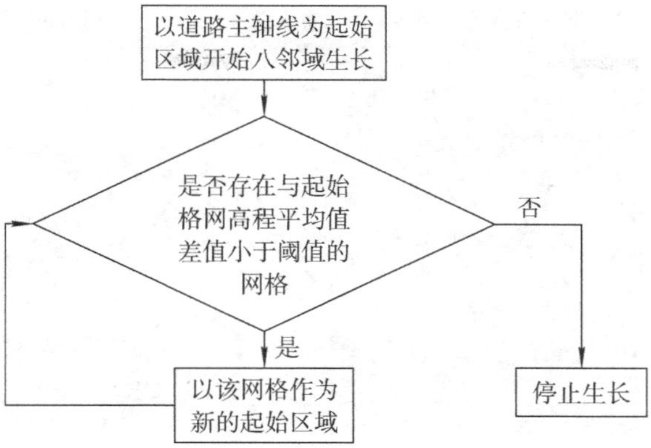

图 5.17　道路面生长流程

当网格间隔为 0.2 m、生长阈值为 0.05 m 时，道路面生长结果如图 5.18 所示；当网格间隔为 0.12 m、生长阈值为 0.05 m 时，道路面生长结果如图 5.19 所示。图 5.18 中通过道路面生长不仅能得到汽车道，还能得到与其连通的自行车道，而图 5.19 中网格设置过小，导致在生长过程中自行车道中间断开。

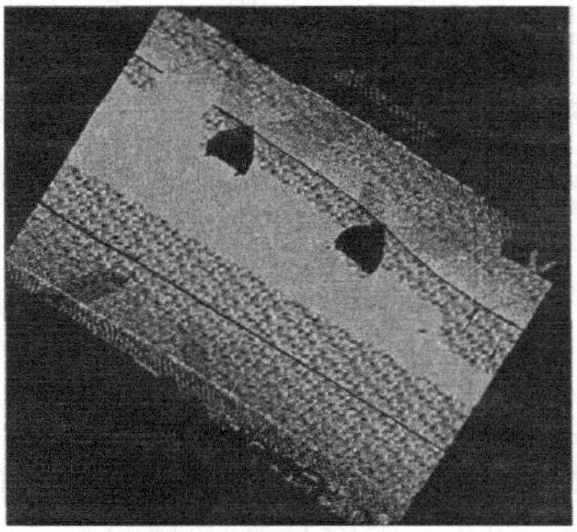
图 5.18　道路面生长结果
（网格间隔：0.2 m）

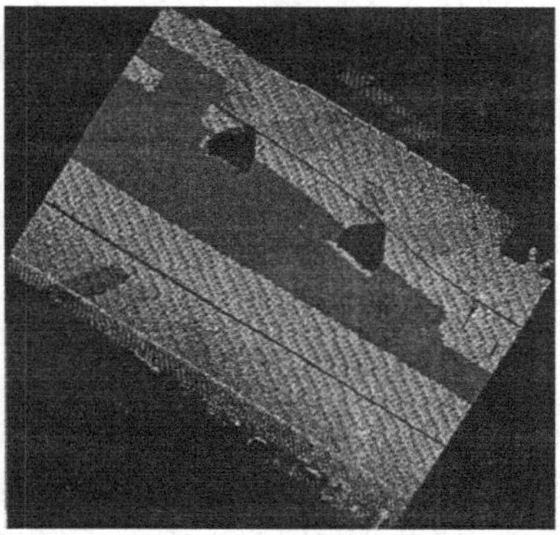
图 5.19　道路面生长结果
（网格间隔：0.12 m）

5.3.4　提取道路边界

1. 粗提道路边界

粗提取道路边界主要是利用已经得到的道路面，结合道路边界的特征，提取出道路边界，再将得到的道路边界细化处理，最后利用八邻域搜索去除噪声，得到初步结果。

将道路面内的网格都标为同一类别，不是道路面的网格标为另一种类别，因此位于两种网格之间的就是道路边界，通过此方法得到的道路面如图 5.20 所示。从图 5.20 中可以看出，道路面生长结果有噪声存在，主要有以下原因。

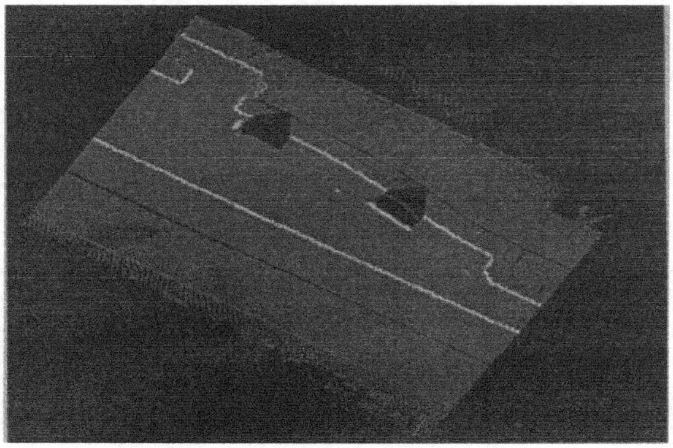

图 5.20 道路边界

(1)道路面不平坦。道路年久失修,存在局部的破损、凹陷等现象,导致部分路面网格的点高程平均值过低,在生长过程中被判断为非道路面。

(2)路边停放的车辆。道路两旁往往有车辆停放,在地面点提取过程中,一些轮胎点被当作地面点保留下来,这些都会对道路边界的提取造成一定的影响。

(3)高程突变区域。有些区域网格的高程平均值较小,但由于与邻近网格的高程平均值差值大于生长阈值,在生长过程中被判定为道路边界。

利用网格内点的高程平均值进行生长的道路面,虽然整体上较好,但局部区域提取的道路边界不准确,在提取道路边界时需要利用其他辅助信息提高道路边界的提取精度。本书在充分分析噪声特征的基础上,提出了使用高程方差特征图像和统计线段长度去除噪声的方法。

1)*利用高程方差提取边界*

路缘石高出地面的高度是有国家标准的,一般高出地面 10～20 cm。激光雷达的频率非常高,角度分辨率较小,考虑道路边界与激光雷达的距离会在一个稳定的范围内,可以认为路缘石上的点密度在某一较小范围内波动,道路边缘点分布如图 5.21 所示。

图 5.21 道路边缘点分布

道路边缘网格的高程方差灰度值大多集中在14～21，而道路面和其他地面网格的灰度值大多在0～5，差别较为明显，因此利用高程方差能够较好地剔除噪声。

2)统计线段长度

通过高程方差特征图像处理后的道路边界仍然存在一些噪声，这些噪声主要分布在不平坦的道路面上，所在网格点的高程方差和道路边缘相似，但是它们与道路边缘相比长度非常短，且有零星分散的特点，因此可以考虑设置长度阈值剔除剩余噪声。

首先，利用图像细化方法中的查表法，对上一步提取的道路结果细化。细化是从原来的图中去掉一些像素，但仍要保持原来的形状，并且保证原本相连的线段不断开。

细化过程中判断一个像素是否可以去掉，是以该像素的8个相邻像素(八连通区域)的情况来进行判断的，具体判断依据如下。

(1)内部像素不能删除。内部像素是位于3×3网格中间位置的像素，该像素往往是图形的骨架像素，如图5.22(a)所示。

(2)连接像素不能删除。连接像素是行列方向或斜线方向上起连通作用的像素，如果去掉该像素会使图像在行列或某一方向发生断裂，如图5.22(b)所示。

(3)直线头尾像素不能删除。在一条线段的起始位置或线段末尾的像素不能删除，如图5.22(c)所示。

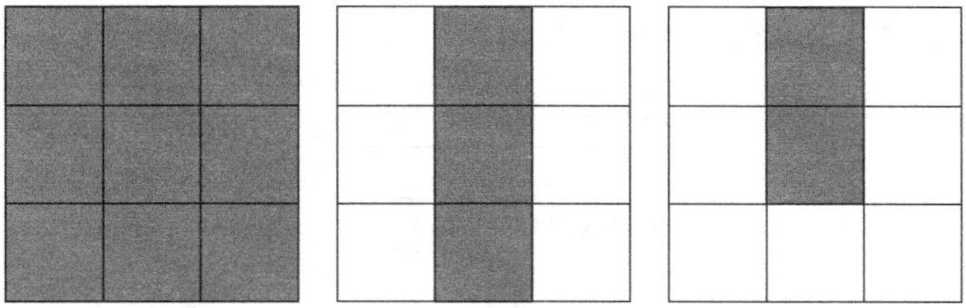

(a)内部像素　(b)连接像素　(c)直线头尾像素

图5.22 像素位置

对包含道路边界点的网格进行八邻域追踪，如果得到的网格个数大于预先设定的阈值，则将搜索到的网格内的激光脚点标为道路边界点，否则标为非道路边界点。通过粗提取后的道路边界如图5.23所示。

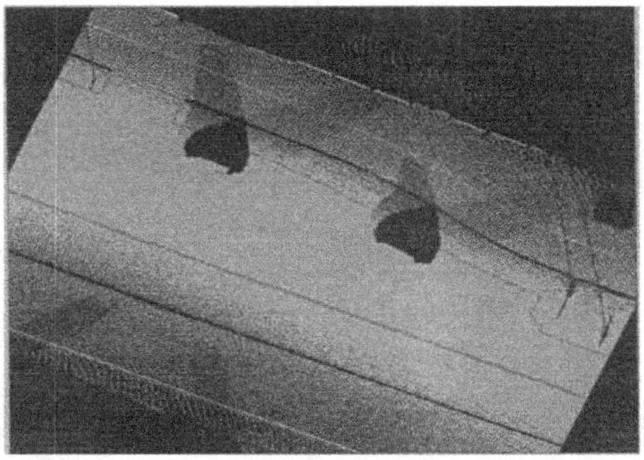

图5.23 粗提取后的道路边界

2. 保留主干信息

经过以上步骤得到的道路边界，还存在一些分叉的现象，这主要是对道路边界细化造成的。因为在使用线段长度阈值去除噪声时，将与道路边界相连的“岔道”也统计到了道路边界中，没能将此部分噪声去除(图 5.24)。从图 5.24 中可以看出，道路边界是一个较长的“线”，而与道路边界连接的噪声很短，位于中心的网格就像一个“岔路口”，以“岔路口”为起点，分别统计几条岔路的线段长度，将“路程较短”的噪声去掉，就能得到真正的道路边界，去除“岔道”噪声后的道路边界如图 5.25 所示。

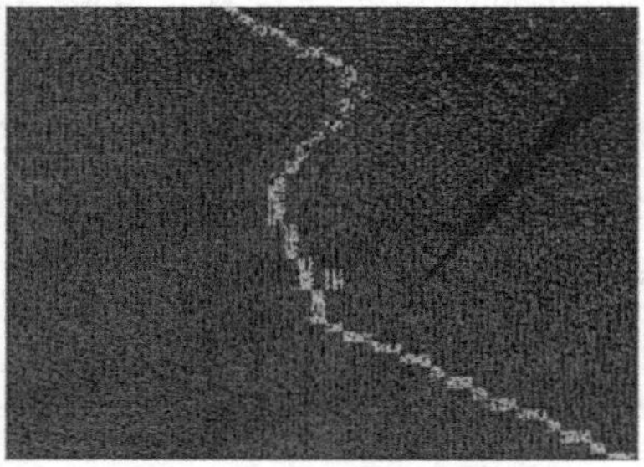
图 5.24 包含“岔道”的道路边界

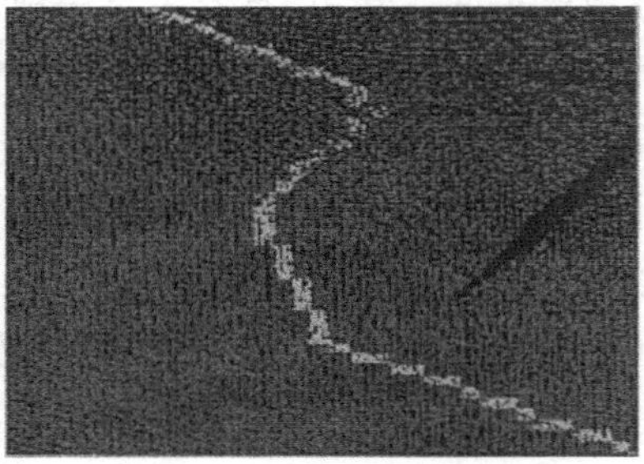
图 5.25 去除“岔道”的道路边界

3. 连接断开边界

在激光雷达扫描过程中，会出现一部分道路边界被停放在道路上的汽车或行驶中的车辆遮挡，以致该部分的点云数据丢失的情况。

在充分分析道路边界断裂特征的基础上，本书提出了标记道路边界断裂始末像素的方法，该方法流程如图 5.26 所示。

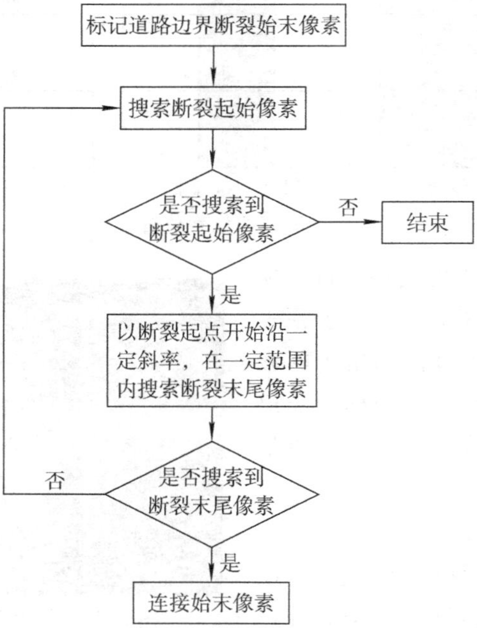

图 5.26 连接道路边界流程

首先，根据道路边界的网格信息生成栅格数据，在生成的栅格数据中，灰度值为 0 的像素代表道路边界网格，灰度值为 255 的像素代表非道路边界网格。确定了道路边界和非道路边界后，再对断裂处进行标记。因为在搜索道路断裂处始末像素时是按照从下往上的顺序搜索，所以如果像素灰度值为 0，并且该像素八邻域中的 1、2、3 位置像素灰度值都为 255，那么定义该像素为末尾像素；如果该像素八邻域中的 5、6、7 位置像素灰度值都为 255，那么定义它为起始像素，如图 5.27 所示。

7	6	5
8	0	4
1	2	3

（a）八邻域

255	255	255
	0	

（b）起始像素

	0	
255	255	255

（c）末尾像素

图 5.27　道路断裂处始末像素

以起始像素为搜索起点进行八邻域搜索，用搜索到的前 5 个灰度值为 0 的像素拟合出一条直线（直线倾角 0～180°），即搜索路径。以起始像素为起点，沿着直线斜率在一定距离范围内搜索，每个位于该拟合直线上的像素都作为一个“搜索中心点”，以该“搜索中心点”为中心，在搜索范围内搜索末尾像素，直到搜索到末尾像素为止，搜索过程如图 5.28 所示。

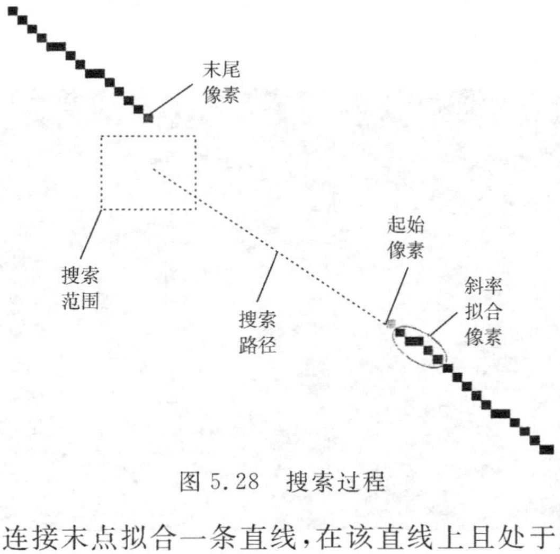

图 5.28　搜索过程

以连接起点和连接末点拟合一条直线，在该直线上且处于起始像素和末尾像素之间的像素灰度值都设为 0。道路边界断开处连接前后的栅格图像如图 5.29 所示。

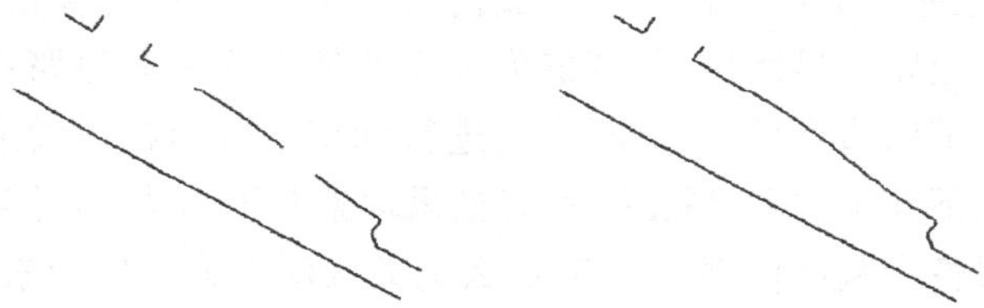

（a）连接前　　（b）连接后

图 5.29　连接道路边界

从图 5.29 中可以看出，被车辆遮挡的道路边界断裂处得到了很好的修复，而道路口两侧的道路边界没有连接到一起，该方法能够较好地分辨道路口和道路边界断开处。

5.3.5　提取车道标线

1. 粗提标线

地面介质对激光的反射强度取决于介质材料等，一般而言，反射介质的表面越亮，反射率越高。不同地物具有不同的反射率，植被反射强度较高，黑色沥青道路对激光信号有吸收效应，信号反射强度很低。对于同一介质表面，在不同的激光系统、不同的天气状况等具体条件下，激光反射强度也会存在一定差异，但对于同一测区，天气状况等相近时，可近似地认为激光回波强度只与表面介质有关。

由于道路面和车道标线的材质不同，它们的反射强度也不一样，相比较而言，车道标线的反射强度较高，且它与沥青等道路面的反射强度差值较大。设置反射强度阈值，能够将车道标线从道路面中较好地提取出来，仅利用设置反射强度阈值提取的车道标线信息如图 5.30 所示。

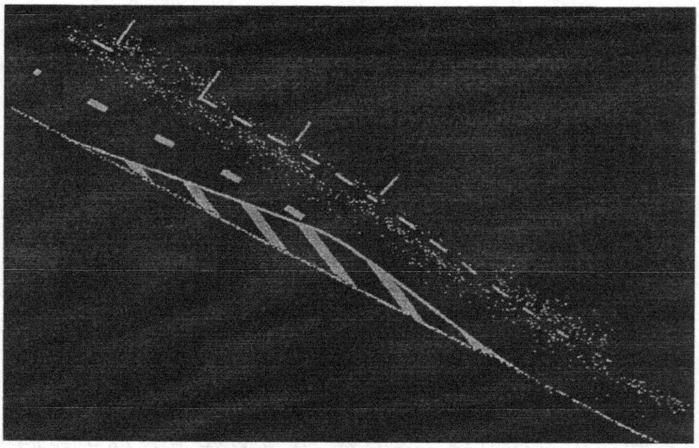

图 5.30　提取车道标线

2. 标线去噪

由图5.30可以看出，由于道路面部分区域的反射强度和车道标线反射强度相差不大，很多噪声混入提取结果，这些噪声相对于车道标线来说，分布较为稀疏。根据点云数据平面坐标生成网格，计算每个网格的点密度，如果网格点密度小于预先设置的密度阈值，则认为该网格内的点不是车道标线点，并将该网格内的点剔除。网格间隔参数的设定对标线去噪结果会产生很大影响，输入的密度阈值也是在考虑网格间隔的基础上设定的。

为了观察剔除噪声的效果，将数据局部区域放大，含有噪声数据如图5.31所示，噪声剔除后数据如图5.32所示（网格间隔：0.12 m，密度阈值：5）。

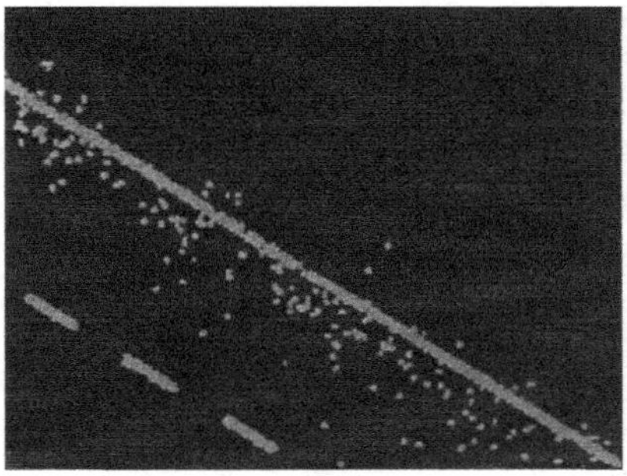

图5.31　含有噪声数据

图5.32　标线去噪

3. 提取短标线

车道标线中的短虚线，常用来表示两个车道之间可以相互穿越。本书在仔细观察短虚线的基础上，对其特征进行了概括总结：①一条道路面上，相邻两个标线之间的距离是一个固定值；②每一条标线的长度是一定的；③每条短虚线上的标线数量较多；④前后相邻的两个短道路标线斜率相差较小。

根据以上特征，本书提出一种针对短虚线的道路标线追踪方法。首先，将包含道路标线点的网格的灰度值标为0，不包含道路标线点的网格的灰度值标为255，对栅格图像细化处理。以搜索到的第一个道路短标线为起始标线，沿着该标线的斜率方向搜索，当搜索到的“短直线”个数大于预先设定的阈值时，则认为该次搜索到的都为道路短标线，否则，不对该次搜索到的“短直线”进行处理。算法流程如图5.33所示。

4. 提取长标线

较长的道路标线没有太多的固定特征，往往不好对其定义，也找不到一个固定的特征来描述它。本书在标线去噪声的基础上，利用长标线与短标线长度相差较大这一特征，在提取短标线后，对长标线进行提取。一些长标线区域由于雨水冲刷等原因其反射强度降低，提取的长标线不连续。本书采用提取道路边界时使用的标记始末点的方法，对长标线断裂处进行连接，取得了较好的效果。

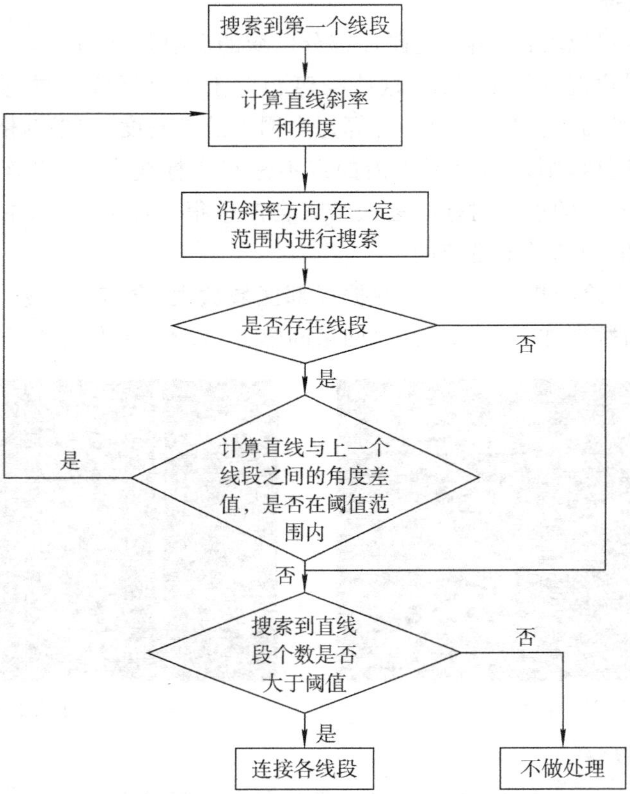

图 5.33 短标线提取流程

在综合分析现有移动激光雷达测量系统数据地物提取算法外，本书还分析、总结了高速公路地物特征：①高速公路路面为主要数据，路面上地物多为行车，路面边界区分明显；②靠近路面边界的地物种类较少，护栏、路灯等地物与路面边界距离相对固定；③除去路面后，其他地物相对独立。

由于不同地物几何特征决定着地物点云的分布特征，地物点云的分布特征反映了地物的几何特征，而移动激光雷达测量系统的参数特征有利于准确分析地物点云的分布特征，因此，本书结合这些特征，对现有的高效算法做了适当改善，确定了高速公路道路要素提取的新方案。具体方法如下：①基于扫描线，结合移动激光雷达测量系统安装参数和斜率提取路面点云；②基于路面点云，结合地面点云反射率信息和离群点去除方法提取道路标线；③结合地物空间分布特征初步分割出护栏点云，结合扫描线上点云分布特征和护栏地物的几何参数，借助投影后形状和密度分析的方法提取护栏点云；④结合地物空间分布特征初步分割出路灯点云，借助邻域聚类算法划分体素并计算体素特征，结合路灯几何特征提取轴向位置连续体素组合成的目标，从而提取路灯点云。

高速公路的车载激光扫描数据场景复杂、地物类型较多。仅仅利用点云的空间信息提取高效、智能的道路要素具有很大难度，所以需要利用移动激光雷达测量系统的成果数据中丰富的数据信息。移动激光雷达测量系统在采集数据时，各传感器组件采集的很多数据信息有利于目标点云的提取，包括 UTC、惯性导航系统坐标、地物反射率等。因此，输出的移动激光测量系统成果点云如图 5.34 所示。高斯投影坐标（X，Y）、大地高 Z、反射率 r、GPS 时间 GPSTime 值、车载激光雷达激光发射中心位置坐标（X_{scan}，Y_{scan}，Z_{scan}）、车载激光雷达姿态角（$Heading$，$Roll$，$Pitch$）等（X_{scan}、Y_{scan}、Z_{scan} 分别对应图 5.34 中的 X-SCAN 字段、Y-SCAN 字段、Z-SCAN 字段）。

X, (m),	Y, (m),	Z, (m),	r , ,	GPSTime, (sec),	X-SCAN, (m),	Y-SCAN, (m),	Z-SCAN, (m),	Heading, (Deg),	Roll, (Deg),	Pitch (Deg)
20952141.015428	4414744.411031	51.082137	0.633	25840040141900	20953373.38	4393734.402	6369486.712	231.3620630000	-0.9103920000	0.5821770000
20952142.717562	4414744.846007	52.626154	0.5995	25840040147000	20953373.38	4393734.402	6369486.712	231.3620620000	-0.9104120000	0.5821920000
20952140.983849	4414744.409167	50.914339	0.17	25840040162000	20953373.38	4393734.402	6369486.712	231.3620610000	-0.9104330000	0.5822070000
20952141.002429	4414744.410263	50.896017	0.6855	25840040167100	20953373.38	4393734.402	6369486.712	231.3620600000	-0.9104530000	0.5822220000
20952141.014815	4414744.410994	50.873786	0.7095	25840040172100	20953373.38	4393734.402	6369486.712	231.3620590000	-0.9104740000	0.5822370000
20952141.033328	4414744.412087	50.855716	0.677	25840040177100	20953373.38	4393734.402	6369486.712	231.3620590000	-0.9104940000	0.5822520000
20952141.043724	4414744.412701	50.830279	0.581	25840040182100	20953373.38	4393734.402	6369486.712	231.3620600000	-0.9105140000	0.5822720000
20952141.078490	4414744.414753	50.793247	0.4695	25840040192200	20953373.38	4393734.402	6369486.712	231.3620630000	-0.9105330000	0.5823000000
20952141.069269	4414744.414208	50.717381	0.3695	25840040202300	20953373.38	4393734.402	6369486.712	231.3620670000	-0.9105510000	0.5823280000
20952143.295078	4414744.991597	51.873255	0.708	25840040297700	20953373.38	4393734.402	6369486.712	231.3620710000	-0.9105700000	0.5823550000
20952143.319723	4414744.993052	51.853416	0.5915	25840040302700	20953373.38	4393734.402	6369486.712	231.3620750000	-0.9105890000	0.5823830000
20952143.263891	4414744.989756	51.769362	0.551	25840040307800	20953373.38	4393734.402	6369486.712	231.3620790000	-0.9106080000	0.5824110000
20952142.002459	4414744.692296	50.639933	0.5765	25840040327900	20953373.38	4393734.402	6369486.712	231.3620830000	-0.9106270000	0.5824390000
20952142.032930	4414744.694094	50.628908	0.6405	25840040332900	20953373.38	4393734.402	6369486.712	231.3620870000	-0.9106450000	0.5824660000
20952141.693991	4414744.562585	50.334664	0.585	25840040337900	20953373.38	4393734.402	6369486.712	231.3620910000	-0.9106640000	0.5824940000

图 5.34　成果点云输出格式

5.3.6　路面提取

1. 提取原理

车载平台行驶时，车载激光雷达的每条扫描线是垂直于道路延伸方向的，近似于道路的一个横断面。城市道路和高速公路的横断面方向比较平坦。因此，利用扫描线的斜率可以有效提取路面点云。

2. 提取方法

1）扫描线的提取

根据移动激光雷达测量系统的扫描原理可知激光雷达是一列一列、连续地进行扫描。由激光雷达视场角可知，虽然理论上正多面体棱镜是 360°旋转的，但只有视场角范围内有激光信号发射出去。因此，同一条扫描线只有视场角对应的范围内有点云数据；每条扫描线内相邻点的扫描角度差值是固定的，与扫描的角度分辨率相关。如图 5.35 所示，一条扫描线结束到另一条扫描线开始前有一个相对较大的时间差，并且这个时间差与激光雷达和该点对应的地物之间的距离、视场角、扫描角度分辨率、激光脉冲发射频率等有关。

由于成果点云数据中每个点云都配有一个 GPS 时间，GPS 时间精度可达到纳秒级。经过手动提取多条完整的扫描线进行分析，可验证时间变化的规律。

利用相邻点的 GPS 时间差值作为提取扫描线的方法，计算公式为

$$GPST_{p_{i+1}} - GPST_{p_i} > \Delta T \tag{5.6}$$

式中，$GPST_{p_i}$ 表示 p_i 点的瞬时GPS时间，ΔT 表示一条扫描线的最后一点与下一条扫描线的第一个点的GPS时间差。

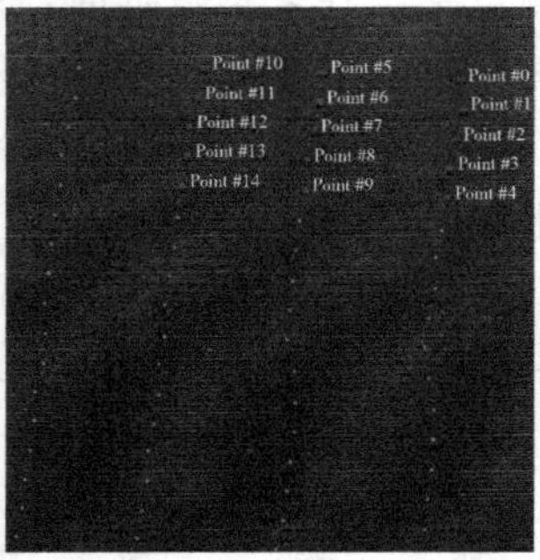

列号	点号	X	Y	Z	GPSTime	GPSTime差值
1	0	20952911.644691	4395375.544182	6369478.949295	30946042801502	
1	1	20952911.635008	4395375.541672	6369478.947678	30946042806502	5000
1	2	20952911.637818	4395375.542366	6369478.939812	30946042811502	5000
1	3	20952911.640735	4395375.543083	6369478.932159	30946042816602	5100
1	4	20952911.638536	4395375.542496	6369478.926811	30946042821602	5000
1	5-450					平均5047
1	451	20952911.641434	4395375.488931	6369476.255722	30946045067708	平均5047
1	452	20952911.639553	4395375.488159	6369476.245123	30946045072808	5100
1	453	20952911.640237	4395375.488106	6369476.236856	30946045077808	5000
1	454	20952911.636042	4395375.486694	6369476.224485	30946045082808	5000
1	455	20952911.636660	4395375.486616	6369476.215958	30946045087808	5000
2	456	20952911.646059	4395375.516083	6369478.951149	30946051137922	6050114
2	457	20952911.644913	4395375.515762	6369478.945259	30946051143022	5100
2	458	20952911.646503	4395375.516144	6369478.938255	30946051148022	5000
2	459	20952911.650648	4395375.517174	6369478.929749	30946051153022	5000
2	460	20952911.646511	4395375.516090	6369478.925438	30946051158022	5000
2	460-907					平均5014
2	908	20952911.635159	4395375.462058	6369476.250820	30946053399228	平均5014
2	909	20952911.637508	4395375.462468	6369476.243954	30946053404228	5000
2	910	20952911.636005	4395375.461800	6369476.233675	30946053409328	5100
2	911	20952911.634936	4395375.461261	6369476.224067	30946053414328	5000
2	912	20952911.603400	4395375.452204	6369476.187808	30946053419328	5000
3	913	20952911.648628	4395375.492226	6369478.951607	30946059474442	6055114
3	914	20952911.650531	4395375.492683	6369478.944138	30946059479442	5000
3	915	20952911.657101	4395375.494339	6369478.934494	30946059484542	5100
3	916	20952911.653878	4395375.493484	6369478.929848	30946059489542	5000
3	917	20952911.655401	4395375.493851	6369478.922638	30946059494542	5000

图 5.35　扫描线采集时间分析

ΔT 受视场角、扫描角分辨率、激光脉冲发射频率等影响，ΔT 的推算公式为

$$\Delta T = \frac{360° - FOV}{PRR_{有效}\ \Delta\theta} \tag{5.7}$$

式中，视场角 FOV 为 100°，激光脉冲发射有效频率 $PRR_{有效}$ 为 83 kHz，数据采集时设置 f_{scan} 为 120 Hz，则可得扫描角分辨率 $\Delta\theta$ 为 0.57°，这里取 ΔT 的近似值为 5 490 000 ns。

由此，可将每条扫描线提取出来，提取出的扫描线如图 5.36(彩图附后)所示。对扫描线上的各点按照采集时间进行顺序或倒序排列，原则是将距车载平台近的排在前面，作为新的扫描线进行处理。

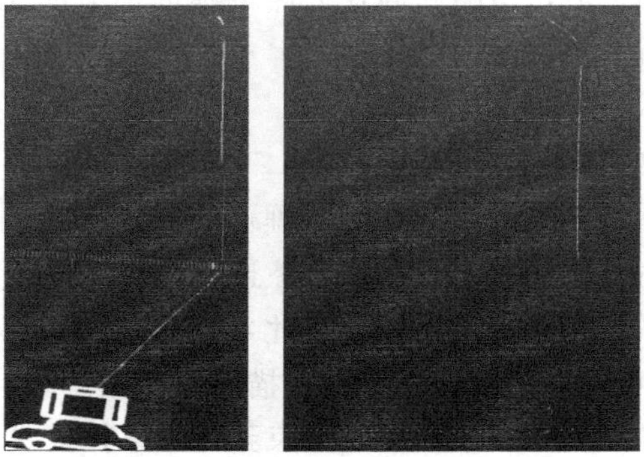

图 5.36　扫描线提取

2)路面高程

根据移动激光测量系统的结构和参数特征，可知系统水平行驶时激光发射中心位置与正下方路面位置的距离是固定的，称为激光雷达中心位置高度 H_s。它等于车顶激光雷达安装位置的高度加上车载激光雷达激光发射中心位置到激光雷达底端的高度。车顶激光雷达安装位置的高度可以测量得知，而车载激光雷达激

光发射中心位置到激光雷达底端的高度可由激光雷达参数指标得知。

如图5.37所示，用H表示每列车载点云数据中路面点云与车载激光雷达中心位置的铅垂距离，称为路面高程改正数。当车载平台处于水平时，$H=H_s$；当车载平台所处路段有一定坡度时，路面高程改正数计算公式为

$$H=H_s\cdot\cos(Pitch) \tag{5.8}$$

式中，H_s为车载平台水平时，车载激光雷达激光发射中心到正下方路面的距离；$Pitch$为激光雷达的俯仰角，由惯性导航系统测得。

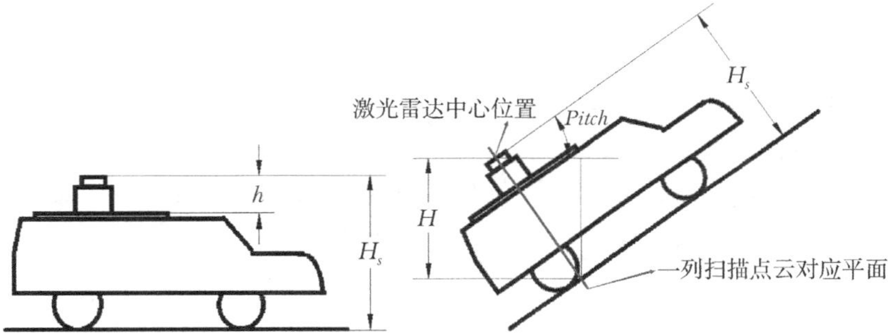

图5.37　路面高程改正数分析

地物点云中每个点都配对有车载激光雷达发射中心位置坐标，用中心位置的高程减去路面高程改正数即可得到该时刻路面点的高程，同样可得到当前时刻的路面点坐标，称为路面轨迹点。

3）各点与路面轨迹点的斜率

移动激光雷达测量系统成果点云中每条扫描线描述的都近似是一个公路的横断面和横断面上的周边附属设施。由于公路的横断面近似水平，可利用横断面上路面点与已知路面轨迹点的斜率来推算该点是否是路面点，如图5.38(附图附后)所示。

图5.38　扫描线上路面点云分析

各点与路面轨迹点的斜率计算公式为

$$k_{i\text{-base}}=\frac{Z_i-Z_{\text{base}}}{\sqrt{(X_i-X_{\text{base}})^2+(Y_i-Y_{\text{base}})^2}} \tag{5.9}$$

式中，(X_i, Y_i, Z_i)表示需要判断的点坐标，$(X_{\text{base}}, Y_{\text{base}}, Z_{\text{base}})$表示对应时刻的路面轨迹点坐标。

手动提取出一列点云的路面点，计算与其对应时刻路面轨迹点的斜率，分析斜率变化，结果如图 5.39 所示。由图 5.39 可知，扫描线上的路面点与路面轨迹点之间的斜率在一定阈值范围内，利用这个条件可以有效提取路面点云，并且减小路面上行车、行人等障碍物的影响，尤其是可以准确确定每列点云起始点是否是地面点，对后续处理有重要意义。但是仅仅使用这种判断方法无法准确区分其他地物的底部点云与地面点，并且对于距离车载平台较远的路面点不易识别。

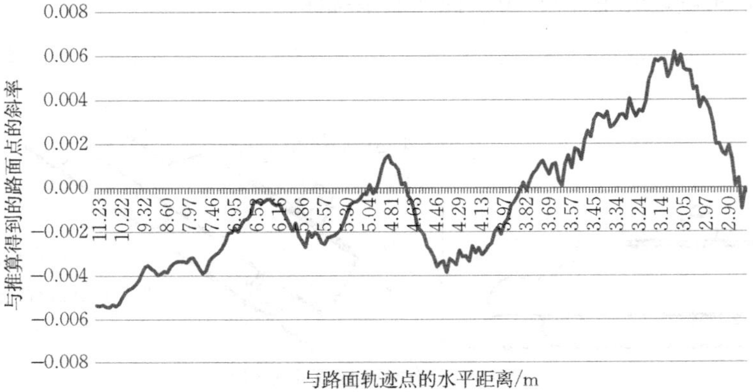

图 5.39　各路面点与路面轨迹点的斜率分析

4）相邻点斜率

由于各扫描点与路面轨迹点的距离远近不同，利用各扫描点相对于路面轨迹点的斜率无法准确地提取路面与其他地物的分界点，因此利用同一条扫描线内相邻点之间的斜率可以明显判断出扫描点是否在水平面内。

相邻点斜率的计算公式为

$$k_{i\text{-}(i-1)}=\frac{Z_i-Z_{i-1}}{\sqrt{(X_i-X_{i-1})^2+(Y_i-Y_{i-1})^2}} \tag{5.10}$$

式中，(X_i, Y_i, Z_i) 表示扫描线上的点坐标，$k_{i\text{-}(i-1)}$ 为第 i 点相对于第 $i-1$ 点的斜率。

5）相邻点斜率差

按照顺序遍历扫描线上各点，通过计算各点与路面轨迹点的斜率提取出扫描线上的路面起始点。

继续遍历扫描线上的点云，计算相邻点的斜率并分析斜率变化，如图 5.40 所示，斜率差能明显反映路面点云的变化。

设要判断的点位为第 i 点，第 $i-1$ 点和第 $i-2$ 点已判断为地面点，第 i 点的斜率变化为 Δk_i，计算公式为

$$\Delta k_i=\left|k_{i\text{-}(i-1)}-k_{(i-1)\text{-}(i-2)}\right| \tag{5.11}$$

若 Δk_i 超过设定阈值，即当斜率发生显著变化的时候，点属性从路面变换到其

他地物表面。

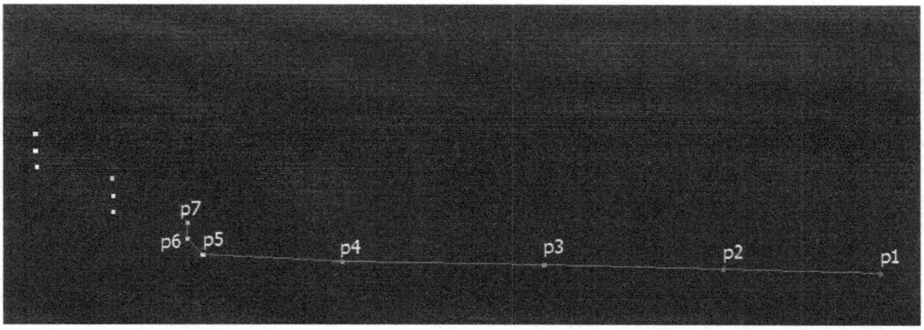

点号	X	Y	Z	相邻点斜率	相邻点斜率差	点类型
1	20952892.271060	4395370.886253	6369475.724190			地面
2	20952891.693719	4395370.870041	6369475.715759	-0.014596500		地面
3	20952891.043550	4395370.857933	6369475.709091	-0.010254163	0.004342337	地面
4	20952890.308229	4395370.845695	6369475.702225	-0.009336738	0.000917425	地面
5	20952889.804875	4395370.818619	6369475.688911	-0.026410989	0.017074251	地面
6	20952889.746025	4395370.765152	6369475.664223	-0.310505564	0.284094575	其他
7	20952889.747235	4395370.707176	6369475.637543	-0.460091847	0.149586283	其他

图 5.40　扫描线上的路面点云相邻点斜率分析

利用相邻点斜率差能有效识别路面与其他地物的点云边界，尤其是针对距离车载平台较远的点云。能有效解决道路横截面呈现一定坡度的现象，但是对于路面出现的裂缝、破坏，以及路面上的石头、小凸起等不易识别。

6)间隔点斜率和斜率差

如图 5.41(彩图附后)所示，针对路面上出现的裂缝、破坏，以及路面上的石头、小凸起等不易识别的问题，采用取间隔点斜率和斜率差的方法能有效进行检测，间隔点斜率计算公式为

$$\Delta k_{(i+n)} = \left| k_{(i+n)\text{-}i} - k_{i\text{-}(i-1)} \right| \tag{5.12}$$

式中，第 i 点和 $i-1$ 点已判断为地面点，第 $i+n$ 点是需要判断的点，第 i 点和第$i+n$ 点之间的其他点被判断为非地面点。

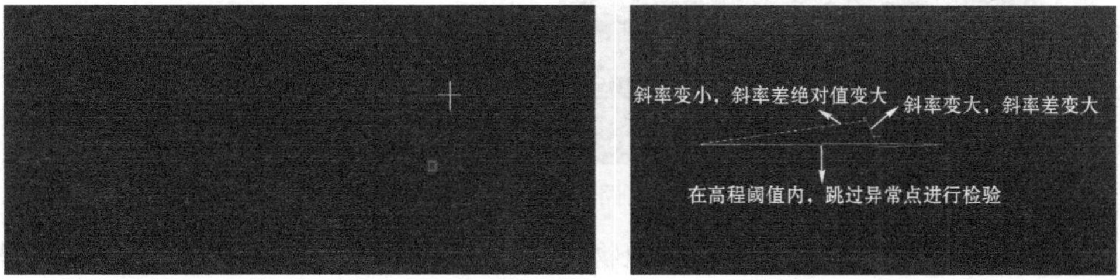

图 5.41　扫描线上路面点云间隔点斜率分析

本方法顾及了路面上的破坏、凸起等造成的干扰，并且不受分布在路面两边的障碍物的影响，能较完整地提取出路面点云。

5.3.7　道路标线提取

1. 提取原理

道路标线是重要的交通标志，具有规定道路使用对象不同的交通走向、分离开不同的使用对象、向道路使用者提供行驶参照信息等重要功能。道路标线是通过在道路路面上覆盖特殊涂料制成的，而相对于路面其他地方的高反光性就是道路标线涂料的一个重要特性。

车载激光雷达发出激光信号落在地物表面时，有一部分能量被吸收，而另一部分能量反射后由激光雷达接收并将反射回的激光信号强弱程度与发射出的激光信号强度做比较，转换为数字信号来表示激光脚点的反射率。

移动激光雷达测量系统成果点云中的沥青混凝土路面或水泥混凝土路面与道路标线的反射率差别较大，沥青混凝土路面或水泥混凝土路面的反射率较低，道路标线的反射率较高。凭借不同地物的反射率可以很方便地从已经提取出来的地面点云中提取道路标线。但是提取出来的道路标线点云会带有很多噪声点，还需要进一步精细提取。

2. 提取方法

1）*基于反射率的地面点云滤波*

移动激光雷达测量系统成果点云中的扫描线上的每个点都对应有反射率，反映该点对应的地物的反射率，如图 5.42 所示，高反射率物体就对应一个较大值。根据这一规律可以有效提取道路标线点云。

道路标线	Point#1	20954838.696139	4397404.791094	6369473.651522	0.4790
道路标线	Point#2	20954837.593189	4397404.029849	6369473.671992	0.4360
道路标线	Point#3	20954834.026483	4397401.123681	6369473.743515	0.4965
道路标线	Point#4	20954832.961966	4397400.269697	6369473.766392	0.4985
道路标线	Point#5	20954829.560572	4397397.380211	6369473.838580	0.5860
道路标线	Point#6	20954828.195273	4397396.283199	6369473.865643	0.5275
道路标线	Point#7	20954825.058455	4397393.715536	6369473.932019	0.5355
道路标线	Point#8	20954823.886885	4397392.791209	6369473.956210	0.4740
道路标线	Point#9	20954820.425347	4397389.781235	6369474.037441	0.5530
道路标线	Point#10	20954819.338150	4397388.961765	6369474.064595	0.4860
道路标线	Point#11	20954815.832604	4397385.999599	6369474.150640	0.6230
道路标线	Point#12	20954814.797933	4397385.137569	6369474.173045	0.5780
道路标线	Point#13	20954821.446929	4397396.826251	6369473.871295	0.6610
道路标线	Point#14	20954812.323200	4397389.595490	6369474.073269	0.5280
道路标线	Point#15	20954804.953017	4397383.645859	6369474.242352	0.4645
无标线路面		20954821.752278	4397391.355355	6369473.992929	0.3300
无标线路面		20954821.777080	4397391.325368	6369473.994633	0.2490
无标线路面		20954821.799928	4397391.297678	6369473.995184	0.5070
无标线路面		20954821.822361	4397391.270470	6369473.995391	0.3470
无标线路面		20954821.849400	4397391.237877	6369473.998856	0.1645
无标线路面		20954821.871075	4397391.211616	6369473.999537	0.2440
无标线路面		20954821.888983	4397391.189734	6369473.997228	0.3445
无标线路面		20954821.915788	4397391.157458	6369474.001245	0.2045
无标线路面		20954821.937435	4397391.131249	6369474.002275	0.1980
无标线路面		20954821.958710	4397391.105460	6369474.002803	0.2000
无标线路面		20954821.981863	4397391.077493	6369474.004962	0.2230
无标线路面		20954821.998279	4397391.057427	6369474.002802	0.3140
无标线路面		20954822.016211	4397391.035584	6369474.001622	0.4545
无标线路面		20954822.039320	4397391.007697	6369474.004219	0.3695
无标线路面		20954822.060159	4397390.982480	6369474.005521	0.3595
无标线路面		20954822.078028	4397390.960740	6369474.004828	0.4370
无标线路面		20954822.098887	4397390.935502	6369474.006202	0.3175
无标线路面		20954822.120537	4397390.909373	6369474.008680	0.2495
无标线路面		20954822.139550	4397390.886322	6369474.009223	0.1190

图 5.42　道路标线点云反射率分析

地物的反射率与激光的波长、地物的材料、地物和激光发射中心的距离等因素有关。道路标线一般采用黄色、白色或蓝色，虽然都具有较高的反射率，但是由于颜色不同、磨损不同，因而反射率不同。而路面上其他位置的一些点，有时也有较高的反射率。这就导致使用反射率阈值从地面点云提取的点云中包含一些噪声点，如图 5.43 所示。

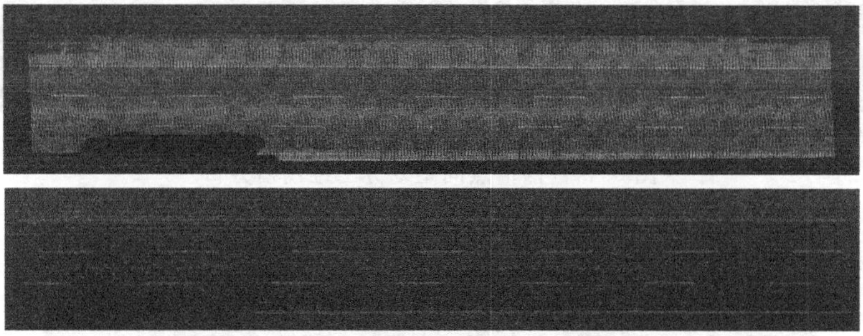

图 5.43　基于反射率提取的道路标线成果

反射率阈值可以通过手动提取道路标线样本，分析样本反射率设定。一般来说，移动激光雷达测量系统搭载的激光雷达不同会导致阈值设定和噪声点数量不同，本实验系统成果点云数据设定反射率阈值为 0.45～1.0 时，能有效提取出道路标线点云，但是带有一定的噪声点。采用 FARO 120 激光雷达做车载激光雷达的移动测量系统成果数据需要设定反射率阈值为 0.9～1.0，才能有效提取出道路标线点云。

2）去除离群点

利用反射率阈值提取出来的道路标线点云带有不少的噪声点，这些噪声点有一部分是路面材料中的高反射部分，分布相对随机，有一部分是路面长期被摩擦变平滑导致的，分布相对均匀。但是这些噪声点相对道路标线点云都比较分散、数量较少，可以采用去除离群点的方法。

离群点表示距离点云主体超过一定距离的小片点云或离散点。离群点一般是成簇出现，单个离群点即为孤点。去除离群点的一般方法有人工去除、去除邻近点距离超出设定阈值的点、基于平均距离自动去除等方法。

经过反射率阈值提取后的点云数据中，由于虚线样式的道路标线不连续、多条道路标线并行且分离较远，所以有多个主体数据，因此不能使用传统的离群点去除方法。针对本实验系统数据，对每条扫描线使用基于扫描线点间距的三维网格划分方法，可以有效去除离群点。

根据移动激光雷达测量系统的原理和参数指标可知，当车载激光雷达测量系统确定后，同一条扫描线上的相邻点间距与车载平台行驶速度、激光脚点和激光雷达激光发射中心的距离有关。但是由于扫描线上的路面部分近似是道路的横截面，长度范围不大，因此认为扫描线上路面部分的点间距近似相同。根据道路标线上扫描点的间距确定三维网格尺寸，删除网格中点个数少于阈值的网格。

如图 5.44（彩图附后）所示，对于本实验系统成果点云数据，使用四倍点间距作为网格单元尺寸划分三维网格，设置点数量阈值为 2，即网格中点个数不大于 2 的去除，这样能有效去除离群点。去除离群点前后的道路标线点云如图 5.45 所示。

（a）道路标线的每个网格有3～4个点　　（b）噪声点的每个网格有1个点

图 5.44　四倍点间距划分三维网格分析

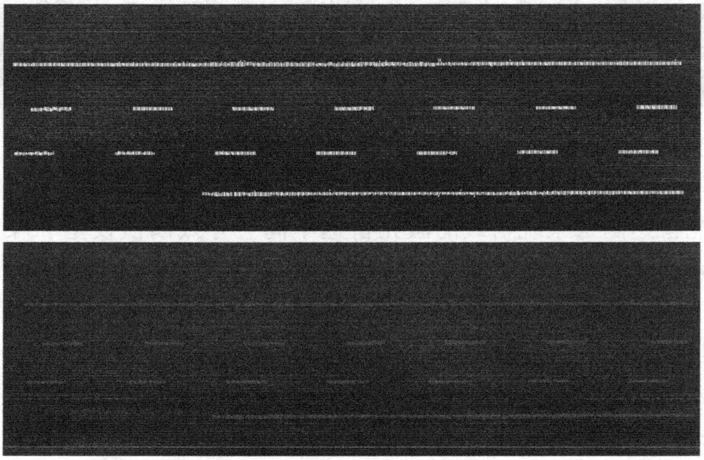

图 5.45　去除离群点前后的道路标线点云

3）只提取路面上的分道线（单实线、双实线、虚线等）的方法

查找扫描线上直径为道路标线宽度的圆范围内的高反射率点，如果高反射率点数量占比达 80%，认为该点是扫描线上道路标线中点，其直径为道路标线宽度圆范围内的点都是道路标线点，据此提取道路分道线。

3. 总结

在提取出的路面点云的基础上提取道路标线可以有效地减少路面上行车、道路标志牌等附属设施的干扰。通过手动提取部分道路标线做样本，分析道路标志的反射率，确定利用反射率进行道路标线自动提取的反射率阈值范围。为剔除噪声点，利用扫描线上噪声点稀少、分散的特点，对每条扫描线采用基于扫描线点间距划分三维网格的方法去除噪声点，能够有效提取路面上的道路标线点云。

5.3.8　护栏提取

1. 提取原理

高速公路护栏是一种给道路使用者提供道路走向和边界信息，并且在事故发生时，能迫使路上车辆改变走向，防止冲出路外，从而有效减小事故损失和保证车辆及乘客安全的道路附属设施，其结构由波纹状钢护栏板和支撑主柱构成，连续分布在道路两侧。

如图 5.46 所示，结合护栏的几何特征、护栏上点云的分布特征，通过手动提取并分析高速公路车载成果点云中的护栏，可以得出以下提取依据：①护栏与路面连接，高度相对固定，厚度相对固定；②护栏点云走向整体上与路面垂直，同一条扫描线上的护栏点云有一定起伏，但是起伏范围基本固定；③护栏后的地物有一部分被遮挡，护栏后的点云相对稀疏；④扫描线上护栏点云序号不是连续的，中间有一部分点云从护栏间隙穿过。

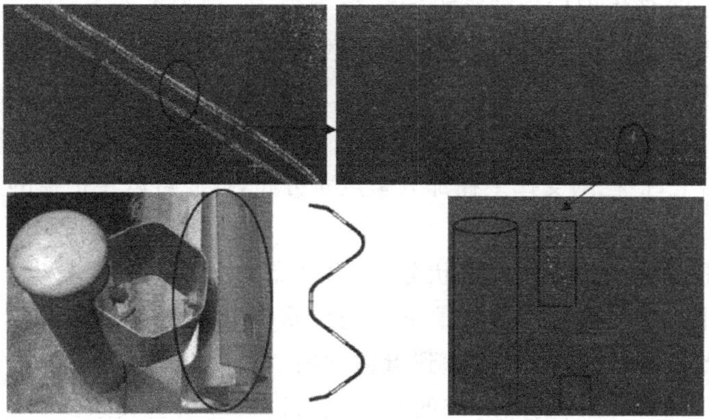

图5.46　高速公路护栏点云提取依据分析

2. 提取方法

1）三维分割

根据以上特征，遍历扫描线上的点，计算相邻点斜率和斜率差。当斜率差发生显著变化时，认为该点是路面边界点，并且利用斜率、间隔点斜率和斜率差验证。确认路面边界点后，继续遍历扫描线上的点，统计边界点 XY 平面距离 1 m 范围内的所有点，如果这部分点的最大 Z 坐标与路面边界点相差在 0～1 m，则将这部分点全部分割出来，作为初步提取结果。通过分析发现，如果这部分点的最大 Z 坐标与路面边界点相差超过 1 m，可能是路灯、电线杆或标志牌等，该值的具体设定与护栏高度有关。

如图5.47所示，初步提取出来的点云中，包含护栏点云和噪声点，噪声点主要是护栏后的地面、护栏附近的植被等，分布相对散乱、稀疏。

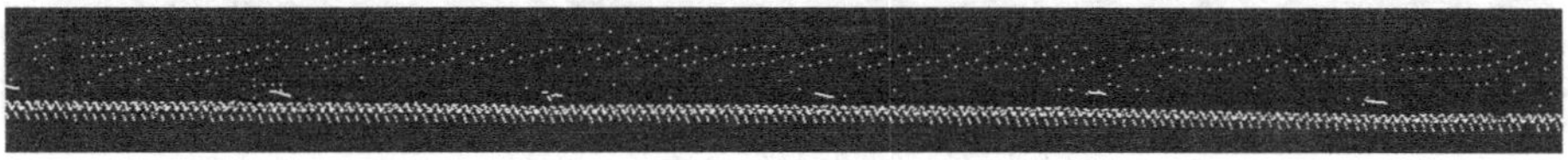

图5.47　护栏点云初步提取结果

2）利用投影精确提取

将初步提取出来的点云垂直投影，以路面边界点高 L 的水平面为基准，将平面上方的点投影到平面上，波纹状护栏板呈带状分布，据此可以将护栏的一部分点云提取出来。L 的大小与波纹状护栏板离地面高度有关，本实验中将 L 设定为 0.5 m。

投影到平面后点云整体呈线状分布，沿分布方向对每个点重新排序，依据护栏的波纹状护栏板几何参数设置半径阈值 R。遍历重新排序后的每一个点，统计半径阈值范围内的点数，当点数最多并达到点数阈值 N 时，认为当前点为波纹状护栏板中心位置点，并将阈值范围内的点对应的三维点通过对应索引关系提取出来。

通过手动提取结果并进行分析发现，不同类型和尺寸的护栏设定的护栏参数不同。可结合波纹状护栏板波深设定半径阈值 R，根据波纹状护栏板宽度和点间距设定点数阈值 N，本实验系统成果点云数据设定 $R=0.085$ m、$N=6$ 能有效提取波纹状护栏板点云。

如图 5.48(彩图附后)所示，将初步提取出来的每一列点云垂直投影到路面边界点所在水平面上，护栏的支撑主柱部分呈点状分布，据此可以将护栏的另一部分点云提取出来。

投影到平面后点云整体呈点状分布，沿分布方向对每个点重新排序，依据护栏支撑主柱的几何参数设置半径阈值 R_1，遍历重新排序后的每一个点，统计半径阈值范围内的点数，当点数最多并达到点数阈值 N_1 时，认为当前点为支撑主柱中心位置点，并将阈值范围内的点对应的三维点通过对应索引关系提取出来。

根据手动提取分析及支撑主柱半径设定半径阈值 R_1，根据立柱长度、波形护栏板宽度和点间距设定点数阈值 N_1，本实验系统成果点云数据设定 $R_1=0.02$ m、$N_1=8$ 能有效提取支撑主柱点云。

(a) 扫描线上的护栏点云　(b) 波纹状护栏板投影　(c) 支撑主柱投影

(d) 波纹状护栏板点云投影后俯视图

(e) 支撑主柱投影后俯视图

图 5.48　一列护栏点云的垂直投影分析

3. **总结**

结合路面与护栏的空间分布特征，基于路面边界点云，对护栏点云做初步提取，有效减少了计算量，缩小了提取范围。基于投影点密度和分布形状的精确提取，能有效减少噪声点的干扰，提取出投影点云的主要部分。

5.3.9　路灯提取

我国幅员辽阔，高速公路纵横交错，截至 2021 年 4 月全国高速公路里程约 16 万公里，但只有小范围特殊路段（如桥面、隧道）安装了路灯，这是因为无论是从造价方面还是从安全方面考虑，安装路灯必要性不高。如果高速公路都安装路灯，每年的用电量和维护将耗费不小。从安全方面来看，高速公路路灯的不连续、不均匀明亮会导致车辆司机眼睛疲劳、炫目甚至出现错觉，造成安全隐患。因此提取路灯信息对于高速公路的规划建设、养护改善、附属设施普查等有重要意义。

1. **提取原理**

如图 5.49 所示，路灯的几何特征和点云分布特征明显，路灯点云提取依据如下：①路灯一般都有统一的规格，空间形态基本相同，下部的空间走向基本垂直，顶部的灯头部分呈面状或点状；②路灯位置基本在道路两侧不远处，下部在道路边界外，顶部在道路上方；③路灯之间相互独立，路灯与其他地物密度区分明显。

图 5.49　扫描线上的路灯点云分析

2. **提取方法**

1）三维分割

对去除路面、护栏后的点云，遍历扫描线上的点，统计边界点 XY 平面距离 1 m 范围内的所有点，如果这部分点的 Z 坐标与路面边界点相差超过 1 m，则分割出来。通过分析发现这部分点包含路灯杆、电线杆或标志牌杆体等。将扫描线上坐标介于路面轨迹点坐标和路面边界点坐标之间的路面上方一定高度上的点分割出来，这部分点一般包含路灯灯头部分、电力线、标志牌等。将分割出的两部分点云合并作为初步分割结果，如图 5.50 所示。从高速公路移动激光雷达测量系统成果点云去除路面、护栏后，剩余的点云中地物失去联系依据，相互独立。

2）划分超级体素

对初步分割出来的点云根据空间三维坐标划分成边长为 S 的均匀体素，遍历体素内包含的所有点，寻找每个体素内距离体素中心最近的点作为初始聚类中心，执行下列步骤进行聚类，求出最终的聚类中心作为超级体素中心。针对高速公路点云数据处理，取 S 为 0.3～0.5 m 时体素能有效保留点云形状特征。

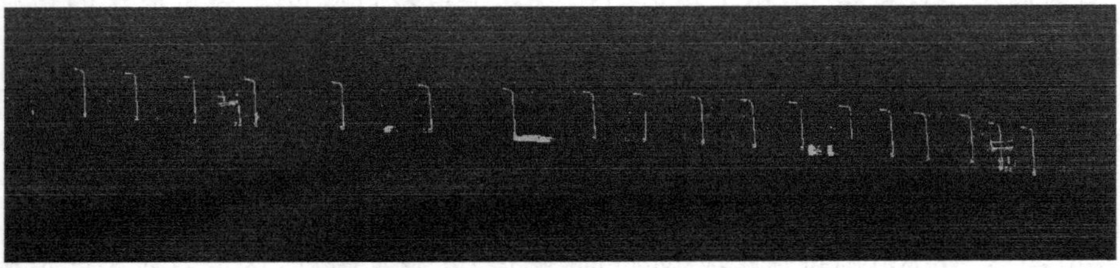

图 5.50 路灯点云初步分割结果

算法流程如下：①选取距离体素中心最近的点作为初始聚类中心；②依次计算聚类中心以 S 为半径的球内各点到各聚类中心的距离，当某点的距离值达到最小时，将该点归到聚类中心所对应的类；③根据聚类结果，重新计算各聚类中心，方法是取各聚类中点坐标值的算术平均数；④迭代②、③步骤直到新的聚类中心与原来的聚类中心相等或小于指定阈值。

用 C_k 表示第 k 个体素，x_k、y_k、z_k 分别为第 k 个体素的三维坐标值，通过以下算法计算超级体素的中心，其算法如下：

```
对于每个点 i，设置其体素标识为 l(i) = -1，点到体素中心的距离 d(i) = ∞
repeat
  for 以聚类中心 C_k 为球心，对半径为 S 的球内的所有点 i，do
    for 每个超级体素 k，计算点 i 到 C_k 的距离 d_ik
      if d_ik < d(i) then
        set d(i) = d_ik
        set l(i) = k
      end if
    end for
  end for
  for 每个超级体素 k，do
    把 l(i) = k 的所有点的算术平均值坐标作为超级体素 k 的新聚类中心 C_k，并计算新体素
    中心与上一次的计算结果的位置偏移 p
  end for
until p ≤ threshold
```

3）计算超级体素特征

（1）X、Y、Z 轴向长度。对于每个体素，统计体素中心以 S 为半径的球内的点，计算出轴向包围盒边长即 X、Y、Z 轴向占据的最小长度。

（2）形状。计算体素的线状、面状、球状维数特征，确定其体素类别。计算每个

体素包含点云的协方差矩阵 $\boldsymbol{C}$，计算公式为

$$\left.\begin{aligned}\boldsymbol{C}&=\frac{1}{K}\sum_{i=1}^{K}(\boldsymbol{p}_i-\overline{\boldsymbol{p}})(\boldsymbol{p}_i-\overline{\boldsymbol{p}})^{\mathrm{T}}\\ \boldsymbol{C}\cdot\boldsymbol{v}_j&=\lambda_j\boldsymbol{v}_j\end{aligned}\right\}\tag{5.13}$$

式中，K 为体素包含的点数目；$\overline{\boldsymbol{p}}=\frac{1}{K}\sum_{i=1}^{K}\boldsymbol{p}_i$，表示体素包含点的三维质心；$\lambda_j$ 表示协方差矩阵的第 j 个特征值，$\boldsymbol{v}_j$ 表示第 j 个特征值对应的特征向量；$j=1,2,3$。

假设 $\lambda_1\geqslant\lambda_2\geqslant\lambda_3$，则线状特征、面状特征和球状特征的计算公式为

$$\left.\begin{aligned}\alpha_{1\mathrm{D}}&=\frac{\sqrt{\lambda_1}-\sqrt{\lambda_2}}{\sqrt{\lambda_1}}\\ \alpha_{2\mathrm{D}}&=\frac{\sqrt{\lambda_2}-\sqrt{\lambda_3}}{\sqrt{\lambda_1}}\\ \alpha_{3\mathrm{D}}&=\frac{\sqrt{\lambda_3}}{\sqrt{\lambda_1}}\end{aligned}\right\}\tag{5.14}$$

$$V_L=\operatorname{argmax}(\alpha_{d\mathrm{D}})\quad(d=1,2,3)\tag{5.15}$$

式中，$\operatorname{argmax}(\alpha_{d\mathrm{D}})$ 表示 $\alpha_{d\mathrm{D}}$ 取得最大值，$d=1$ 表示线状特征，$d=2$ 表示面状特征，$d=3$ 表示球状特征。

(3)法向量。计算协方差矩阵的特征值，取最小值所对应的特征向量为法向量。

(4)主方向。计算协方差矩阵的特征值，取最大值所对应的特征向量为主方向向量。

4)组合为目标并提取

初步分割出来的点云主要包含路灯、电线杆、标志牌、电力线，以及一些植被、树木点，其中路灯点云分布呈杆状和水平面状相邻的形态，据此可以识别路灯点云。

遍历所有体素，基于体素轴向包围盒在空间上相交、相邻或间隔较小则合并成目标的原则，可以有效地将连续的地物点云分割成一个整体，分析统计构成目标的体素特征，通过体素类别、主方向和法向量特征提取同时包含竖直线状体素和水平面状体素的整体，标记为路灯点云提取成果。

3. 总结

结合路面与路灯的空间分布特征，基于路面边界点云，对路灯点云做初步提取，有效减少了计算量，缩小了提取范围。通过聚类算法划分超级体素，将轴向相邻的体素合并成目标，依据目标中包含的体素特征识别目标类别，从而精确提取路灯点云。

第6章 面向道路检测的场景特征感知与信息计算分析方法

空间信息基础设施是城市智慧化的重要前提，其中道路是一个城市的核心动脉，也是智慧城市的重要组成部分。高效、准确和周期性地对道路信息进行获取和检查是交通安全和城市经济社会发展的重要保障。基于车载激光雷达测量系统获取的点云数据进行道路信息提取是一个研究热点。虽然车载扫描技术在扫描精度和效率上不断发展进步，但是由于车载点云无法直接获取场景的语义、几何等信息，无法直接进行有效的数字化管理和应用。点云数据密度不均匀、存在数据缺失和场景复杂等特点，给道路信息的准确提取带来较大的难度。同时，海量车载点云数据，对计算机的内存处理和可视化都带来了一定的挑战。通过车载点云数据获取的道路信息，以其精确和高度数字化的特征成为这些高新技术的基石。因此，基于车载点云数据的道路信息提取的研究对国家道路网的信息化建设具有重要的意义，在路况调查、地图街道景观、自动驾驶、定位感知、路径测量和国道设施管理等方面具有重要作用。

§6.1 主要研究内容

在道路场景中高速公路占据了重要的部分，而由于政策限制，利用传统方式对高速公路进行数据采集较为困难且任务量大。因此，本书所提出的方法主要针对高速公路场景进行设计，提取的目标为地面、护栏、路灯和标线等高速公路主要附属物。根据国内外研究现状存在的不足，本书研究的主要目的在于提高车载点云信息提取的效率与精确度。为了将提取结果更好地应用于路况检测、高精度地图和自动驾驶等实际生产，在将目标分类后更着重于目标的参数与度量信息的计算。同时开发出一种海量点云数据算法处理与可视化同步进行的平台，在满足交通部门实际生产要求的同时，又具有一定的创新意义和领先水平。具体的研究内容如下。

(1)基于二进制编码八叉树的高效体素化点云分割方法。该方法将非结构化的点云数据使用八叉树进行高效组织。提出一种新颖的高效八叉树二进制编码方式对点云进行体素化，可以根据某个体素的编码快速查找其26邻接体素。同时，该方法提供了一种点云分割的框架，通过不同方法选取种子体素和区域生长条件对不同的地物进行分割。该点云分割方法高效精确，是后续车载点云信息提取的基础。

(2)基于体素化点云分割方法的道路点云信息提取。本书主要研究高速公路点云中的道路、护栏、路灯、标线等信息的提取。使用提出的分割框架设置相应的分割条件对道路点云进行提取,并对道路两边的杂乱点进行剔除;在剩余的点云数据中,对车辆、防撞护栏和水泥护栏进行识别;根据路灯的特征将提出的编码方式应用到四叉树编码中对路灯进行快速提取;将道路点云进行分块,使用一种局部自适应阈值的提取方法对道路标线进行识别。本书除了对点云进行识别外,对每种要素(如计算高度、宽度、长度和起始坐标等)提出相应的方法进行信息计算分析,实现道路要素的量化。

(3)海量车载点云算法处理与可视化同步进行方法。通过车载平台扫描的点云数据量往往达到了数十 GB 乃至 TB 级。现有的基于内外存调度的海量点云可视化方法,仅仅能对点云进行可视化,无法做到点云算法处理和可视化的同步进行。本书首先使用八叉树索引方法实现外存储器上的点云数据管理与快速调度,然后根据车载扫描线动态加载外存储器上的部分点云数据到内存并实时提取道路信息,实现海量车载点云数据算法处理以及可视化的同步进行。

本意的技术路线如图 6.1 所示。

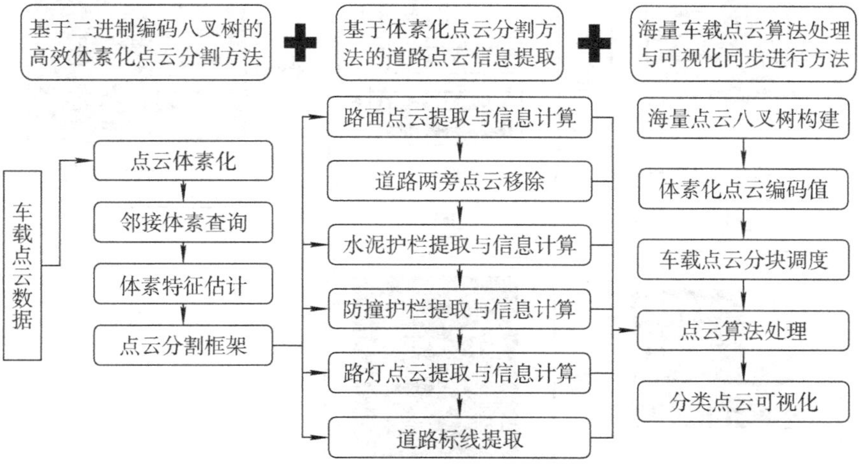

图 6.1　海量车载点云算法处理与可视化同步进行技术路线

§6.2　高效编码体素搜索的点云分割方法

为了提高本书算法的适用性,解决由结构化点云数据来自多个激光雷达时扫描线信息不统一的问题,着重对非结构化的高速公路点云数据进行信息提取。非结构化的车载激光点云通常数据量非常大,而且存在噪声、密度不均匀及杂乱无章的特点。传统的基于点的目标识别方法通常要计算每个点的特征(如法向量等),

因此需要对点的邻域点进行查询，这些查询在数据量巨大的情况下消耗巨大，而且容易受噪声和异常值的干扰。为了解决这种问题，通过构建八叉树体素的方法来组织点云数据，提出了一种高效编码体素（efficient encoding voxel segmentation，EEVS）搜索的点云分割框架，并使用体素的特征代替点的特征，无须进行每个点的查询，将大大提高计算效率。以建筑物平面分割为例，该框架对点云分割的流程如图 6.2 所示。

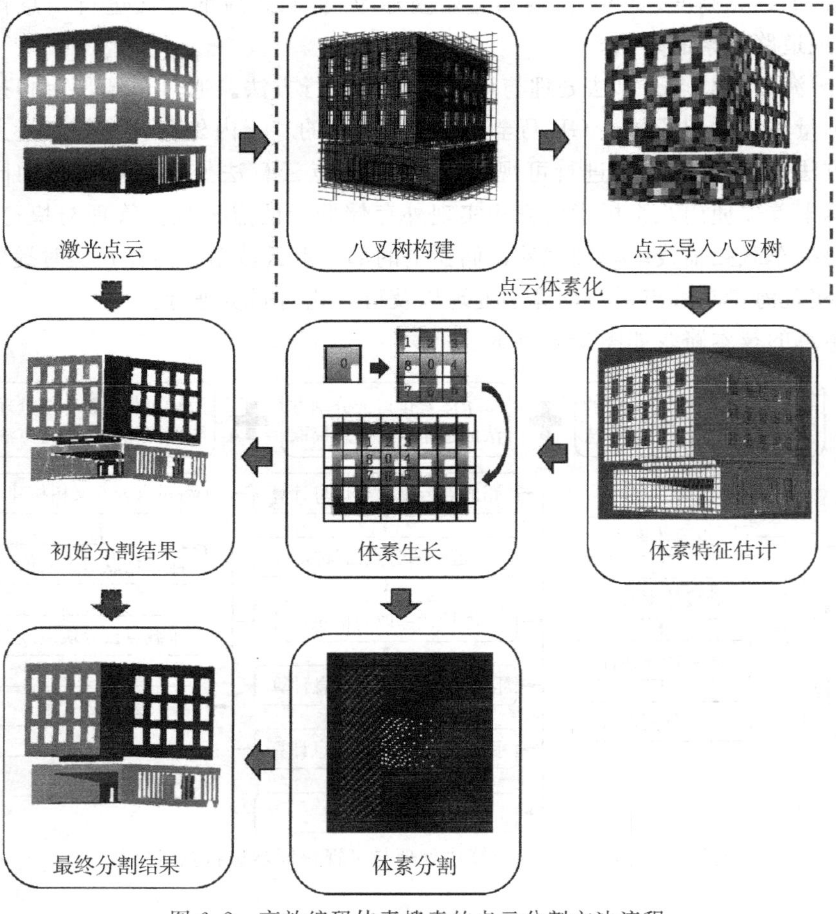

图 6.2　高效编码体素搜索的点云分割方法流程

6.2.1　车载点云体素化

1. 基于二进制编码八叉树的点云体素化

使用一些空间索引技术可以支持更快的搜索和数据访问。八叉树和 KD 树广泛应用于点云处理领域来组织无序点云。KD 树是一种二叉搜索树，对于区间搜索和相邻点搜索非常有用。八叉树是一种用于描述三维空间的树状数据结构。八叉树的每个节点代表一个立方体元素，每个节点有8个子节点。为了提高点云分割的效率和稳定性，本书用体素代替散乱点作为分割的主体对象，因此要使用八叉树来完成点云的体素化。而KD树不适用于对点云进行体素化。利用八叉树组织点云进行点云分割有以下优点。

(1)减少分割主体的数量。以体素代替单点作为分割的主体，每个体素内根据其空间划分可包含一块点云，因此其数量远远比点要少，从而提高点云分割的效率，尤其适用于通过车载激光雷达获取的场景巨大的点云数据。

(2)对散乱数据建立索引关系。相对于散乱的原始点云，使用八叉树对其进行划分后，体素之间可以建立相互关系，方便对某个体素的邻域进行查询，使散乱点云得到有效组织。

(3)体素的特征更为稳定。散乱点的点特征通常需要根据其邻域内的点进行计算，邻域的范围较难确定，且对每个点进行邻域搜索消耗巨大，容易受噪声点和密度分布不均匀的影响，造成点的特征计算不稳定。体素内通常包含一簇点云，该块点云可能是某物体的一部分，根据一块点云计算的体素特征相对于单点特征更为稳定。

本书采用区域生长算法将具有相邻关系和相似特征的体素进行合并，因此，高效地对邻接体素进行搜索是非常重要的。采用传统的八叉树进行邻接体素搜索时通常需要设置搜索半径，然后通过递归搜索来查找相应的体素，判断子父节点的关系，其搜索效率并不高；或是基于表格的存储与定位，需要占用大量内存，并不适合数据量大的点云进行邻接体素的搜索。本书提出了一种基于二进制编码八叉树的点云体素化算法，实现了对邻接体素的快速搜索。体素化方法如图6.3所示，具体的体素化与编码步骤如下。

(1)获取点云的包围盒及其边长L_B，并根据设定的八叉树叶子节点的大小d_I计算八叉树的构建层数$level$，计算公式为

$$level=\frac{1}{2}\log_2\frac{L_B}{d_I} \tag{6.1}$$

(2)进行节点划分。在每层的划分中每个父节点将被划分为8个子节点，并使用0或1沿X、Y、Z三个坐标轴方向分别进行编码。如图6.3(a)所示，将X、Y、Z轴的编码合并，得到8个子节点的初始编码。图6.3(b)所示是$level=1$时节点的编码值，然后将父节点的编码值添加到子节点的初始编码中完成最终的编码，图6.3(c)所示是$level=2$时部分体素的编码值。

(3)确定编码的方法后，节点的编码值和坐标值建立起关系。如图6.3(c)所示，已知八叉树叶子节点大小为1 m、划分层数$level=2$，某体素编码值为111011，坐标值获取的步骤如下：①取编码中与X轴相关的编码值即第1位1和第4位0，组成二进制编码10，十进制为2，则该体素X坐标为$2\times1=2$ m；②同样的方式得到$Y=3\times1=3$ m，$Z=3\times1=3$ m。

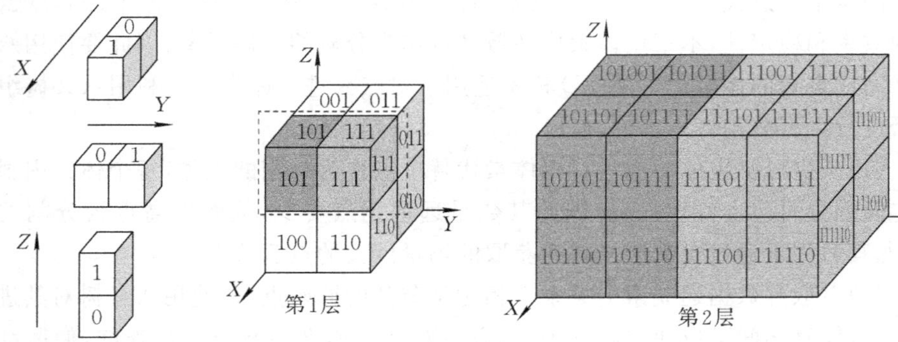

（a）提取X、Y、Z坐标　（b）坐标二进制编码　（c）对应位置合并编码

图 6.3　一种高效的二进制编码八叉树数据结构

反过来，当我们已知一个点 p 的坐标，可以根据八叉树的结构将其转化成二进制编码计算公式为

$$\left.\begin{aligned} X_p &= \text{binary}(\text{floor}((p_x - O_x)/d_l)) \\ Y_p &= \text{binary}(\text{floor}((p_y - O_y)/d_l)) \\ Z_p &= \text{binary}(\text{floor}((p_z - O_z)/d_l)) \end{aligned}\right\} \quad (6.2)$$

式中，binary( )为二进制表示符，floor( )为向下取整函数，X_p、Y_p 和 Z_p 分别为点 p 三个坐标轴的编码分量，O 为八叉树的原点。

将三个坐标轴编码分量 X_p、Y_p 和 Z_p 的每一位插入对应的位置合并成一个二进制编码值，即该点所在体素的编码值。将点云中的每个点根据这个方法计算编码值并放入对应的体素中，完成点云的体素化。在体素化过程中，只有当某个体素内含点时，才对其进行内存开辟操作，因此，这种体素化方式极大地节约了内存，不会受车载点云场景范围巨大的影响，避免了八叉树的创建对计算机内存空间的浪费。为了加快编码值位的提取速度，使用位操作指令并行位（parallel bits extract，PEXT）从体素编码中提取 X、Y、Z 三维空间坐标，使用并行位存放（parallel bits deposit，PDEP）计算点云的三个坐标值的二进制编码并插入到对应的位置上合并为一个编码。这种编码方式占用内存小、计算速度快，适用于大数据量点云的体素化，如图 6.3 所示。

2. 快速邻接体素搜索

初始获得的点云数据是无组织、杂乱无章的，本书采用 26 体素邻接拓扑结构进行体素的空间组织。在进行邻接体素查询时，首先根据位操作指令 PEXT 获取体素在三个坐标轴上的编码 X_{ref}、Y_{ref}、Z_{ref}，由于所划分的体素为大小相等的叶子节点，因此一个给定节点的位置编码在坐标轴上的分量与其邻接节点相差 1 或 0 个节点单元宽度，如图 6.4 所示。根据这个特点分别计算 26 邻接体素三个坐标轴的编码，则有

$$\left.\begin{aligned} X &= X_{\text{ref}} \pm 1(0) \\ Y &= Y_{\text{ref}} \pm 1(0) \\ Z &= Z_{\text{ref}} \pm 1(0) \end{aligned}\right\} \tag{6.3}$$

最后，根据三个坐标轴的编码值使用 PDEP 指令计算邻接体素的二进制编码，通过二进制编码快速找到对应的体素。这种位置编码将普通的遍历比较运算转换为二进制位运算，极大提高了搜索效率，是后续体素快速区域生长的基础。体素搜索结果如图 6.4(彩图附后)所示，红色的体素表示已知编码的体素，而黄色和蓝色的体素表示在所有邻接体素中具有点云的体素，最后显示了邻接体素中的点云。

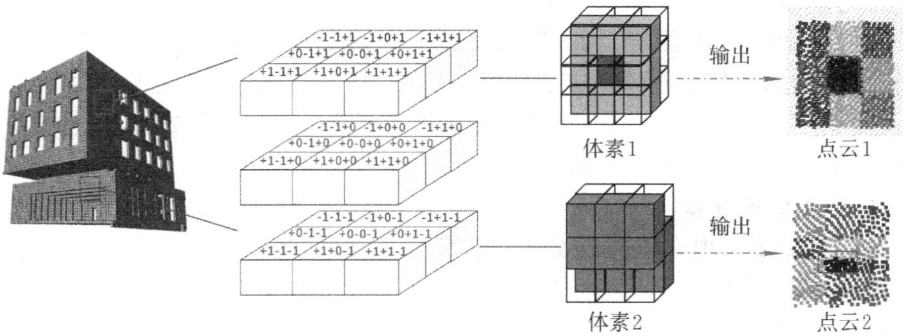

图 6.4 邻接体素搜索过程

6.2.2 体素特征估计

点云分类中的特征描述符提取包括获取每个点附近的几何信息和辐射信息的过程。有许多几何或辐射描述符可用于点云分类，包括线性、平面性、离散度、全方差、局部曲率等。在使用基于点的区域生长算法对目标进行分割时，通常需要以点的特征为生长的条件，设置一定的分割标准对点云进行分割。与之类似，在进行体素的区域生长算法中，同样需要以体素的特征为生长标准。在本书中，由于对点云进行了体素划分，因此主要以体素为特征计算对象，通过分析体素内的点云的特征得到体素的特征。体素的特征相对于散乱点的特征较为稳定，更能反映出该体素所属地物的类别。本书计算的体素特征主要有以下几类。

1. 体素的空间位置

在本书中，体素的空间位置用体素内所有点的坐标的平均值，即质心 $\bar{\boldsymbol{p}}$ 来表示，有

$$\bar{\boldsymbol{p}} = \frac{1}{n}\sum_{i=1}^{n}\boldsymbol{p}_i \tag{6.4}$$

2. 体素的法向量

体素的法向量通过主成分分析法计算得到。首先通过体素内的点集 $P \in \{\boldsymbol{p}_1, \boldsymbol{p}_2, \boldsymbol{p}_3, \cdots, \boldsymbol{p}_n\}$，计算协方差

$$C = \frac{1}{n}\sum_{i=1}^{n}[\boldsymbol{p}_i - \overline{\boldsymbol{p}}][\boldsymbol{p}_i - \overline{\boldsymbol{p}}]^{\mathrm{T}} \tag{6.5}$$

式中，$\overline{\boldsymbol{p}}$ 为体素内点云的质心点。协方差矩阵 $\boldsymbol{C}$ 为对称正定矩阵，将矩阵 $\boldsymbol{C}$ 进行分解可得

$$\boldsymbol{C} = [\boldsymbol{e}_1 \quad \boldsymbol{e}_2 \quad \boldsymbol{e}_3]\begin{bmatrix}\lambda_1 & 0 & 0\\ 0 & \lambda_2 & 0\\ 0 & 0 & \lambda_3\end{bmatrix}\begin{bmatrix}\boldsymbol{e}_1\\ \boldsymbol{e}_2\\ \boldsymbol{e}_3\end{bmatrix} \tag{6.6}$$

式中，λ_1、λ_2、λ_3 是矩阵 $\boldsymbol{C}$ 的三个特征值，且 $\lambda_1 \geqslant \lambda_2 \geqslant \lambda_3 > 0$；$\boldsymbol{e}_1$、$\boldsymbol{e}_2$、$\boldsymbol{e}_3$ 是特征值对应的特征向量。其中，第一特征向量是点云数据方差最大的方向，第二特征向量对应第一特征向量垂直的方向上数据方差最大的方向，以此类推。对于点云平面估计来说，前两个特征向量构成了平面的基，第三个特征向量正交于前两个特征向量，并定义了拟合平面的法向量，即将矩阵 $\boldsymbol{C}$ 最小特征值 λ_3 对应的特征向量 $\boldsymbol{e}_3$ 作为体素内点云数据拟合平面的法向量 $\boldsymbol{n}$。

3. 体素的标准差

点云数据平面拟合中的残差既可由噪声点引起，也可由点与平面模型的不一致引起，Rabbani 等通过生成的不同半径的圆柱数据研究了曲率和平面拟合残差值之间的关系，并提出了使用平面拟合残差作为高曲率区域指示器的想法。标准差的计算公式为

$$r = \sqrt{\frac{1}{k}\sum_{i=1}^{k} d_i^2} \tag{6.7}$$

式中，d_i 为点到拟合平面的距离。

针对单个体素来说，体素内点云的标准差表示了点到拟合平面的离散程度，体素的标准差越小，体素内的点云平面度越高，如图 6.5 所示。

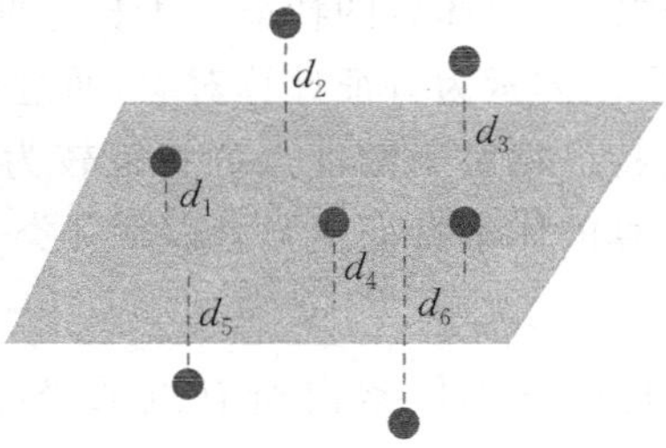

图 6.5 标准差估计示意

4. 体素的维度特征

在体素内的点云根据所属维度可分为三类：线状点云体素、面状点云体素及散乱点云体素，分别代表一维(1D)、二维(2D)及三维(3D)特征。为了确定体素内点云所属维度，同样使用主成分分析法对体素内点云进行分析，则有

$$\left.\begin{aligned} \alpha_{1D} &= \frac{\sqrt{\lambda_1}-\sqrt{\lambda_2}}{\sqrt{\lambda_1}} \\ \alpha_{2D} &= \frac{\sqrt{\lambda_2}-\sqrt{\lambda_3}}{\sqrt{\lambda_1}} \\ \alpha_{3D} &= \frac{\sqrt{\lambda_3}}{\sqrt{\lambda_1}} \end{aligned}\right\} \tag{6.8}$$

式中，α_{1D}、α_{2D} 及 α_{3D} 分别表示某体素内点云属于上述三类维度的概率，则该体素所属维度 d_V 可定义为

$$d_V = \underset{d\in[1,3]}{\arg}\max(\alpha_{dD}) \tag{6.9}$$

图 6.6(彩图附后)为某点云场景中三种维度的体素所占比例示意。可以看出，树木由于树冠其散乱特征的体素占比较大，路灯的一维特征较为明显，而建筑物的墙壁大多是平面的，因此其平面特征尤为突出。

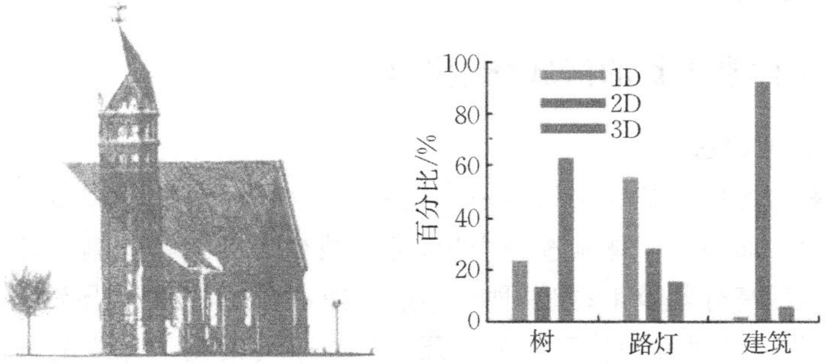

(a) 某点云场景　　(b) 场景中三种维度的体素所占比例

图 6.6　某点云场景中三种维度的体素所占比例示意

本书使用的全部体素的特征描述符如表 6.1 所示，包括具体特征名称、表达式和所属种类。

表 6.1　使用的全部特征描述符

特征名称	表达式	种类
点数	n	点云特征
线性	$\frac{\sqrt{\lambda_1}-\sqrt{\lambda_2}}{\sqrt{\lambda_1}}$	矩阵特征
平面性	$\frac{\sqrt{\lambda_2}-\sqrt{\lambda_3}}{\sqrt{\lambda_1}}$	
散乱性	$\frac{\sqrt{\lambda_3}}{\sqrt{\lambda_1}}$	
全方差	$\sqrt[3]{\boldsymbol{e}_1\boldsymbol{e}_2\boldsymbol{e}_3}$	

续表

特征名称	表达式	种类
各项异性	$(\boldsymbol{e}_1-\boldsymbol{e}_3)/\boldsymbol{e}_1$	矩阵特征
特征熵	$-\sum_{i=1}^{3}\boldsymbol{e}_i\ln(\boldsymbol{e}_i)$	
曲率	$\dfrac{\boldsymbol{e}_3}{\boldsymbol{e}_1+\boldsymbol{e}_2+\boldsymbol{e}_3}$	
平均高程	$\dfrac{1}{n}\sum_{i=1}^{n}Z_i$	高程特征
高度差	$Z_{\max}-Z_{\min}$	
法向量	N_x	空间特征
	N_y	
	N_z	
密度	$\dfrac{1}{n}\sum_{i=1}^{n}intensity_{\text{point}}$ ①	辐射特征

注：①*intensity* 代表反射强度。

6.2.3 基于体素生长的区域分割框架

1. 种子体素的选择

基于体素的区域生长算法的第一步是种子体素的选择，这一步直接影响后续分割的准确性。如果种子体素选择合理，可以减少目标地物分割次数及排除错误目标的次数以提高分割效率；如果种子体素选择不合理，可能会导致错误的分割结果，或者在迭代验证过程中使算法陷入死循环。现有的基于体素的分割方法在对目标进行分割时通常选用同一特征归一化标准，这显然是不合理的，不同地面物体的特征不同，因此需要选择不同的特征作为种子体素的选择标准。例如，建筑物平面特征较为明显，在进行种子选取时首先考虑平面性特征最强的体素作为种子体素；对于道路来说，在局部区域大多呈现平面特征，同时属于道路的体素具有高程最低的特征；对于路灯来说，呈现线状特征，因此进行路灯分割时首先将线状特征最明显的体素作为种子体素。本书使用权重函数将选择种子体素时选用的不同体素特征进行归一化处理，计算公式为

$$w_i=\prod_{k\in\Phi_f}\exp\left(-\frac{(D_k)^2}{2\lambda_k^2}\right) \tag{6.10}$$

式中，Φ_f 为种子体素选择时选用的体素特征集合；λ_k 为高斯核函数的带宽，控制着选用的体素特征的重要性；D_k 为该体素特征的具体值。

由于城市点云场景中，具有平面特征的目标占据场景目标的主要部分，因此研究平面分割对点云场景识别有重要的意义。下面以平面分割为例，阐述本书设计的基于体素的点云分割框架中种子体素的选择方法。

在传统的基于区域生长的平面分割算法中，种子的选取方法是根据计算的每个体素内的残差值对体素进行排序，然后按残差从小到大的顺序选取未被分割的体素作为每个平面生长的初始种子体素。通常认为体素的残差值越小，体素内的点云越有可能在一个平面上。但是这种选取方法未考虑点的个数的影响，如果某体素内点的个数只有3个，刚好可以计算出一个平面方程，这样该体素的残差值为0，而这种点的个数比较少的体素由于其特征不稳定，并不适合作为种子体素。因此，本书将点的个数作为选择种子体素的一个条件，只有体素内点的个数比较多且残差值比较小才符合成为种子体素的标准。

在平面分割中选取点个数 n 和体素残差值 r 作为种子优选的特征，反映在式(6.10)中为 $k \in \{n, r\}$。归一化参数 w_i 是判断一个体素能否成为平面体素的指标，w_i 越小表示该体素内点云越平整；点数越多，越有可能成为一个平面。

将每个体素的归一化参数值 w_i 进行排序，再按照从小到大的顺序选取未分割的体素作为平面的初始种子体素，然后根据设定的约束条件进行体素的区域生长。设定归一化参数的阈值 w_{th}，当按顺序选取的某体素满足 $w_i > w_{\text{th}}$ 时即停止生长。在进行一个平面生长的过程中，将符合约束条件且满足 $w_i < w_{\text{th}}$ 的体素作为该平面继续生长的种子。

2. 生长条件的选择

体素区域生长的基本原理是迭代估计所有邻接体素的相似性，将相似性差距在一定范围内的体素归为一类，体素内的点继承了该类体素簇的ID。体素的相似性根据体素的特征来判定。本书使用平滑性约束和连续性约束作为体素区域生长的约束条件。

1)平滑性约束

通过比较两个体素的法向量之间的夹角来衡量数据表面的平滑性。如图6.7所示，有两个相邻的体素 A 和 B，在体素的特征估计中已经计算得到它们的法向量 $\boldsymbol{v}^A$ 和 $\boldsymbol{v}^B$，二者之间的夹角用点乘的结果得到

$$\boldsymbol{v}^A\boldsymbol{v}^B = \boldsymbol{v}_x^A\boldsymbol{v}_x^B + \boldsymbol{v}_y^A\boldsymbol{v}_y^B + \boldsymbol{v}_z^A\boldsymbol{v}_z^B = \|\boldsymbol{v}^A\|\|\boldsymbol{v}^B\|\cos(\theta^{AB}) \tag{6.11}$$

$$\theta^{AB} = \arccos(\boldsymbol{v}_x^A\boldsymbol{v}_x^B + \boldsymbol{v}_y^A\boldsymbol{v}_y^B + \boldsymbol{v}_z^A\boldsymbol{v}_z^B) \tag{6.12}$$

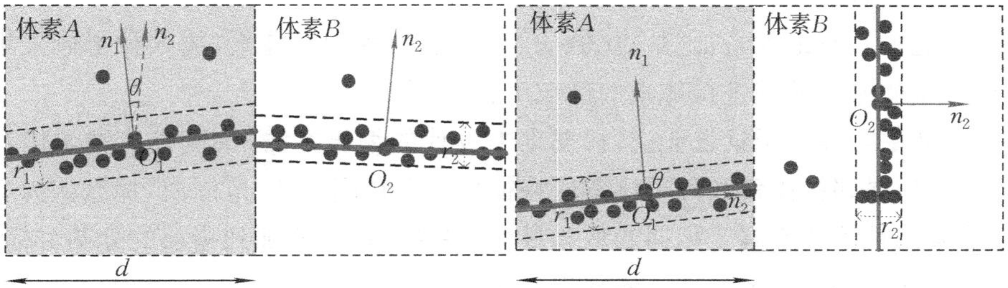

图6.7　体素平滑性约束

如果 $\theta^{AB} \leqslant \theta_{\text{th}}$($\theta_{\text{th}}$ 是夹角的阈值),那么这两个体素就满足平滑性约束条件,就将它们归为一个体素簇,并将其内的点标记。

2)连续性约束

要判断两个有邻接关系的体素内的点云是否属于同一目标地物,仅仅依靠平滑性约束是不够的。同样以平面为例,如图 6.8 所示,两邻接体素的法向量是相互平行的,满足光滑性连续约束,但是这两个体素内的点云并不属于同一平面。体素的连续性是指如果两体素内的点云属于物体,那么这两部分点云之间是连续的,如图 6.8(a)所示。为了衡量两体素之间连续性,首先计算两个体素 A 和 B 内点云质心 O_1、O_2,得到两体素质心连接向量 $\boldsymbol{O}_1\boldsymbol{O}_2$。在进行连续性约束之前,先进行平滑性约束,即满足平滑性约束条件后再进行连续性约束,因此这里两体素的法向量大致是平行的。如果 $\boldsymbol{O}_1\boldsymbol{O}_2 \cdot \boldsymbol{N}_1 < \varphi_{\text{th}}$,则认为两个体素内的点云是连续的;如果 $\boldsymbol{O}_1\boldsymbol{O}_2 \cdot \boldsymbol{N}_1 > \varphi_{\text{th}}$,则认为两体素内的点云不满足连续性约束。$\varphi_{\text{th}}$ 为设定的阈值。

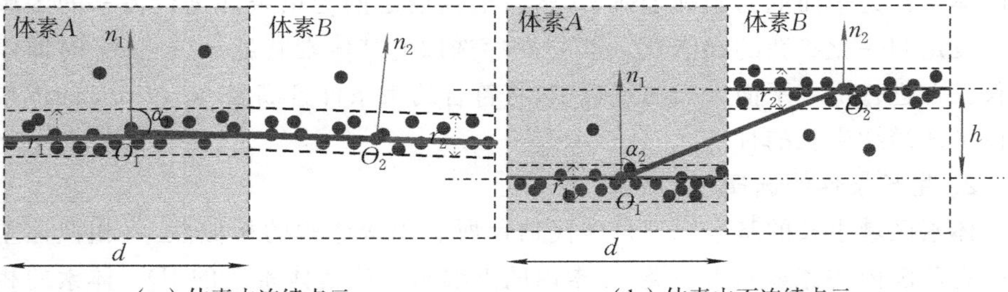

图 6.8 体素连续性约束

3. 体素区域生长分割的步骤

使用体素区域生长算法对点云进行分割的具体步骤如下。

(1)根据先验知识选定要分割目标的特征值,计算体素特征的归一化参数 w_i,按照 w 从大到小的顺序对所有体素进行排序。

(2)设定归一化阈值 w_{th},也可以使用已排序的归一化参数值百分比自动计算这个阈值(95%是一个有代表性的数字)。这个阈值的作用是对种子进行过滤,在这个阈值之前的体素均可以作为种子体素。

(3)选择具有最大特征归一化值 w_i 的体素作为种子体素,放入种子体素集合中,以种子体素为基础进行体素的区域生长分割。

(4)如果当前种子集合非空,根据本书设计的编码方法,快速查找种子体素邻接体素。如果邻接体素和种子体素的特征相似性在阈值 θ_{th} 范围内,那么认为这个邻接体素与种子体素属于相同的地物目标,将这个体素添加到当前的分割目标中,并将这个邻接体素添加到种子体素集合中。

(5)遍历完种子体素的 26 个邻接体素后,从种子体素集合中移除该种子,并选择种子集合中下一个种子,重复步骤(4)。

(6)如果种子体素集合为空,说明此次区域生长已完成,对具有邻接关系且特征相近的体素进行聚合,完成一次目标分割。利用分割目标的整体性先验知识重新对所有分割结果的正确性进行验证(如对分割的路面进行点云点数的对比,路面点云的数据量占据整体点云的绝大部分)。

(7)如果目标有多个,从步骤(2)的候选种子体素中选择未被分割的种子体素作为新一轮区域生长的种子体素,并加入种子体素集合中。重复上述步骤,直到将候选种子结合中的所有体素分割完毕。

进行一次体素区域生长的过程如图 6.9 所示。

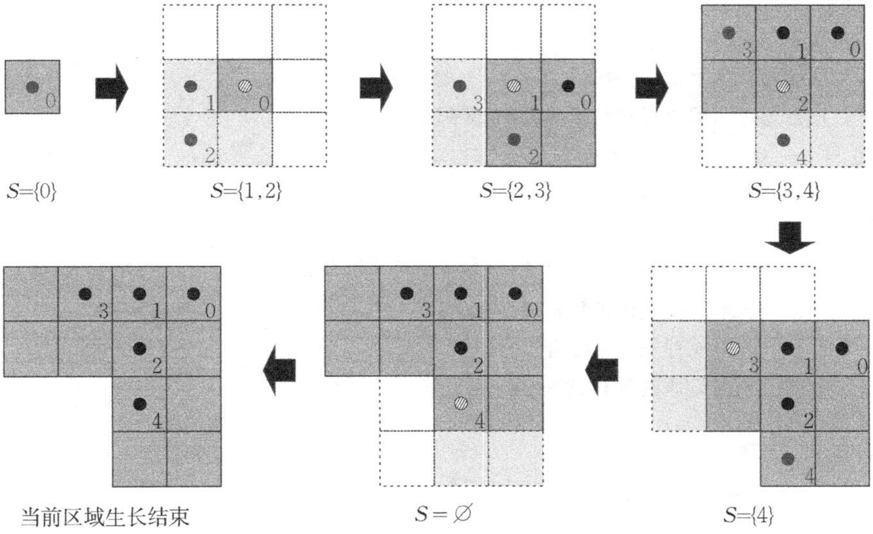

图 6.9　体素区域生长过程

为了更清晰地表达,选用二维形式来表示这个生长过程,每个正方形框表示一个体素,其中深色的正方形表示当前生长过程中已经分割的体素,浅色的正方形表示在本次生长过程中满足相似性特征条件的邻接体素,这些体素将被划分到当前的目标分割区域中。图 6.9 中不同类型的点代表不同类型的种子体素,灰色的点表示种子集合 S 中的体素,该部分种子体素第一个来源是根据特征归一化值选择的未被分割的 w 值最大的体素,也称为初始种子体素,第二部分是在区域生长过程中,对有邻接关系的符合相似性特征的体素。花色的点表示被选中的正在进行生长的种子体素点。当遍历完与当前种子体素有邻接关系的体素后,将当前种子体素从种子体素集合 S 中移除,黑色的点表示已被移除的种子体素。

基于体素区域生长算法的点云分割框架实现过程如下:

输入:二进制编码的体素集 $V=\{v_1,v_2,\cdots,v_m\}$,根据先验选择的体素特征集 Φ_f,归一化阈值 w_{th},相似性阈值 φ_{th},当前分割区域种子集合 S。

结果：目标分割的结果集合 $R = \{R_1, R_2, \cdots, R_n\}$

初始化：$R = \varnothing, S = \varnothing, A = V$

开始：

while $A \neq \varnothing$ do

　　当前体素区域集合 $R_c = \varnothing$，当前种子体素集合 $S_c = \varnothing$；

　　集合 A 中特征归一化参数最大的体素 $v_{\max}$ 及参数值 $w_{\max}$；

　　if $w_{\max} < w_{\mathrm{th}}$ then

　　　exit loop；

　　当前区域体素集合 $R_c = R_c + v_{\max}$；

　　当前种子体素集合 $S_c = S_c + v_{\max}$；

　　当前体素集合 $A = A - v_{\max}$；

　　for each 体素 $v_i \in S_c$ do

　　　当前种子体素 $v_i = S_c\{i\}$；

　　　根据二进制编码查找种子体素的 26 邻接体素

　　　$B_c = \mathrm{neighbors}(v_i, V)$；

　　　for each 体素 $v_j \in B_c$ do

　　　　当前邻接体素 $v_j = B_c(j)$；

　　　　if $v_j \in A$ and 当前种子体素和邻接体素的相似性 $\varphi_{v_i \cdot v_j} < \varphi_{\mathrm{th}}$ then

　　　　　当前区域体素集合 $R_c = R_c + v_{\max}$；

　　　　　当前种子体素集合 $S_c = S_c + v_{\max}$；

　　　　　当前体素集合 $A = A - v_{\max}$；

　　　　end if

　　　end for

　　　当前种子体素集 $S_c = S_c - v_i$

　　end for

　　点集 $P_c = \{p_i \mid p_i \in v_i, v_i \in R_c\}$；

　　if 点集 P_c 的整体性特征满足先验知识

　　　目标分割的结果集合 $R = R + R_c$；

　　end if

end while

return 目标分割集合 R；

§6.3　高速公路道路要素提取方法

6.3.1　路面点云信息提取

路面是公路场景中最重要的元素，道路的主要附属设施（如路灯、护栏和道路标线）位于路面上或路面两侧。对路面点云的提取是有效识别其他地物的必要前提。路面点云的提取是车载点云信息提取的一个热点。一部分学者通过将点云数据生成二维图像，再使用一系列图像处理技术结合点云的空间分布和目标特征进行提取。这种方法在将3D点云转为2D的过程中会造成精度的缺失。一部分学者直接基于散乱点云进行提取，例如使用RANSAC进行平面拟合、构建不规则三角网和使用基于密度的滤波算法等方法对路面点云进行提取。由于路面点云点数巨大，且点云存在缺失等情况，直接在散乱点云上对路面进行提取效率较低、算法鲁棒性不高。还有一部分学者基于扫描线信息进行路面提取，该方法利用每条扫描线上的点云之间的空间关系，使用高差、法线等信息对地物进行提取，但是这种方法的提取结果容易受路面粗糙度、路面车辆等的影响。

本书使用高效编码体素的点云分割框架对路面点云进行提取，首先构建高效二进制编码的八叉树，然后使用区域生长算法对路面体素进行区域生长，最后对混合体素采用对每个点细化分割的方法提高路面点云分割的完整性。

1. 路面点云提取

由于车载激光雷达测量系统是安装在车辆上通过在路面行驶获取点云数据的，因此路面点云占据了点云场景的大部分内容，所占点云数据量一般大于50%。高速公路场景中，路面通常较为平缓且路面边缘区分明显。路面点云较为均匀，相对于其他地物点云密度较大。

1）车载点云体素化

首先，使用高效二进制编码体素化方法对车载点云进行体素化，在体素化点云分割中体素大小 d_I 的设置直接影响分割结果。如果 d_I 设置过小，会使构建的体素数量较多，影响分割效率，在区域生长过程中还容易造成生长的不连续性，将一个物体分割成多段；如果体素大小设置过大，可能会使一个体素内含有多类物体的点云，增加后续细化分割的难度。因此合适的体素大小 d_I 是保证快速精确分割点云的前提。对体素大小 d_I 进行设置，具体如下

$$m_a = \pm m_0 \frac{12}{ks} \tag{6.13}$$

式中，m_a 为拟合平面参数的精度，m_0 为测距的精度，k 为邻域点的个数，s 为点云密度的倒数，确定的体素大小 $d_I \leqslant \sqrt{k}s$。车载点云体素化结果如图6.10所示。

2）种子体素的选择

种子体素的选择直接决定了区域生长的起始位置，对于路面点云来说，最理想的情况就是第一次选择的种子体素就在路面上，这样只需要一次区域生长分割就能将路面点云分割出来，如果选择的种子体素不合理可能会导致多次的分割验证，降低算法的效率。

传统基于散乱点的地面点云分割在区域生长算法的种子选取过程中，通常以点的高程最小和点的曲率最小作为主要选取条件。因为道路点云的高程最低且路

面相较于其他地物来说更为平坦。但是也存在一些较明显的例外情况，例如道路旁边的一些低洼部分比路面点云高程更低，单个点云的曲率受周边点云影响较大，道路旁的建筑物、警示牌等人造设施平面特征也较为明显等，这些因素都极大降低了传统方法对种子选取的可信度。

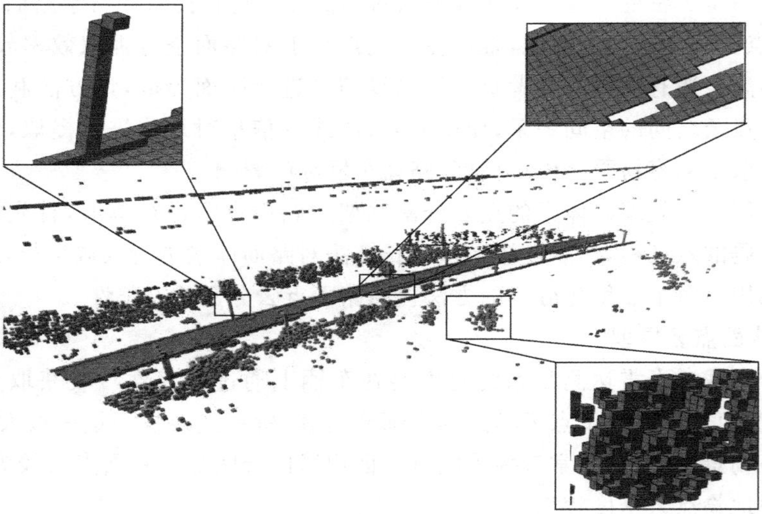

图 6.10　车载点云体素化结果

在本书中，体素作为地面分割的主体，体素的特征相对于单个点来说更为稳定。本书提出了一种多要素限制体素种子选取的方法，综合考虑道路体素的特征情况设置多种要素共同决定道路种子体素的选择。根据已有的先验知识可知：①道路上的点云比其他地物的点云更密集，在相同体素大小的前提条件下，道路体素内的点云点数 p_n 更多；②路面体素内点云的平均高程 v_h 最低；③道路路面上的点相对均匀且密集，种子体素的相邻体素一般有 8 个，如图 6.11 所示；④道路体素的维度特征呈现平面性，其平面法线平行于 z 轴；⑤道路较为平坦，体素内点云的残差值 r 较小。在进行种子体素选择时，将每个体素的点云点数 p_n 、体素内平均高程 v_h 和体素的残差值 r 使用归一化函数式(6.14)计算出归一化参数 w，公式为

$$\left.\begin{array}{l}\boldsymbol{n}_v \cdot \boldsymbol{z} < \theta_{\mathrm{th}} \\ v_{N_n} = \sigma_{N_n}\end{array}\right\} \tag{6.14}$$

式中，$\boldsymbol{n}_v$ 表示体素的法向量，$\boldsymbol{z}$ 表示 z 坐标轴的正向，θ_{th} 表示 $\boldsymbol{n}_v$ 与 $\boldsymbol{z}$ 的夹角阈值，v_{N_n} 为体素的邻接体素数，本书中种子体素的邻接体素数 $\sigma_{N_n}=8$。

将所有体素按照 w 从小到大的顺序排列，选取 w 最小的体素作为候选种子体素。如果该体素同时满足式(6.14)，则该体素可以作为道路区域生长的种子；如果不满足该条件，则按顺序选取下一个体素进行验证。该方法大大提高了种子体素选取的合理性。

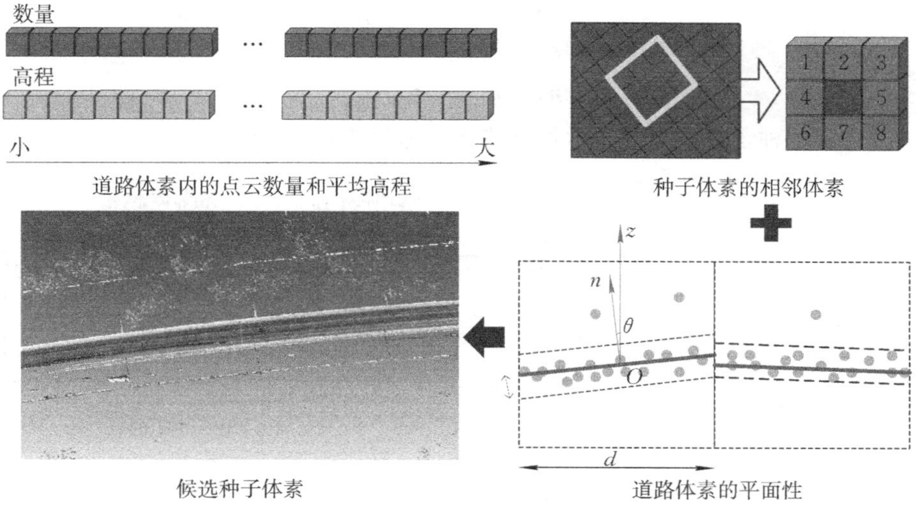

图 6.11　种子体素的选择

3)区域生长条件的选择

在选择了种子体素后,根据体素编码方法可以快速地找到与其有邻接关系的体素,然后判断邻接体素与种子体素在几何属性和空间属性上是否有较高相似性,如果有则将二者划分到同一区域中。

在传统的基于单点的道路点云分割中,对地面点云进行滤波的指标主要有高程差、坡度、曲率,以及法向量的夹角等。本书将单点的部分指标引入体素的区域生长中,并结合体素的特征作为区域生长的判断条件。具体描述如下:第一,高速公路的路面大多较为平坦,在划分为体素后每个路面体素与其邻接体素高程相差不大,且路面边缘大多是以路牙或混凝土护栏构成的道路边界,如图 6.12 所示。路边缘呈明显的凸起,路牙一般比路面高出 0.16～0.2 m,因此可以选择体素的高程作为区域生长的条件。当种子体素与其邻接体素的高程小于高差阈值 σ_h 时,才将邻接体素划分为道路体素,如图 6.13(a)所示。第二,道路体素内的点较为平坦且体素的残差值 r 较小,如图 6.13(b)所示,种子体素的邻接体素的残差值较大,因此不能将其与种子体素归为一类。第三,邻接体素的法向量应与种子体素的法向量大致平行。综合以上三点,种子体素邻接体素划分为道路体素应同时满足式(6.15)三项条件。

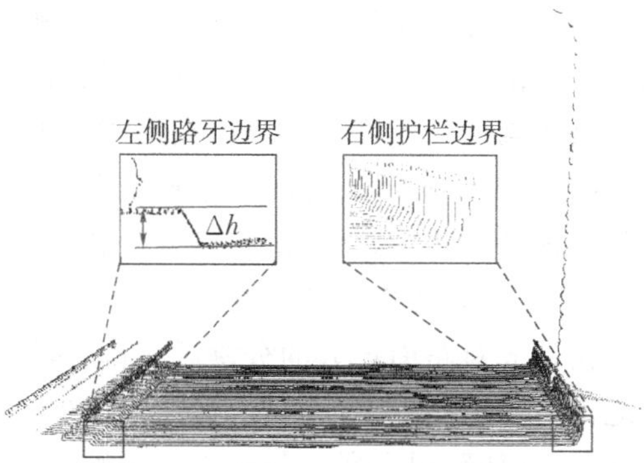

图 6.12　道路路面的边界分明

$$\left.\begin{array}{l}|z_S - z_N| < \sigma_h \\ r_N < \sigma_r \\ \boldsymbol{n}_S \cdot \boldsymbol{n}_N < \sigma_\theta\end{array}\right\} \tag{6.15}$$

式中，S 表示种子体素，N 表示种子体素的邻接体素，σ 表示阈值。

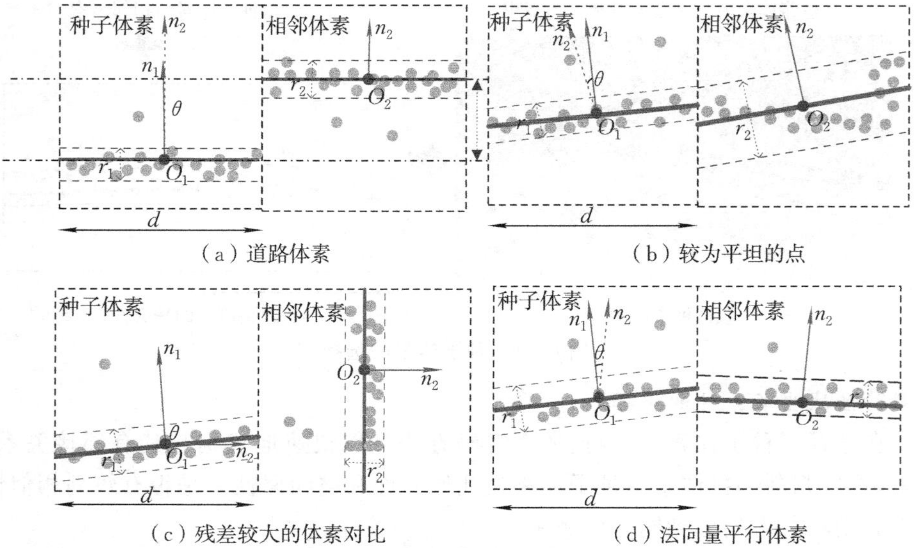

图 6.13 种子体素的选择

4)道路整体特征的验证

根据上述道路种子体素选取的规则和体素生长条件的判断方法，按照体素区域生长分割的步骤，通过一次区域生长可以快速地将道路体素提取出来，然后将所有道路体素内的点输出到路面点集 P_r 中，再统计路面点集的点云点数 n_{P_r}。如果 $n_{P_r}/n_P > 50\%$，则认为本次分割得到正确的道路点云。如果不符合这个比例，则重新选择种子体素，再次进行区域生长并进行验证，直到获取正确的路面点云。

2. 路面信息的计算分析

在完成对路面点云的分割后，可以得到大量坐标精确的点数据，这些点数据真实地记录了道路上点的位置，但是对于实际应用来说仅仅获取这些点坐标是远远不够的，例如路况调研工作中需要了解某条道路的长度、宽度等信息。为了对路面的定量信息进行计算与分析，本书结合车载激光雷达测量系统在道路行驶过程中获取的轨迹线信息对路面进行分段处理来计算道路的宽度与整体长度。

1)道路宽度计算

由于路面在某些地方呈现弯曲状，因此不能直接计算道路的整体宽度，应使用分段的思想来计算路面宽度。首先，沿轨迹线按照合适的步长将路面分段，如图 6.14(a)所示，使每一段的路边缘大体呈直线状态，如图 6.14(b)所示。然后，将

每段路面旋转到与 x 轴平行，最后计算该段点云中 y 坐标的最大值和最小值，两者之差即为该段的宽度 d。由于轨迹点是按照时间顺序采集的，因此按照一定采样间隔沿轨迹线获取两个轨迹点作为路面分段的区间，如图 6.14(c)所示。

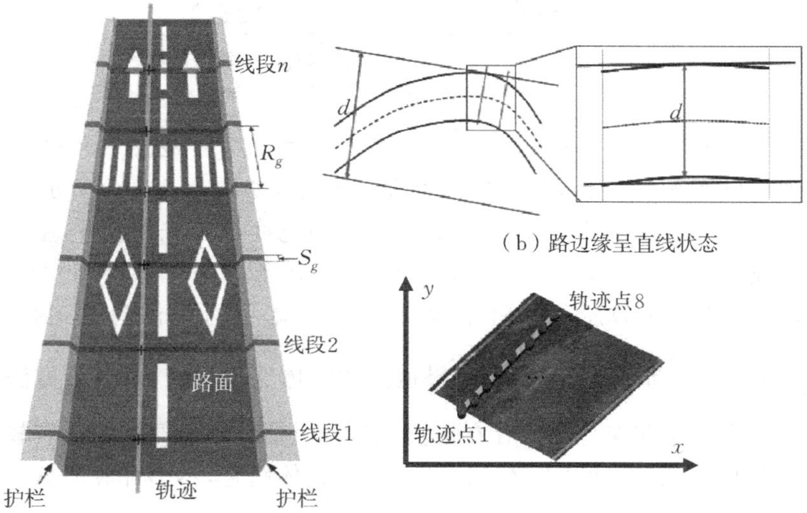

(a) 路面分段　(b) 路边缘呈直线状态　(c) 分段区间

图 6.14　沿轨迹线对路面点云分段

在获取每个分段的起始点后，需要获取这个区间内的路面点云，并计算每一段路面点云的宽度，但是起始点构成的向量一般情况下不会与坐标轴平行，这样无法直接统计在这一区间段的路面点云及路面的宽度。为了解决这一问题，本书首先计算起始点的向量 $\boldsymbol{se}$，并计算该向量与 x 轴的夹角 α(在路面上起始点高程近似相等，可简化为二维的计算)。然后，将 $\boldsymbol{se}$ 线段旋转到与 x 轴平行得到 $\boldsymbol{s'e'}$，再将所有路面点云通过四元数旋转到相应的位置以保证与该轨迹线段位置关系不变，如图 6.15 所示，旋转公式为

$$\left.\begin{aligned} P' &= uPu^{-1} \\ u &= \cos\frac{\alpha}{2} + dir\sin\frac{\alpha}{2} \\ u^{-1} &= \cos\frac{\alpha}{2} - dir\sin\frac{\alpha}{2} \end{aligned}\right\} \tag{6.16}$$

式中，$P(x_i, y_i)$ 表示旋转前的道路点；$P'(x_i', y_i')$ 表示旋转后的道路点；dir 表示旋转轴，$dir = \boldsymbol{se} \times x$；$u$ 表示计算得到的旋转参数。然后记录点坐标在 $x'_i \in [x_{s'}, x_{e'}]$ 区间的点即属于这段区间的路面，旋转后两个路边缘与 x 轴是大致平行的，此段道路宽度为

$$d_i = |y'_{\max} - y'_{\min}| \tag{6.17}$$

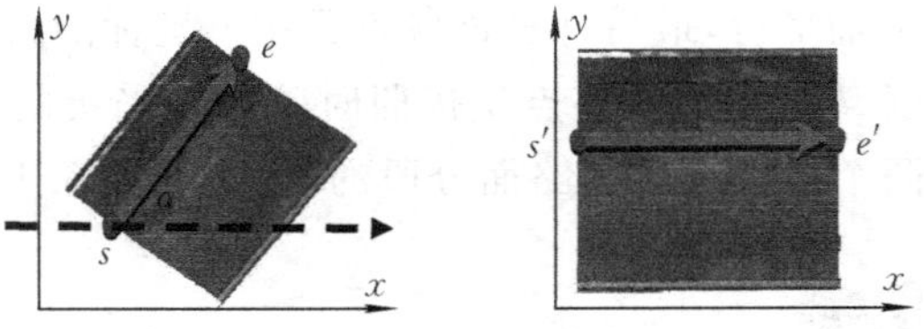

（a）路面点云不平行于 x 轴　　（b）路面点云平行于 x 轴

图 6.15　将一段路面点云旋转到与 x 轴平行

按照上述方法可以获取每个分段的路面宽度 d_i，但是由于在路面的某些地方受到行驶车辆的遮挡，计算的路面宽度较小，如图 6.16(a)所示。本书使用直方图统计的方法获取更为准确的整体道路宽度。首先将整个道路宽度值的范围分成一系列间隔，然后计算每个间隔中有多少宽度值得到宽度值统计直方图，如图 6.16(b)所示。将最大区间的路宽平均值作为为道路的宽度 $\left(d_r = \sum_{j=1}^{n} d_j / n\right)$。值得讨论的是，如果道路的整体宽度不变，通过该方法计算的值较为准确，但是如果某些路段存在拓宽、变道等情况，则需要将多个有较多宽度统计值的区间纳入路宽计算范畴。因此相对于整体路宽，本书计算的分段路宽更有实际的参考价值。

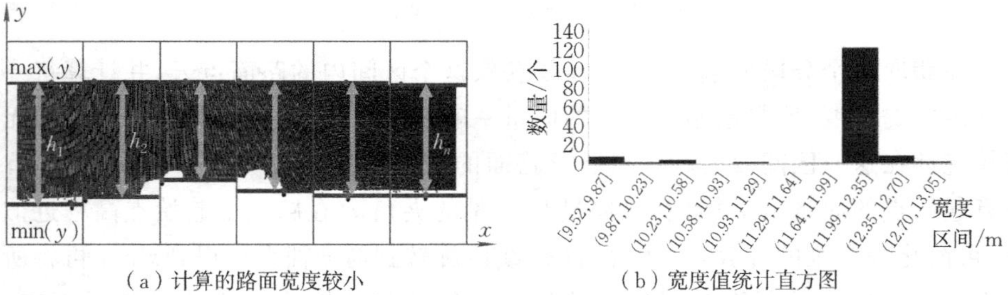

（a）计算的路面宽度较小　　（b）宽度值统计直方图

图 6.16　宽度统计图

2)道路长度计算

由于行车过程中采集的轨迹线信息与所行驶道路保持一致，因此道路长度的计算可转化为路段相应轨迹线长度的计算。因为轨迹线是一系列有序的点，所以只需计算相邻连点之间的距离，然后求和即可

$$L_r = \sum_{n=0}^{m-1} l_i \tag{6.18}$$

式中，m 表示该段轨迹线的总点数，l_i 表示相邻两点的距离。

3. 道路两旁杂点的去除

在高速公路场景中，道路及其附属设施为主要的信息源，并且道路的主要附属物（如护栏、路灯、道路标线等）都位于道路两侧或道路上。车载激光雷达的工作方式是对道路及其两侧测量范围内的所有物体进行无差别的信息记录，因此在道路两侧有许多对道路信息采集无意义的杂乱点被扫描，如道路两侧的一些杂树、另一侧扫描到的道路及离道路较远的建筑物等，如图 6.15(a)所示。这些杂乱点会对后续其他地物的提取与识别产生不利影响，需要将这些杂乱点剔除。

前面详细介绍了路面分段的过程，在该过程中将某段路面旋转到与 x 轴平行，然后计算该段点云的 y 坐标的最大值与最小值，通过该方法在得到每一个道路段宽度的同时，也得到了其上下边界 $y'_{\max}$、$y'_{\min}$，在上下边界分别向外扩展一定距离 Δd，如图 6.17(b)所示。满足以下条件的点云判定为道路两侧以外的点云，即

$$\left.\begin{array}{l} x'_i \in [x_{s'}, x_{e'}] \\ y'_i \in [y'_{\max} + \Delta d, +\infty) \cup (-\infty, y'_{\min} - \Delta d)] \end{array}\right\} \tag{6.19}$$

式中，$x_{s'}$、$x_{e'}$ 为该段路面起始点的横坐标。

从图 6.17(c)和图 6.17(d)中移除杂乱点后的点云可以看出，该方法可以较好地将道路两侧的杂点去除掉，保留了主要的道路信息点，降低了无用点云对后续其他目标提取的干扰。

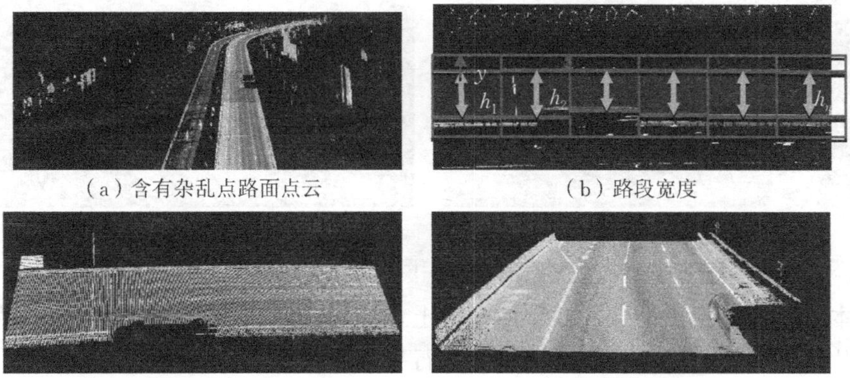

(a) 含有杂乱点路面点云　(b) 路段宽度

(c) 路灯　(d) 道路标线

图 6.17　道路两旁杂点的去除过程

经过以上处理，得到完整的路面信息，如图 6.18(彩图附后)所示。

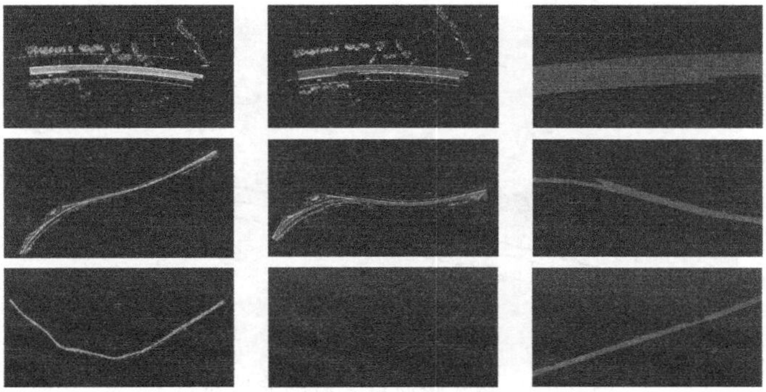

图 6.18　路面提取效果

6.3.2 护栏点云信息提取

高速公路道路两侧的护栏主要分为两种：一种是以钢护栏板相互拼接并由立柱支撑的连续结构，本书中称为钢结构护栏，如图 6.19(a)所示；另一种是混凝土护栏，如图 6.19(b)所示。作为高速公路的主要附属设施，护栏在防止车辆越出路外、保护车辆和司乘人员，以及对路外物体隔离等方面发挥重要作用。在实际道路检修中，通常需要对护栏的完整性、设置的合理性等进行检查；在自动驾驶行业中，车辆通常需要对护栏进行检测，防止发生碰撞；在高精度地图中，护栏可以提供边界信息。在国内外的研究文献中，对高速公路护栏提取的研究较少，提取方法多侧重于对图像中的护栏对象进行识别，这种方法提取的护栏精度较低，容易造成部分信息的缺失。基于车载点云的扫描线信息，根据护栏点与路面点之间的突变特征提取护栏，该方法过度依赖于扫描线信息。

(a) 钢结构护栏

(b) 混凝土护栏

图 6.19　高速公路上两种主要类型的护栏

本书在前面提出的分割框架的基础上，对点云进行区域生长聚类分割，然后使用切片法结合护栏的几何特征对护栏进行提取。

1. 护栏点云提取

在将分割的道路点云移除后，大部分的地物点云呈现相互分离的状态，如图 6.20 所示。道路两侧的护栏呈现连续的状态，但是护栏与路灯有连接关系。

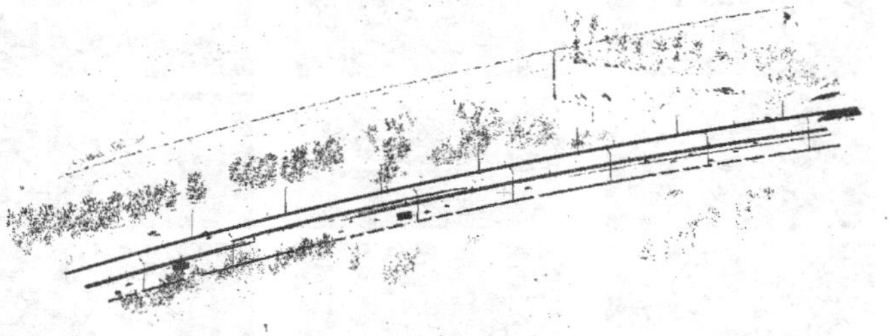

图 6.20　移除路面点云后的非地面点云

1)非地面点的体素化聚类分割

在将地面点过滤掉后，非地面点依然保持单独和无组织状态，在护栏提取之前，必须将属于特定对象的点进一步分组。传统的对单个点进行欧氏聚类的方法需要使用 KD 树组织点云，并且需要查询每个点的邻域点，然后将在空间上属于同一区域的点云聚集为一簇。为了进一步提高点云聚类效率，本书使用§6.2 提出的分割框架对点云聚类分割。具体方法如下。

(1)点云体素化。首先选定体素大小 d_I，然后对点云使用高效二进制编码的方法构建八叉树，完成对非地面点云的体素化，如图 6.21(a)所示。

(2)种子体素的选取。由于该步骤的主要目的是将在空间上连续的且属于同一区域的点云合并成同一簇，不针对某种特定的地物分割，因此对种子体素的要求较低。本书以体素点数 v_n 作为选取标准，按照 v_n 从大到小的顺序依次选择种子体素。

(3)体素生长条件的确定。在体素区域生长过程中，需要将种子体素与其邻接体素比较相似性，然后将相似的体素合并。在此过程中空间相近性是一个最重要的相似特征，即种子体素和与其有相邻关系且有点云存在的体素可以合并为一组。另一个特征是两个体素内的点云要有连续性，通过以下公式来表达，即

$$\left.\begin{aligned} D_{ij} &= |\bar{x}_i - \bar{x}_j| \\ D_{ij} &< d_I/2 \end{aligned}\right\} \tag{6.20}$$

式中，D_{ij} 为两个种子体素与邻接体素内点云坐标平均值 $\bar{x}_i$、$\bar{x}_j$ 的距离，如图 6.21(b)所示。

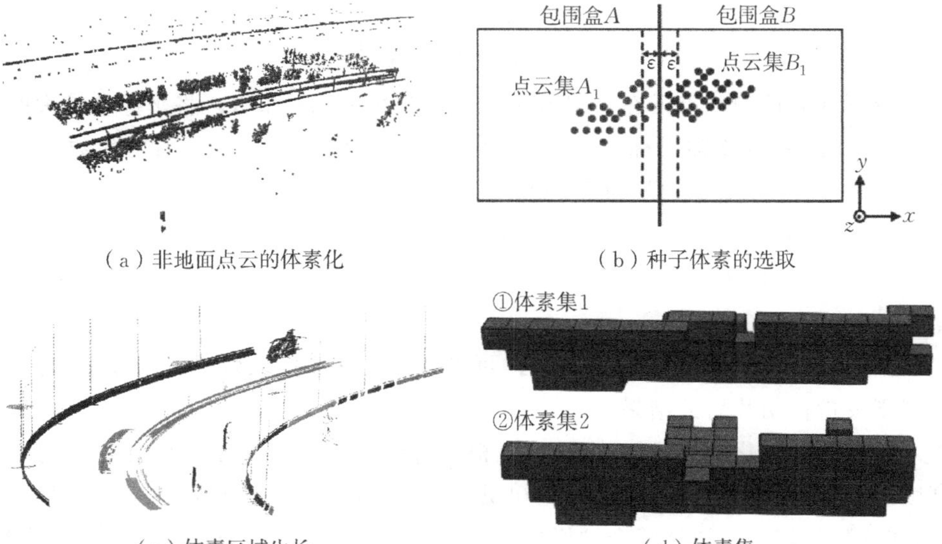

(a) 非地面点云的体素化　(b) 种子体素的选取

(c) 体素区域生长　(d) 体素集

图 6.21　非地面点的体素化聚类分割过程

(4)体素区域生长。按照上述选取种子体素和生长条件的方法，使用本书提出的分割框架完成对非地面点云的聚类分割，如图 6.21(c)和图 6.21(d)所示。

2)切片法提取护栏

经过体素聚类后的点云，每个单体在空间上呈现一定特征，单体化的护栏有以下特征：①护栏位于道路两边，空间聚类后钢结构护栏点云通常与下面的地面低台、矮草等相连，如图 6.22(a)所示，混凝土护栏较为独立，但是也存在与路灯相连的情况，如图 6.22(b)所示；②护栏通常较为连续，长度较长；③护栏的高度相对固定；④钢结构护栏后的地物有一部分被遮挡，混凝土护栏后的地物完全被遮挡。

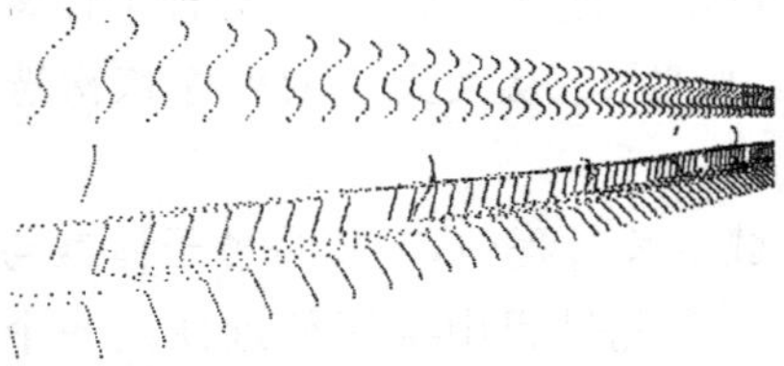
(a) 钢结构护栏点云

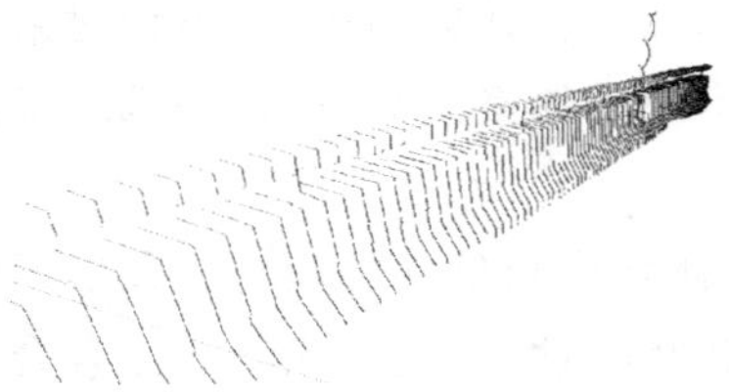
(b) 混凝土护栏点云

图 6.22　聚类后的护栏点云

根据上述特征，使用切片法从聚类后的单体化目标中提取护栏。首先计算某个单体化点云的包围盒，然后沿着 x 轴或 y 轴对点云切片，坐标轴的选择通过式(6.21)决定，即

$$\left.\begin{aligned} \Delta x &= x_{\max} - x_{\min} \\ \Delta y &= y_{\max} - y_{\min} \\ \Delta &= \max(\Delta x, \Delta y) \end{aligned}\right\} \tag{6.21}$$

分别计算该护栏点云在 x 轴和 y 轴上的坐标差 Δx 和 Δy，将坐标差较大的轴选为切片轴，并将该轴坐标值差表示为 Δ。设切片的宽度为 s，则切片数量 $m = \Delta/s+1$。以沿着 x 轴切片为例，位于某片的点云的坐标为

$$\left.\begin{aligned} &x \in [x_{\min}+is, x_{\min}+(i+1)s] \quad (i=0,1,2,\cdots,m) \\ &y \in \mathbf{R} \\ &z \in \mathbf{R} \end{aligned}\right\} \tag{6.22}$$

本书通过实验得出 $s=1.5$ m 时，可以获得较好的提取效果。图 6.23 为切片的规则及护栏切片后的结果。

将每个单体化的点云切片后，可以根据每一片点云的 z 坐标值计算该切片的高度。基于已有的对于护栏的先验知识，护栏的高度通常在 0.6～1.2 m 且护栏较长，切片数量较多。统计每个护栏切片符合高度阈值的护栏数量 n 及切片总数 N，切片高度和统计阈值计算公式为

$$h_{\mathrm{clip}[i]} = z_{\max} - z_{\min},\ h_i \in \{H \mid \lambda_1 < h_i < \lambda_2\} \tag{6.23}$$

若满足 $n/N > 60\%$ 且 $n > 10$，则认为该聚类单体为护栏。

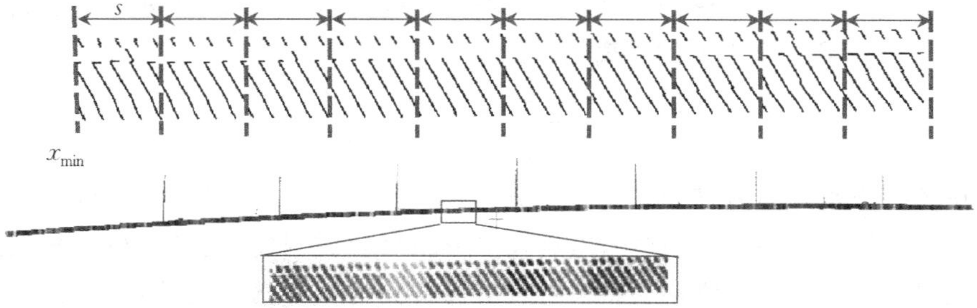

图 6.23　护栏切片结果

2. 钢结构护栏与混凝土护栏的区分

上述方法是根据切片的高度值对护栏无差别提取，但实际情况中存在钢结构护栏和混凝土护栏，在道路巡检中需要对这两种护栏进行区分。这两种护栏在高度上相近，而且这两种护栏存在相邻接的关系，很难通过高度及位置进行区分。通过研究对比发现，这两种护栏在横截面上有较明显差异。钢结构护栏截面呈现波纹状，且聚类后的钢结构护栏多与下方低台相连。而混凝土护栏呈现双斜面结构，如图 6.24 所示。基于这种特征本书使用两种方法区分这两种护栏，一种是平面内点统计法，另一种是布料模拟滤波算法。

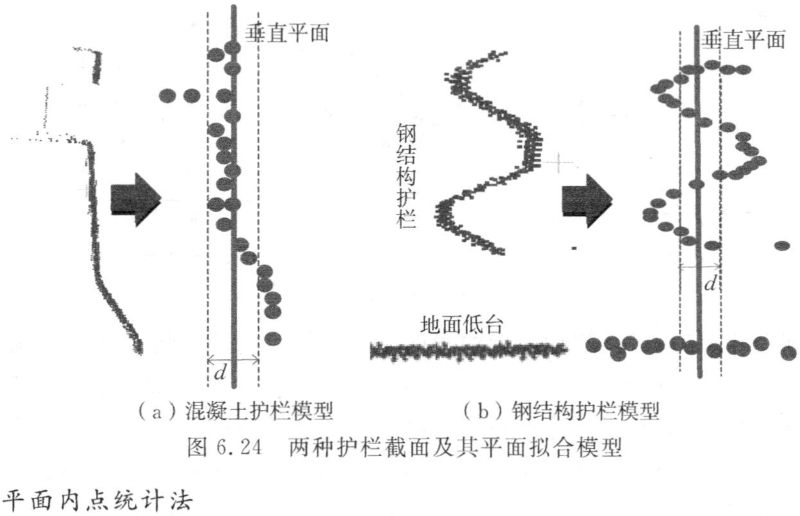

（a）混凝土护栏模型　　（b）钢结构护栏模型

图 6.24　两种护栏截面及其平面拟合模型

1）平面内点统计法

根据两种护栏截面的不同情况，本书提出一种平面内点统计法来区分这两种护栏。在前面我们将护栏进行了切片处理，这里依然使用这些切片分析护栏的截面特征。对于每个切片，首先计算护栏点云的中心点，然后将该块点云协方差矩阵最大的特征值对应的特征向量 $\boldsymbol{e}_3$ 与 z 坐标轴正向向量 $\boldsymbol{z}$ 的外积 $\boldsymbol{n} = \boldsymbol{e}_3 \times \boldsymbol{z}$ 作为平

面的法向量，得到平面的方程为

$$Ax + By + Cz + D = 0 \tag{6.24}$$

这样，这个平面与护栏走向平行，且垂直于地面，如图 6.24 所示。计算每个点 $p_i(x_i, y_i, z_i)$ 到这个平面的距离

$$d_i = \frac{|Ax_i + By_i + Cz_i + D|}{\sqrt{A^2 + B^2 + C^2}} \tag{6.25}$$

设置一个距离阈值 d，如果 $d_i < d$，则认为该点是该平面的一个内点。通过图 6.24 可以看出，混凝土护栏的内点较多，而钢结构护栏的内点较少。根据这个特点设置一个百分比阈值 σ_n，如果内点所占百分比大于这个阈值，则认为该切片点云为混凝土点云，否则为钢结构护栏。

2)布料模拟滤波算法

布料模拟滤波算法由北京师范大学张吴明等于 2016 年提出，该算法设计的主要目的是提取机载点云中的地面点。布料模拟滤波算法基于一个简单的物理模拟过程，假设一块布覆盖在地形表面上，受到重力作用，在无支撑的地方将会下沉，那么布料的最终形状就是数字表面模型(DSM)。当地表翻转过来时，落在表面上的布料形状就是数字地形模型(DTM)，如图 6.25(a)所示。在计算机仿真技术中，布料可以被模拟成一个网格，网格由具有质量和相互连接的粒子组成称为质点弹簧模型，如图 6.25(b)所示。

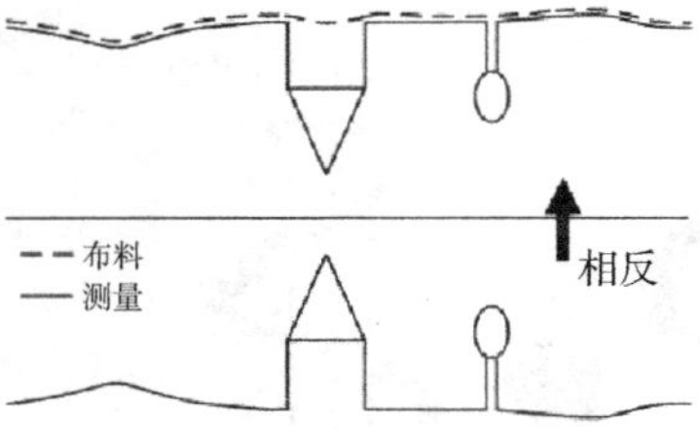

(a) 算法原理

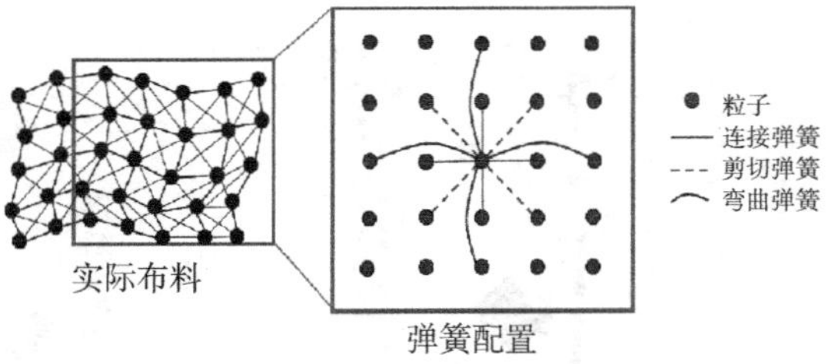

(b) 质点弹簧模型

图 6.25 布料模拟滤波算法原理

受到上述理论启发，将切片后的护栏点云的侧面旋转到朝上，用一块柔软的布料从上向下盖到护栏面上，如图 6.26 所示，混凝土护栏绝大部分的点与布料有接触，而钢结构护栏只有少部分点与布料接触。在翻转护栏时，首先判断护栏在道路的哪一侧，然后将朝向路面一侧的护栏面转至向上。判断护栏在道路哪一侧的方法在前面已经介绍。在完成翻转后，直接调用布料模拟滤波算法，并选取相关参数使之适用于车载点云的特点。单片护栏滤波的结果如图 6.26 所示，可以看出，通过观察布料与护栏点云接触比例的多少，可以容易地判断某片段护栏点云属于混凝土护栏还是钢结构护栏。

（a）混凝土护栏

（b）钢结构护栏

图 6.26　使用布料模拟滤波算法区分护栏类型

为了提高对护栏的区分率，本书同时使用以上两种方法对某片段护栏点云进行区分。在算法的实际运用中，由于混凝土护栏相对独立且截面特点更为稳定，因此首先对其判断。如果某片段护栏点云同时满足上述两种方法中判断混凝土护栏的条件，则将该片段归为混凝土护栏，如果有一项条件不符合则将其归为钢结构护栏。

3. 护栏信息计算分析

1）高度的计算

在前面护栏点云提取介绍中，首先根据先验知识，给出了护栏切片提取的参考高度范围，然后计算切片的高度，并根据这个范围判断某个切片是否为护栏点云。将一个聚类单体识别为护栏后，由于其某些切片高度受其他地物（如相连接路灯等）的影响，与实际高度相差较大，因此不能作为高度计算的参考值。本书对于护栏高度的计算同样采用直方图统计法，首先将某段护栏所有切片高度值的范围分成一系列间隔，然后计算每个间隔中有多少高度值，得到宽度值统计直方图。最后将最大区间的护栏高度平均值作为护栏的高度，计算公式为

$$h_g = \frac{1}{m}\sum_{i=0}^{m} h_i \tag{6.26}$$

在提取的护栏中还有两种非护栏点云未剔除，一种是某些切片上还有路灯相连，如图 6.27(a)所示，另一种是钢结构护栏下方的地面低台未被剔除，如图 6.27(b)所示。对于第一种情况，将护栏切片中 z 坐标值高于护栏整体高度的点（$z_{p_i} > h$）剔除。对于第二种情况，根据钢结构护栏设计规则，钢板高度 h_{g_s} 不超过500 mm，因此，本书将距护栏切片中满足 $z_{p_i} < z_{\max} - h_{g_s}$ 条件的点作为地面低台点剔除。

2）起点和终点的计算

由于分割得到的护栏点云是非结构化的，因此无法直接从散乱点云中确定护栏的起点和终点。本书计算护栏起点和终点的方法如下。

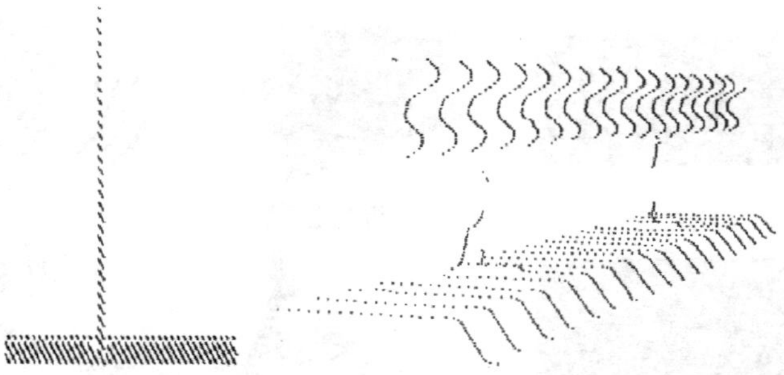

（a）切片与路灯相连　　　　（b）护栏下地面未被剔除

图 6.27　护栏切片中的两种非护栏点

(1)计算护栏所有点的中心坐标,则有

$$O(x_o, y_o, z_o) = \frac{1}{n}\sum_{i=1}^{n} p_i(x_i, y_i, z_i) \tag{6.27}$$

(2)选取护栏点中的任意一点 m,连接 $\boldsymbol{om}$ 作为向量基准。

(3)遍历所有护栏点与中心相连 $\boldsymbol{op}_i$,计算两点之间的距离 $d_i = |\boldsymbol{op}_i|$,然后进行如下计算

$$\left.\begin{aligned} d_{\max 1} &= \max(d_i), \quad \boldsymbol{op}_m \cdot \boldsymbol{op}_i > 0 \\ d_{\max 2} &= \max(d_i), \quad \boldsymbol{op}_m \cdot \boldsymbol{op}_i < 0 \end{aligned}\right\} \tag{6.28}$$

得出护栏上距离中心点最远的两个点 p_1、p_2,如图 6.28 所示。

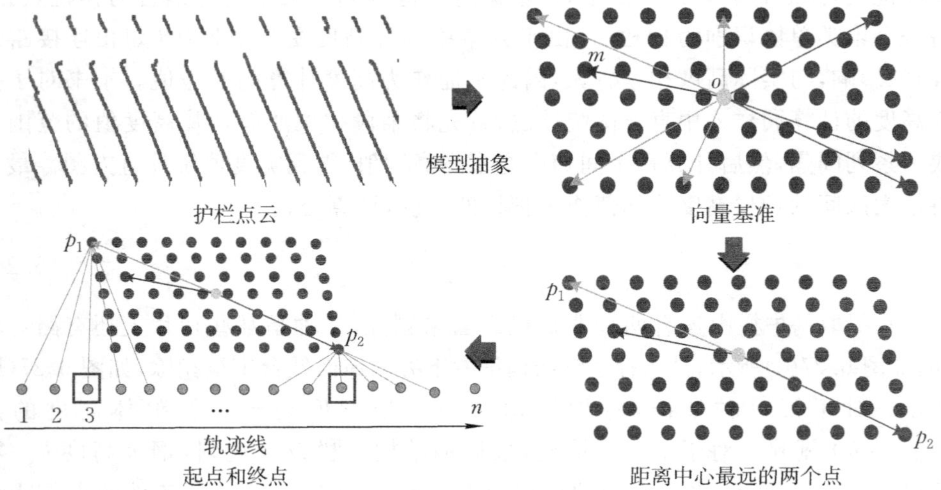

图 6.28　护栏起始点的获取

(4)由于护栏上的点是无序的,无法确定这两个距中心最远的点哪个是起点,哪个是终点。而轨迹线上的点是有序的,因此可以结合该信息判断起点和终点。首先遍历轨迹线上的点找到距 p_1、p_2 最近的两个轨迹点 t_1、t_2,并做出如下判断

$$\left.\begin{array}{ll} p_s = p_1, & \text{index}[t_1] < \text{index}[t_2] \\ p_s = p_2, & \text{其他} \end{array}\right\} \tag{6.29}$$

式中，p_s 表示护栏起点，index[]表示轨迹点的序号。

3）长度计算

由于轨迹点和道路走向是一致的，在得到距护栏起始点 p_1、p_2 最近的两个轨迹点 t_1、t_2 后，通过计算 t_1、t_2 之间所有相邻轨迹点的距离并求和就可以得到护栏的长度，即

$$length_g = \sum_{i=1}^{n-1} d_i \tag{6.30}$$

式中，n 表示 t_1、t_2 之间轨迹点的个数，d_i 表示相邻轨迹点之间的距离。

4）与道路的关系

护栏与道路的关系可分为护栏位于道路左侧和右侧两种，可根据车辆行驶的方向对其进行判断。如果已知护栏上一点，以及护栏对应部分轨迹线上的一条有向线段，则判断点在有向线段的哪一侧即可，如图 6.29 所示。

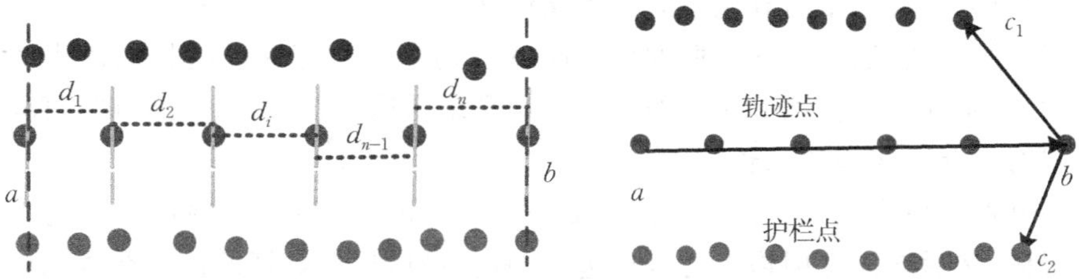

（a）护栏与道路的关系　　（b）判断点与线段的位置关系

图 6.29　护栏长度与道路关系计算方法示意

首先连接轨迹线上与护栏起点和终点对应的轨迹点得到向量 $\boldsymbol{a} = \boldsymbol{t}_1\boldsymbol{t}_2$，然后将护栏的终点 p_2 与轨迹线上的 $\boldsymbol{t}_1$ 相连得到向量 $\boldsymbol{b} = \boldsymbol{t}_1\boldsymbol{p}_2$，然后计算二者在 xoy 平面上的向量积，有

$$\boldsymbol{a} \times \boldsymbol{b} = \begin{vmatrix} \boldsymbol{i} & \boldsymbol{j} & \boldsymbol{k} \\ a_x & a_y & 0 \\ b_y & b_y & 0 \end{vmatrix} = (a_x b_y - a_y b_x)\boldsymbol{k} \tag{6.31}$$

若 $a_x b_y - a_y b_x > 0$，则护栏在道路左侧；若 $a_x b_y - a_y b_x < 0$，则护栏在道路右侧。经过以上过程的处理，自动提取的护栏信息如图 6.30（彩图附后）所示。

6.3.3　路灯点云信息提取

路灯是常见的道路物体，对司机和行人的安全起着重要的作用，从车载激光雷达数据中检测和提取路灯信息对智慧城市建设、高精度地图构建及城市交通管理等有重要意义。目前国内外对于路灯的检测方法大体可以分为三类。第一类是基

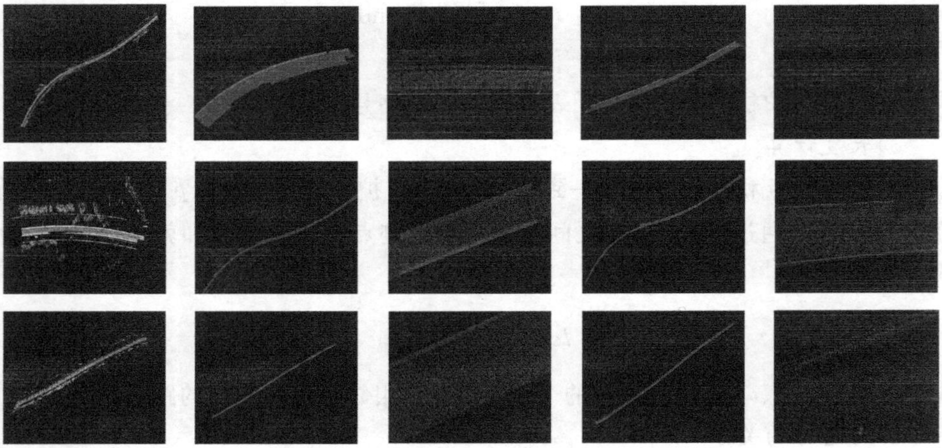

图 6.30 自动提取护栏信息

于散乱点云聚类的方法，该方法首先将地面点滤除，然后使用聚类方法将剩余点云单体化，最后根据路灯的整体特点实现路灯的提取；第二类是基于三维网格的处理方法，将点云划分网格后利用空间上下文语义信息提取路灯等特征；第三类是基于模板匹配的方法，通过评估获取的候选路灯与构建的路灯模板的相似性实现路灯的识别，但是评判相似性的函数的选择对识别结果影响较大，只在路灯竖直程度较为理想的情况下实验效果较好。

本书首先使用四叉树网格对点云划分，根据路灯的特征从网格中筛选出候选路灯网格，然后在候选网格中对灯杆进行判定，最后根据灯杆的位置在本网格及其相邻网格中提取路灯灯头，实现路灯的识别。

1. 基于高效二进制编码的四叉树的构建

在车载点云数据获取过程中，某些路灯不可避免地会受到其他物体的遮挡造成扫描不连续现象。如果用基于体素的区域生长算法对路灯点云分割，在生长过程中极易出现断裂现象，如图 6.31 所示。为了解决这一问题，本书将八叉树编码过程应用在四叉树网格上，差异在于在构建时不考虑 Z 轴元素即可，仍设置网格大小为 d_I，则每个网格编码为

$$\left.\begin{aligned} X_p &= \text{binary}(\text{floor}((p_x - O_x)/d_I)) \\ Y_p &= \text{binary}(\text{floor}((p_y - O_y)/d_I)) \end{aligned}\right\} \tag{6.32}$$

式中，X_p、Y_p 分别为点 p 两个坐标轴的编码分量，O 为四叉树的原点(不考虑 Z 坐标轴)。四叉树中编码的插入与提取及八邻接网格的查询等的方法同八叉树。由于在本章前两节中已对路面、护栏及道路两侧杂乱点进行了识别，可以将其剔除后，再对路灯识别，能加快识别的效率，减少其他点的干扰。但是为了展示路灯提取算法的完整性与鲁棒性，仍然对原始点云构建四叉树网格，构建结果如图 6.31 所示。构建完成后，四叉树网格中点云的类型包括路灯、不完整的路灯、墙面、路

面、护栏、杂点，以及它们的混合目标。

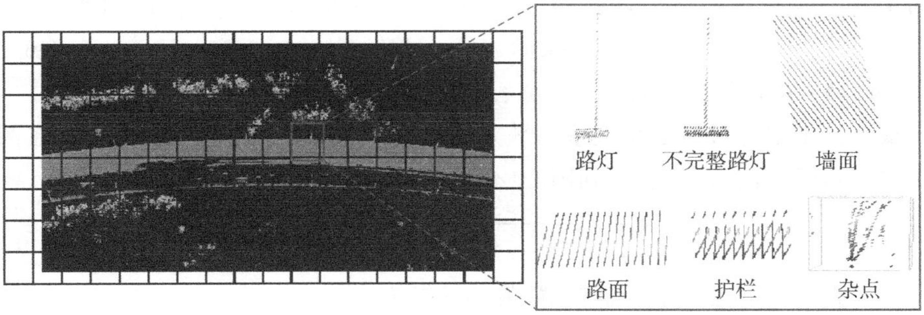

图 6.31　车载点云四叉树网格划分

2. 路灯点云提取

在我国，考虑成本和安全等因素，高速公路上通常不安装路灯，但是在城市互通区和某些大城市的绕城高速装有路灯，且以高杆灯为主，如图 6.32 所示。路灯结构分为灯杆和灯头两部分，其中灯头高度不超过路灯整体高度的 1/4。由于灯头和灯杆分别呈现不同的空间和几何特征，本书先在单个网格中提取候选灯杆点云，然后在该网格及其邻域网格中搜索灯头点云，最后得到完整的路灯点云。

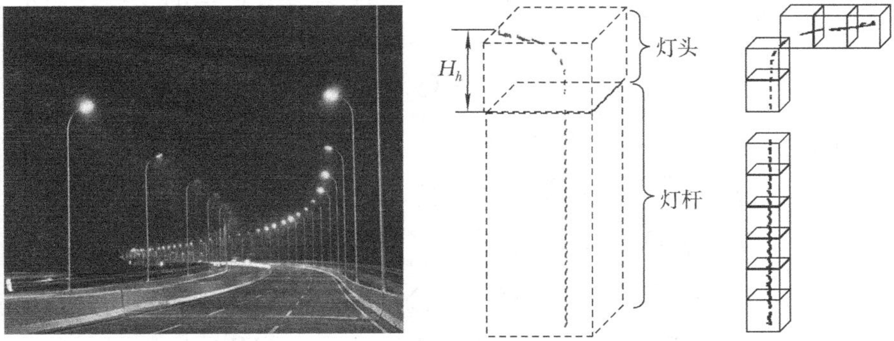

(a) 路灯示意图　(b) 灯头及灯杆点云提取　(c) 完整路灯点云

图 6.32　高速公路上的路灯

1)灯杆提取

根据路灯的设计标准，路灯的高度一般为 6～12 m，灯杆通常垂直于地面呈线状，且灯杆的截面为圆形。根据这些特征，本书设计的提取灯杆方法如下。

对于每一个网格 M_i，首先计算该网格内点云的高度差 $h_i = z_{\max} - z_{\min}$，若 $h_i > \sigma_h$，则将该网格列为候选灯杆网格并继续执行下列步骤，本书中 $\sigma_h = 5$ m。

将候选网格中距离最低点 1.63 m 的点云切分出来。一般来说，这部分点云距离地面较近，激光雷达对其探测较完好。先将这部分点云投影到 xoy 平面，从图 6.33 可以看出，点云投影后呈圆弧形，进行圆拟合可以得到一个与其贴合良好的圆。本书使用最小二乘法对二维投影点集进行圆拟合，假设网格内投影后的点云为 $P=\{p_i\}(i=1,2,\cdots,n)$，其中，点 p_i 的坐标为 (x_i,y_i)。圆的标准方程为

$$(x-a)^2+(x-b)^2=r^2 \tag{6.33}$$

式中，(a,b) 和 r 分别为拟合圆的圆心坐标和半径。

最小二乘法通过最小化误差的平方和找到一组数据的最佳拟合函数，在圆拟合中要求点云中的每个点 p_i 到圆心 (a,b) 的距离平方和 D 最小，即

$$D=\sum_{i=1}^{n}\left(\sqrt{(x_i-a)^2+(y_i-b)^2}-r\right)^2 \tag{6.34}$$

由于式(6.34)无法求得解析解，将其转换为

$$D=\sum_{i=1}^{n}\left[(x_i-a)^2+(y_i-b)^2-r^2\right]^2 \tag{6.35}$$

当 D 最小时，即函数取得极值时应满足以下条件

$$\frac{\partial D}{\partial a}=\frac{\partial D}{\partial b}=\frac{\partial D}{\partial r}=0 \tag{6.36}$$

即

$$\left.\begin{aligned}\frac{\partial D}{\partial a}&=-4\sum_{i=1}^{n}((x_i-a)^2+(y_i-b)^2-r^2)(x_i-a)\\\frac{\partial D}{\partial b}&=-4\sum_{i=1}^{n}((x_i-a)^2+(y_i-b)^2-r^2)(y_i-b)\\\frac{\partial D}{\partial r}&=-2r\sum_{i=1}^{n}((x_i-a)^2+(y_i-b)^2-r^2)\end{aligned}\right\} \tag{6.37}$$

整理式(6.37)，并令

$$\left.\begin{aligned}p&=n\sum x_i^2-\left(\sum x_i\right)^2\\q&=n\sum y_i^2-\left(\sum y_i\right)^2\\s&=n\sum x_iy_i^2+n\sum x_i^3-\sum(x_i^2+y_i^2)\sum x_i\\t&=n\sum x_i^2y_i+n\sum y_i^3-\sum(x_i^2+y_i^2)\sum y_i\\u&=n\sum x_iy_i-\sum x_i\sum y_i\end{aligned}\right\} \tag{6.38}$$

对式(6.38)求解，可得

$$\left.\begin{aligned}a&=\frac{sq-tu}{2(pq-u^2)}\\b&=\frac{tp-su}{2(pq-u^2)}\end{aligned}\right\} \tag{6.39}$$

再令

$$v=\frac{1}{n}\left[2a\sum x_i+2b\sum y_i-\sum(x_i^2+y_i^2)\right] \tag{6.40}$$

则

$$r=\sqrt{a^2+b^2-v^2} \tag{6.41}$$

由此，可以求出该段点云拟合圆的圆心 $(a,\ b)$ 和半径 r。根据路灯的设计标准，灯杆的半径通常在 20 cm 左右。如果拟合圆的半径大于该值，则将该网格从候选路灯网格中剔除。为了提高容错率，本书设置的半径阈值 σ_r 为 30 cm。通过半径参数可以将候选路灯网格中包含建筑物墙壁的网格剔除，因为它们在网格中高度通常大于 6 m，在初次筛选中容易被判断为候选路灯网格，但是它们的拟合半径远大于设置的阈值。

由于灯杆整体呈线状，在得到拟合圆的圆心 (a, b) 后，以 $(a, b, 0)$ 为中心点，以 Z 轴正向为方向确定一条直线，如图 6.33 所示。计算网格内所有点到这条直线的距离 d_i，如果 $d_i<\sigma_r$，则该点为路灯点，直到将网格内所有符合条件的点提取出来，即完成路灯灯杆的提取。

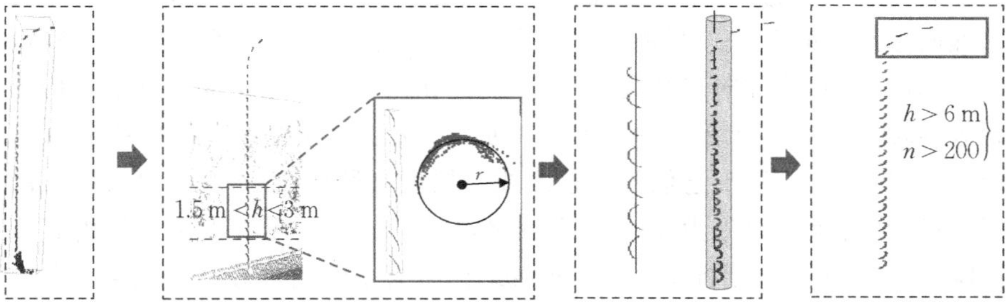

图 6.33　灯杆提取

2)灯头提取

现有的提取灯头的方法(如直线拟合法、覆盖度判别法和模板匹配法等)都不能有效地解决路灯与树木相交的情况。为了解决这一问题，提出一种根据车载点云轨迹线信息将路灯灯头准确提取出来的方法。

路灯分布在道路的两侧，路灯灯头与树木的明显区别在于灯头通常朝向路面且与道路走向垂直。根据这一特征，首先根据前面提取的灯杆网格和灯杆的二维投影的中心坐标 $o(a, b)$，在轨迹线 xoy 面投影中找到距离中心点 o 最近的一点 $p_{d_{\min}}(x_d, y_d, z_d)$。以点 $p_1(a, b, 0)$，$p_2(a, b, z_d)$ 和 $p_3(x_d, y_d, z_d)$ 计算得到一个基准平面，如图 6.34 所示。其中平面的法向量 $\boldsymbol{n}$ 为

$$\boldsymbol{n}=\boldsymbol{p}_1\boldsymbol{p}_2\times\boldsymbol{p}_1\boldsymbol{p}_3=\begin{vmatrix}\boldsymbol{i} & \boldsymbol{j} & \boldsymbol{k}\\ 0 & 0 & z_d\\ x_d-a & x_d-b & z_d\end{vmatrix}=[-z_d(y_d-b)\quad z_d(x_d-a)\quad 0]\boldsymbol{e} \tag{6.42}$$

式中，$\boldsymbol{e}=[\boldsymbol{i}\ \ \boldsymbol{j}\ \ \boldsymbol{k}]^{\mathrm{T}}$，$\boldsymbol{i}$ 表示 x 轴正方向的向量，$\boldsymbol{j}$ 表示 y 轴正方向的向量，$\boldsymbol{k}$ 表示 z

轴正方向的向量。

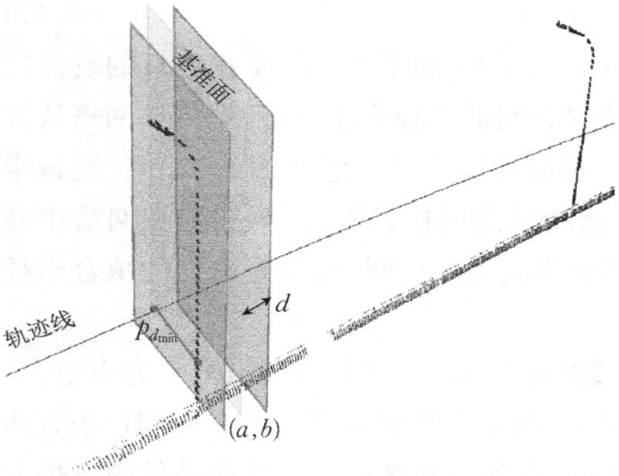

图 6.34　以轨迹线为参考的灯头提取

以基准面为基础，根据路灯灯头的设计特点，设置一定的距离间隔 σ_d 作为灯头宽度的阈值，然后使用欧氏聚类算法将与灯杆点云在空间上相近且与基准面距离 $d_i < \sigma_d$ 的点聚类为灯头。通过本方法可以有效地将同树枝混合在一起的路灯灯头提取出来，且计算过程较为简单。只要灯头垂直于路面走向，无论灯头的形态是单向还是双向，或是单排还是双排，都能获得良好的提取效果。

最后，在提取的路灯中仍然混有部分交通标志牌点云，本书根据灯头和交通牌在基准面投影上的形态差异将二者进行区分。首先选取上述方法提取的路灯灯头，由于灯头的延伸方向与基准面平行，因此在已知基准面法向量 $\boldsymbol{n}$ 的基础上使用四元数旋转法将点集旋转并投影到 xoy 面上，交通牌在基准面上的投影面为一个矩形，而灯头点云的投影近似于一条曲线。根据这种特征，本书计算投影点的二维包围矩形，并将矩形划分为 $m \times n$ 个网格，如图 6.35 所示。如果网格内有点云则将该网格标记为 1，否则标记为 0。然后统计值为 1 的网格数 n 和网格总数 N，如果 $n/N < 60\%$ 则该点云为路灯点云，否则将其剔除。路灯提取的部分结果如图 6.36 所示。

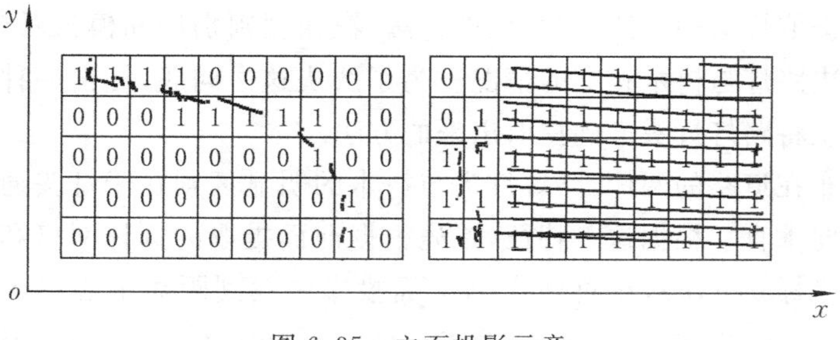

图 6.35　立面投影示意

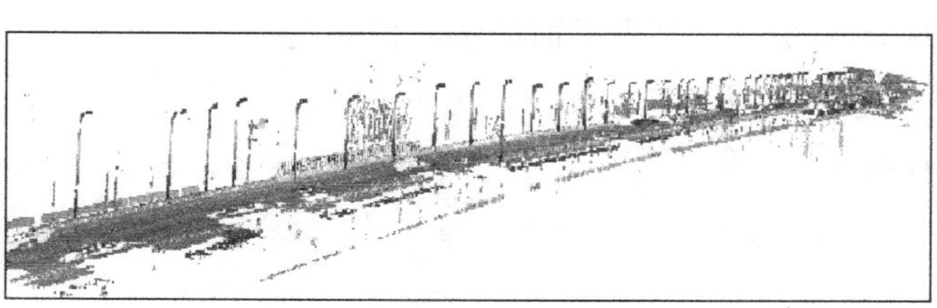

图 6.36　路灯提取结果

第7章　大规模移动测量点云数据管理关键技术

随着大规模三维数据采集技术的迅猛发展，人们能够方便地获得实物大量的散乱点云数据，最直接的体现就是点的密度越来越大，点的数量越来越多。但现有的三维点云处理软件侧重于处理建模方面的问题，对海量点云支持较差，其原因是对点云数据组织与调度非优化方式。因此，本书对海量点云数据进行科学的组织管理，既提高海量点云数据绘制效率，又不失去点云数据中包含的关于物体表面的关键物理几何特性。本章将详细介绍本书构建的空间数据组织。

海量点云数据所占内存空间太大，无法整合到内存中，因此必须对点云数据算法进行处理，本书采用的空间数据组织基础是将点云数据拆分成多个细节层次(LOD)，一次处理一个或几个细节层次。LOD是一种典型的三维可视化技术，根据人的视觉特性，对于距离视点不同或重要性不同的物体利用不同分辨率的数据进行显示，从而用较小的真实感损失换取更高的三维场景绘制的速度。LOD多分辨率模型相当于一个物体模型的多个不同分辨率模型的集合，如图7.1所示。LOD模型是根据一定的模糊算法，将地物原来的高分辨率地物模型进行不同层次的简化，按照模糊度的大小，将不同层次进行排列，从而形成一个自上而下的金字塔结构模型。这种空间数据组织对于可视化，通常是显示某块区域的数据，而不是显示所有区域的数据，同时也在一定程度上解决海量三维点云数据实时的交互绘制问题。本章将重点论述如何生成空间数据组织LOD模型，可视化判别的算法将在第8章进行论述。

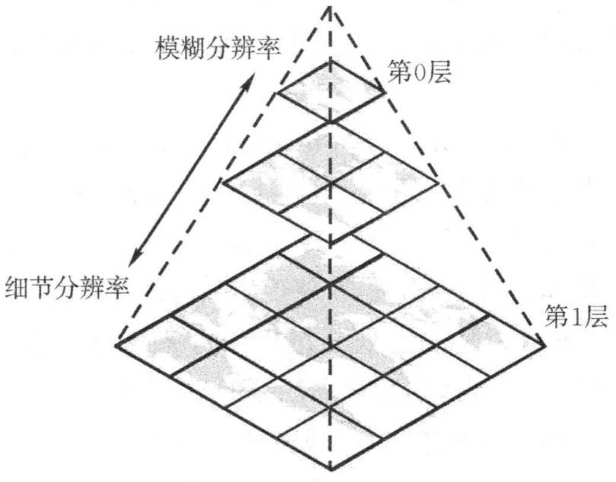

图7.1　LOD模型

本书所采用的空间数据组织是基于嵌套八叉树的空间分割结构并进行优化，将原始点云数据构建成各种级别的细节层次并以文件形式存储在计算机硬盘中。

§7.1 空间数据组织结构设计

7.1.1 三维 KD 树与八叉树多级混合的空间索引方法

移动测量系统获取的点云模型数据具有数据量大(海量性)、数据表达精细(高空间分辨率)、空间分布均衡(完整性)、空间三维点之间无拓扑关系(散乱性)等特征。根据点云模型这些特征,结合八叉树和三维 KD 树各自的空间索引特性,采用八叉树与 KD(K 维)树集成索引(OctKD 树)的方法重组点云模型数据,将 OctKD 树混合索引与空间数据分别进行组织,利用二进制数据流在计算机内存、磁盘文件和数据库中检索与调度数据。这种数据组织方式不仅便于多分辨率 LOD 模型的实现和单点坐标的快速检索,而且利于三维空间邻近点的查找,为点云模型数据后处理工作提供必要的技术支持。

要根据移动测量系统数据预处理的实际情况和应用需要确定选取何种索引机制作为某种大规模点云数据模型的数据组织方法,事实上,KD 树与八叉树(OcTree)都属于二叉树的变种。在计算机图形学和计算机视觉领域中,一些基本的三维图形算法,如视锥裁剪、碰撞检测、遮挡剔除及光线跟踪等,都是通过对三维场景中的各类空间数据模型进行层次化细分,进而加速数据的遍历与检索过程。基于各种三维空间索引方法的特点和实用性,就本书的点云模型来说,针对其数据海量性和高空间分辨率的特征,采用多级混合索引的策略将数据索引到单个空间三维点;针对点云模型的完整性特征,采用八叉树索引从整体点云模型的最小外包矩形体(minimum bounding box,MBB)开始不断分割海量点云,使八叉树索引节点中三维点的分布在空间上较为均衡;针对大规模点云模型的散乱性特征和数据后处理的需要,采用三维 KD 树索引单个三维空间点,使快速查询和处理单个点坐标及其属性数据(如纹理信息等)成为可能。

KD 树索引的划分过程中分割平面必须与某个三维坐标轴垂直,而八叉树索引则是在每次分割时采用平行于三个坐标轴的三个平面,也可以说是用一个空间立方体对空间按一定规则进行等分。八叉树索引节点 MBB 相对规则,处理起来较其他三维空间索引要容易得多,但是由于要对部分空间进行规则等分,并且属于完全占有三维空间,所以往往出现每个树节点 MBB 对点云模型内的点集的包围不够紧密的问题,这些问题会在点云数据检索时降低查询的效率。相比之下,三维 KD 树索引的空间分割方法既保留了原二叉树索引结构简单的特点,又对三维空间没有等分的要求。对海量点云模型数据来说,三维 KD 树要索引到单个三维点或者较少个数的三维点集,其树深往往超过 10 层,甚至达到 20 层以上,这样空间索引的检索效率会大大降低,达不到高效检索空间数据的目的。因此结合八叉树空间索引和三维 KD 树空间索引各自的特点，将其混合为 OctKD 树空间索引。

本书提出的 OctKD 树空间索引的数据结构如图 7.2 所示，它由五种数据对象组成，分别是三维点数据类型、顶点数据类型、最小外包盒数据类型、八叉树节点类型和 KD 树节点数据类型。其中，三维点数据类型 Point3D_struct 包括 X、Y、Z 三维坐标值属性、三维点的 ID 标识属性和点的纹理属性等，用来存储点云模型的几何坐标值；顶点数据类型仅包括 X、Y、Z 三维坐标值属性和三维点的 ID 标识属性，是最小外包盒的 2 个三维空间顶点的数据类型；最小外包盒数据类型存储每个 OctKD 树空间索引节点和 KD 树节点的最小外包矩形体属性，它用 2 个三维空间顶点坐标或者 6 个浮点数来表达；八叉树节点类型属性包括分割标识符 cut、节点名称标识符 ID、每个叶子节点的 KD 树根节点 KDarray、本节点所在的节点深度 LayerCount、8 个子节点名称标识符 LeafNode、中心点坐标 Midpoint、节点包含的点集数据 Pointlist、父节点标识 RootNode、节点的最小外包盒 Vertex 等；KD 树节点类型包括节点名称标识符 ID、中心点坐标 Midpoint、节点包含的点集数据 Pointlist，以及节点的最小外包盒 Vertex 等属性。本书是利用 OctKD 树空间索引的这一套数据结构完成点云模型的数据索引与组织工作。

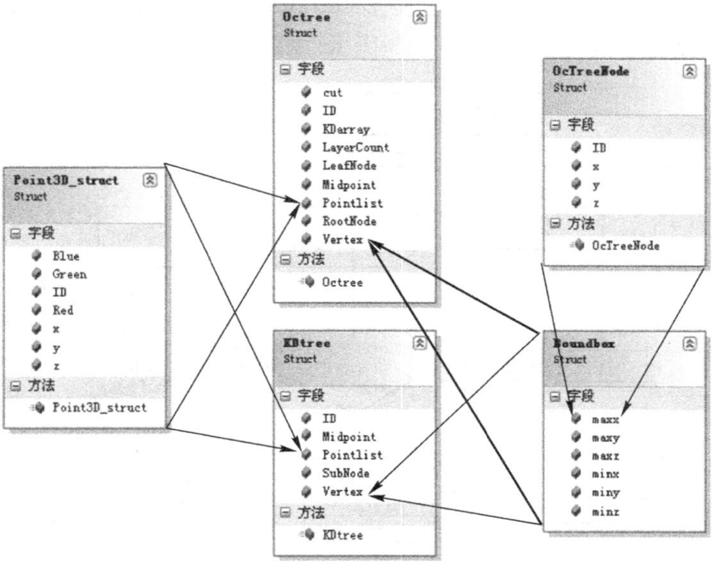

图 7.2　OctKD 树空间索引的数据结构

在实际项目实践中，很可能用到多种测量手段共同获取空间数据，如站载激光雷达、摄影测量等方式，这些现代化的手段往往也能生成点云数据，需要系统性整理与分析移动扫描点云数据和散乱点云数据的空间索引方法，在厘清多类点云数据的相互关系和数据组织方式的基础上，利用多级混合空间索引的组织方式描述两类点云之间、点云与其他空间对象之间的关系是比较合适的方案。

注意到激光扫描原始点云的三大固有特点，需研究二、三维集成的空间索引方法，为移动扫描点云数据的预处理、空间关系计算、三维建模与表达、三维空间分析奠定理论基础。对于车载激光点云等超大规模散乱点云数据，根据三维可视化和数据检索操作的不同需求，在多层次上设计满足不同应用的空间索引方法。如何将两种新型的空间索引与三维R树空间索引相结合，达到最大索引效率和良好可扩展性是研究的重点。

基于上述要求，在多种新型的树结构空间索引（QMBB树空间索引和OctKD树空间索引）建立后，层次多分辨率点云数据通过树的深度层次来表达，形成"点云金字塔"（类似于二维"影像金字塔"）。树的每一层代表不同分辨率的点云数据，分辨率的大小取决于树空间索引构建时点云数据的重采样算法与采样率。树结构空间索引中只存储三维点的ID，点坐标数据只存储单个复制，检索时将ID换算为偏移指针查询数据，从而避免多层次数据的存储冗余。

利用三维R树空间索引管理移动扫描点云及散乱点云数据，三维R树的每个叶子节点均存储树的根节点MBB，同时也存储各点云的重采样空间数据，采用二级混合空间索引的方式来管理所有散乱点云数据。其他类型的三维或二维空间数据利用其MBB，或其二维最小外包矩形（minimum bounding rectangle，MBR）等属性来进行管理，其索引架构如图7.3所示。

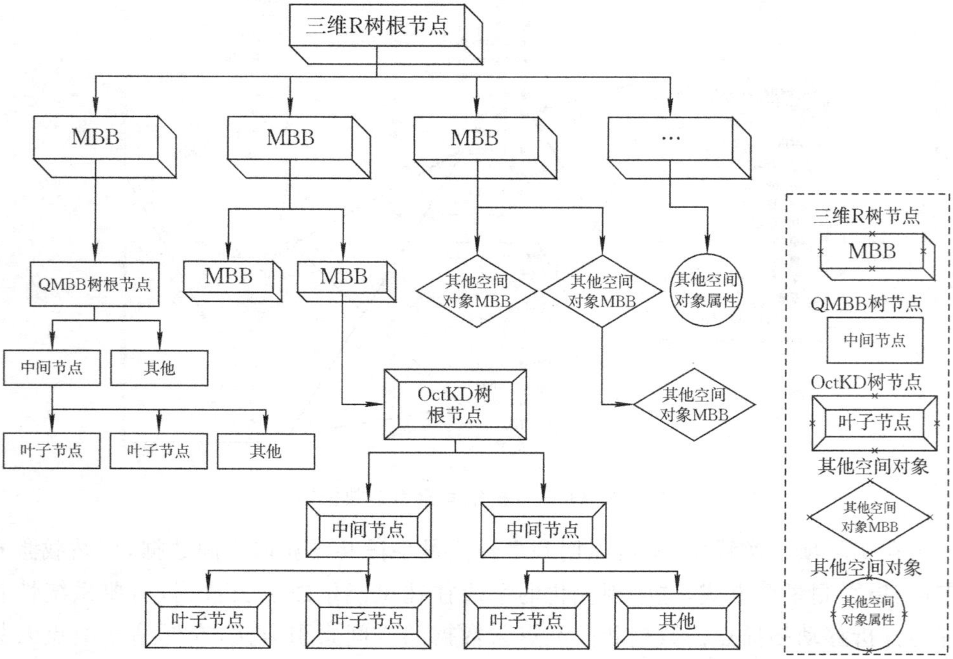

图7.3　多级混合空间索引架构示意

利用三维 R 树索引的对象性与两类点云对象的根节点 MBB 相结合，提出适合两类点云数据的整体空间索引方案，该方案还可以方便地扩展到其他空间对象的组织与管理中。利用三维 R 树索引管理所有大范围多分辨率空间对象，利用空间对象的 MBB 属性或者 MBR 属性进行数据组织与管理工作，弥补了空间数据库管理系统对大规模空间数据模型可视化支持不够的缺陷。

在进行绘制时，实时调度所需相机区域内的点云数据，靠近照相机的区域将比远距离区域呈现的细节水平更高，并且在视锥体之外的区域被完全丢弃，如图 7.4 所示。

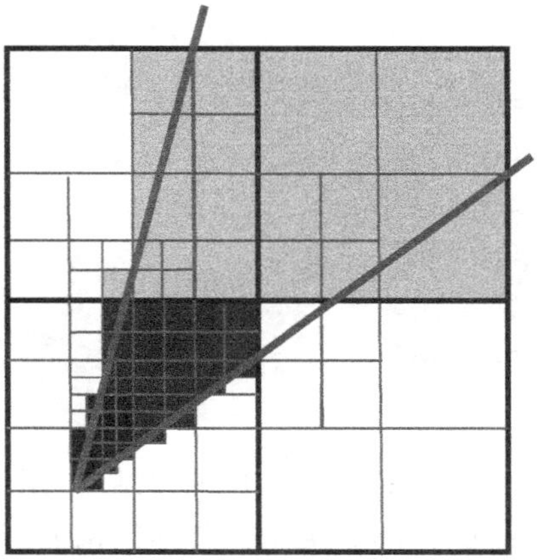

图 7.4　视锥体点云的选择

嵌套八叉树每个节点中存储原始点云的子样本，低级节点包含大量的稀疏子样本，对于高级别节点，尺寸大小收缩，而点密度增加，如图 7.5 所示。原始数据集的每个点数据正好被分配给八叉树节点，因此不会存在点信息缺失与重复，并且结合所有级别中的所有点云数据可返回整个原始数据集。

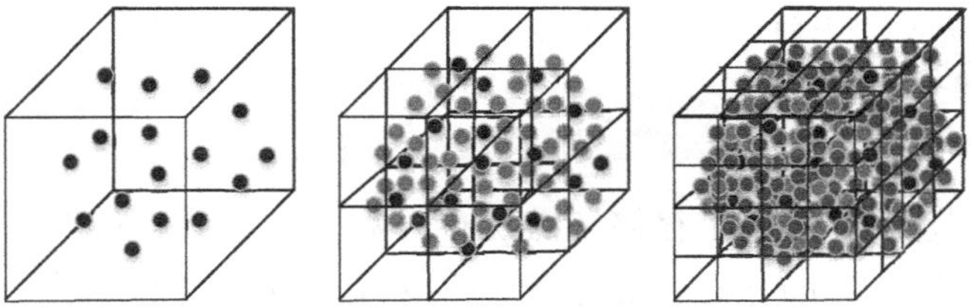

图 7.5　嵌套八叉树各级点云数

空间数据组织的完整层次结构存储在文件中，分为数据文件和索引文件。数据文件包含划分的节点点云数据，索引文件包含节点信息，即节点所包含的点云总数、节点包围盒、节点名称等信息。

海量点云数据具有数据量大的特点，将 LOD 技术运用于海量点云的绘制可以极大提高点云数据的使用效率。本书构建点云 LOD 模型方法为运用一定的采样方法直接对点云整体在分辨率控制下进行数据采样，生成不同分辨率的图层。

为了实现空间数据组织构建，本书设计了针对点云数据的数据结构，用于存储点云信息；设计了节点包围盒的数据结构，用于存储包围盒信息；设计了存储节点信息的数据结构，用于存储节点信息。具体如下。

(1)PtCloud 点结构，用于存储点云的 (X, Y, Z) 三维坐标、RGBA 灰度颜色信息、标记 selid，具体结构如下：

```
struct PtCloud
{
  float x;
  float y;
  float z;
  float r;
  float g;
  float b;
  float a;
  float selid;
};
```

(2)AABB 节点包围盒结构，用于存储包围盒半径 radius、最大点 max、最小点 min、节点中心 center，具体结构如下：

```
struct AABB
{
  float radius;
  vector3<double> min;
  vector3<double> max;
  vector3<double> size;
  vector3<double> center;
};
```

(3)Node 节点结构，用于存储节点所在层数 index、节点包围盒 aabb、子节点 children、节点父节点 parent、节点点云数据 ptdata、分割阈值 limit、节点是否在内存中 isInmemory 等，具体结构如下：

```
struct Node
{
  int index;
  int limit;
  bool isInmemory;
  AABB aabb;
  Node * parent;
  vector<Node * > children;
  vector<Ptcloud> ptdata;
  ...
};
```

基于以上设计结构实现空间数据组织算法，具体构建算法如下。

算法描述：海量点空间数据组织划分。

算法输入：点云集合。

算法输出：基于八叉树的 LOD 空间数据组织索引与数据文件。

算法步骤为：

(1)首先创建单个根节点，八叉树由单个根节点组成。

(2)将点逐个添加到根节点，根节点或叶节点保存所有点。

(3)距离检查，如果没有其他点在最小距离(间距)内，则内部节点保留点，否则将其传递给其子节点。检查子节点是否存在，如果不存在则创建，最小距离减半。检查是否在内存中，如果不存在，先从磁盘中读取点云数据。

(4)如果达到节点的分割阈值，则扩展叶节点，成为一个内部节点，并将所有存储的点添加到自身过程中，遵循内部节点规则，具有最小距离的点保留在前叶节点中，所有其他点向下传递到其新创建的子节点。

(5)将数据定期刷新到磁盘，如果是自上次刷新以来尚未触及的节点，则其数据将在下一次刷新时从内存中移除。

步骤(3)中，距离检查是由节点分辨率所控制，指定了点与点之间的最小距离。节点分辨率由节点包围盒的大小算出，根节点的分辨率由原始点云集合包围盒算出。间距的不同影响节点中的点数、存储所有点所需的节点数及树的深度。较低的间隔导致每个节点中较多的点数、总体较少的节点数和较浅的树深度。

为了减少点与点之间距离检查的工作量，将每个节点划分为网格，仅计算到相同和相邻单元内的点的距离，如图 7.6 所示。

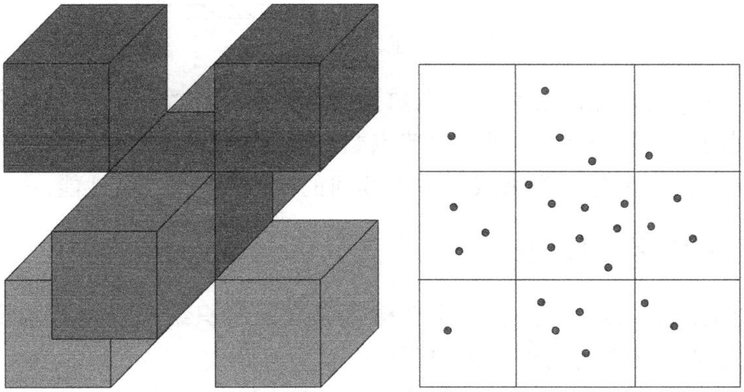

图 7.6　相邻网格距离计算

网格实现为稀疏数组，实际上只有小部分单元格被填充。C++ 标准库提供了一个哈希映射的实现，称为 std::unordered_map，用作三维稀疏数组。unordered_map 是一个一维集合，但它可以通过将 3 个整数分量编码为单个 64 位整数键来用作三维稀疏数组。

每个网格存储接受的点和对相邻单元的地址，以便快速迭代邻居网格中的点。如果到该网格内的所有点和相邻网格中的所有点的最小距离大于节点分辨率，则网格和该节点接受新点。当新添加的点第一次落入其中时，创建网格实例。在网格创建时，检查相邻空间是否已经存在网格。如果存在，则将其添加到网格的邻居列表中，并且新创建的网格也将添加到邻居列表中。

单元的大小可以是节点本身的间距和大小之间的任何值。只有等于或大于间隔的单元尺寸、确保与距离检查相关的点，才存储在相同或相邻的单元中。

步骤(4)中，创建子节点时节点分辨率减半，而点密度增加。具有较低级别的低分辨率和较高级别的高分辨率的点云集合。低级节点保持彼此具有大距离的点，该距离随每个级别减半，从而提高分辨率，如图 7.7 所示。

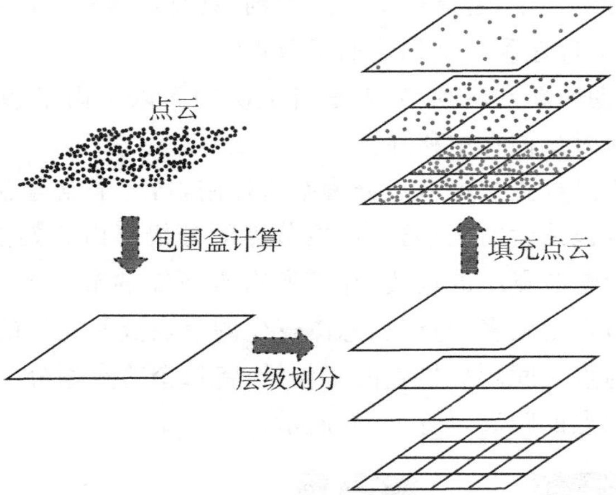

图 7.7 子节点点云计算

步骤(5)中，通过删除已导出节点数据保持内存使用率较低。如果随后的点云数据在相同的八叉树节点中，则将此节点数据读回内存中。本书所做的优化是提前对原始点云数据进行分类来减少节点读回的次数，以此提高性能。

7.1.2 空间索引文件结构

在构建空间数据组织完成后，需把构建完成的组织结构以文件的形式存储起来，以便实现基于文件的内外存组织调度。

海量点云文本数据具有占用空间大、内部数据结构清晰的特点。目前常见的点云格式有 pts、ptx、xyz、las 等，这些格式的内部存储点云的方式各不相同。因本书篇幅有限，在此对于点云数据格式就不展开论述，仅以 ptx 为例，其包括行号、列号、平移矩阵、旋转矩阵、全局变换矩阵、点云数据，如图 7.8 所示。因此在点云数据构建空间数据组织过程中，需要辨别出不同类型点云数据的内部结构差异。

行	378						
列	416						
平移矩阵	3.434 505	−4.053 877	0.068 838				
旋转矩阵	0.409 115	−0.912 394	0.012 757				
	0.912 018	0.409 313	0.026 187				
	0.029 115	0.000 921	0.999 576				
全局变换矩阵	3.434 505	−4.053 877	0.068 838				
	0.409 115	−0.912 394	0.012 757				
	0.912 018	0.409 313	0.026 187				
	0.029 115	0.000 921	0.999 576				
点云数据	0.569 987	−2.136 587	−1.235 473	0.458	155	130	100
	0.556 487	−1.546 217	−0.256 472	0.560	215	210	164
	0.965 478	−3.336 54	−2.325 543	0.455	200	184	187

图 7.8　点云数据格式

原始点云数据集构建完成后，最终得到以二进制形式存储的索引文件和数据文件。二进制存储主要是利用 IO(输入输出)流中提供的接口，读取二进制方法具体如下：

```
ifstream * MyRead;
MyRead = new ifstream("Data.txt", ios::in | ios::binary);
int bytes = Count * sizeof(PtCloud);
char * temp = new char[bytes];
MyRead ->read(temp, bytes);
PtCloud * Data = new PtCloud[Count];
memcpy(Data a, temp, bytes);
```

其中，MyRead 实例化时所传第一个参数为文件路径，第二个参数为打开文件的方式，即以二进制的形式读取文件。最后利用内存复制函数 memcpy( )，把所读取的数据复制到 Data 中。写二进制文件类似，此处不再详细介绍。

所存储的索引文件主要存储信息结构为节点名称 ID、包含点数目 PointCount、文件偏移量 FrontCount、节点包围盒大小 Size、节点包围盒 aabb，具体如下：

```
struct tagFileIndex
{
  string ID;
  int PointCount;
  int FrontCount;
  float Size;
  AABB aabb;
};
```

如图 7.9 所示，节点名称为 r_6 代表节点 root. children [6]，r 为根节点，为唯一标识；包含点数目为当前节点包含多少点云数据；文件偏移量为当前节点所在数据文件的索引。包含点数目和文件偏移量主要用于定位该节点数据所在数据文件的位置，节点包围盒大小和节点包围盒主要用于可视化节点判断。

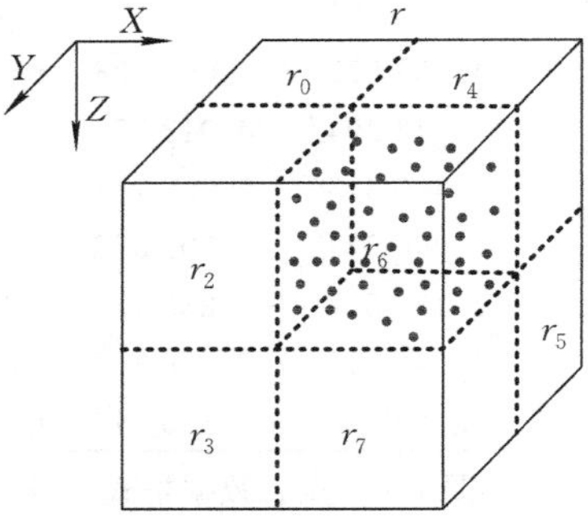

图 7.9　节点编号

数据文件中主要存储的是节点点云数据信息、(X,Y,Z) 三维坐标，RGBA 灰度颜色信息，标记 selid 等，如有需要还可存储法线信息，具体如图 7.10 所示。

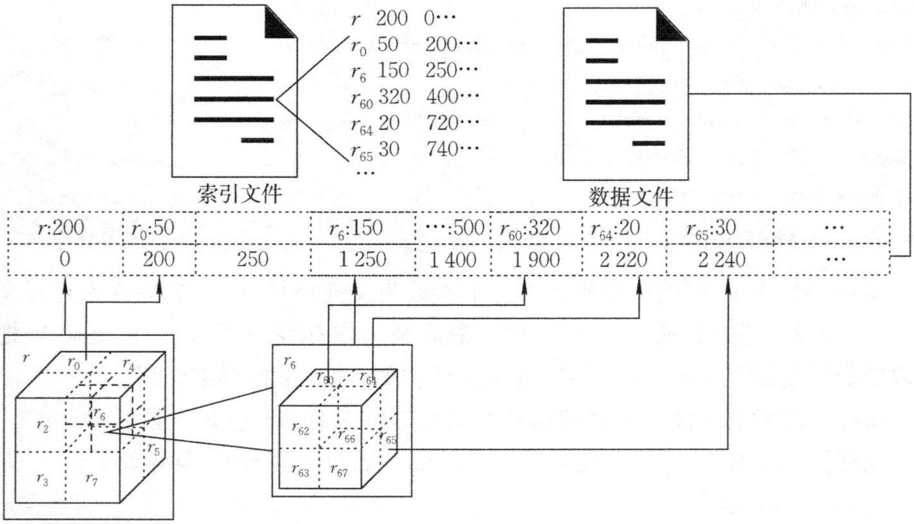

图 7.10　节点点云文件内部存储

索引文件包含了 r、r_0、r_6、r_{60} 等节点信息。根节点 r 包含 200 个点云数据，文件偏移量为 0；r_0 包含 50 个点云数据，文件偏移量为 200；以此类推。因为数据文件是以二进制形式存在，所以只需计算出所存数据结构体大小，取出相应的字节数，再利用内存复制函数赋值给相同大小的结构体，就可以把相应的节点数据解析出来。例如，取出 r_6 节点点云数据，r_6 节点数据包含 150 个点，文件偏移量为 250

(索引文件中前几个节点所包含的点云数据总和)。本书所存结构体 PtCloud 大小为 32 个字节,那么 r_{60} 节点数据所在位置为 16 100 个字节处(250×32),所包含节点点云数据大小为 4 800 个字节(150×32)。当然也就可以根据需要扩展所存储的结构体大小,只需计算出相应结构体大小即可。

§7.2　大规模点云排序算法

本书所采用的空间数据组织是基于八叉树的 LOD 空间数据组织,但在构建过程中,由于点云数据量巨大,不可能把所有点云数据读到内存中进行构建,因而利用外存分批构建。例如,以 100 万个点云数据为一批,构建完成后立即把所构建的点云数据导出到磁盘中。因为原始点云数据集是无序的,依次分批构建的话不可避免地将以前刷新到磁盘的节点数据再读回,但是数据从外存到内存效率低,所以应该对原始点云数据提前进行排序,以减少此部分时间来提高整体的构建效率。

排序方法主要是利用磁盘空间的辅助进行外部排序,即利用有限的内存每次读入部分数据排序后,得到有序点云并暂时放到磁盘,最后将多个有序点云进行归并直到最终完成排序,如图 7.11 所示,主要分为两个阶段。

(1)利用适当的内部排序算法对输入文件的每个片段进行排序,将归并段写到外存。

(2)利用归并算法,归并第一阶段生成的归并段,直到只剩下一个归并段位置。

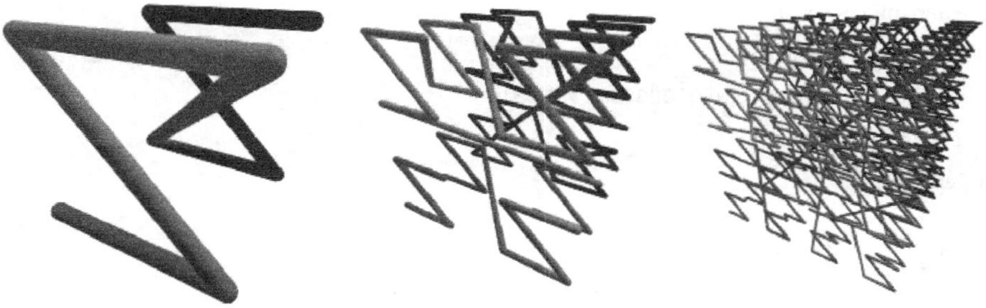

图 7.11　Z 排序

使用莫顿码不仅可以将点云数据的三维数据映射到一维,还可以保持点云数据的连续性。按莫顿顺序对点进行排序的结果与八叉树的深度优先遍历的结果相同,也就是说,在将原始点云数据集合构建空间数据组织之前,使用莫顿码对点云进行排序就可以很大程度上避免将节点数据读回。因为连接有序点会产生一个 Z 形曲线,所以又以其形状命名空间填充曲线为 Z 阶曲线。

整数的莫顿码可由其坐标值的二进制交织而成,如图 7.11 和图 7.12 所示。

但浮点数的莫顿码不能根据其二进制交织而成，可根据 C++ 浮点数字使用 IEEE 标准浮点算术格式来解析出其莫顿码。

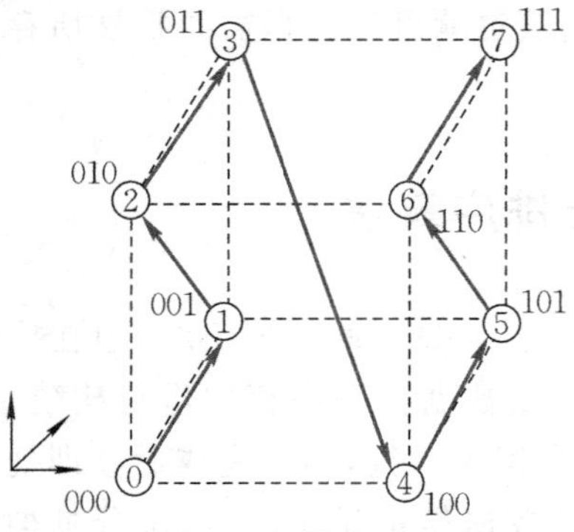

图 7.12　Z 排序编码

IEEE754 标准的浮点数存储格式如图 7.13 所示。第一位是符号，如果已设置，则该值为负，否则为正；中间 8 位存储指数(偏移 127，指数的实际范围为－127～128)；其余 23 位存储尾数，以便可以计算浮点值。解析完成后，将符号位、指数位和尾数位进行比较，就可以确定浮点数的莫顿顺序。具体过程采用 Encode 算法。例如，浮点数 0.125 9 经过 Encode 算法解析出符号位为 0，指数位为 124，尾数位为 60 398。

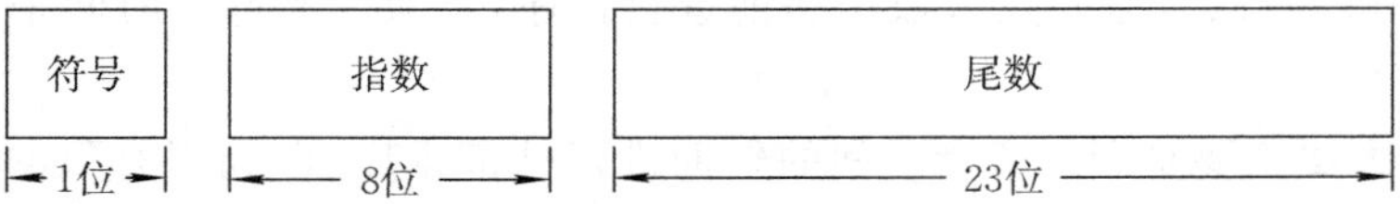

图 7.13　IEEE754 标准的浮点数存储格式

Encode 解析浮点数符号位、指数位、尾数位算法依次如下：

```
输入:a
输出:符号位
Function: Sign(a)
    *aPointer← &a
    valu_a← *aPointer
    Sign = (valu_a & 0x80000000) >> 31
    return Sign
end function
```

```
输入:a
输出:指数位
Function: Exp(a)
    *aPointer← &a
    valu_a← *aPointer
    a_exp← valu_a & 0x7F800000
    a_exp >>= 23
    return a_exp
end function
```

```
输入:a
输出:尾数位
Function: MANTISSA(a)
    *aPointer← &a
    valu_a← *aPointer
    return valu_a & 0x7FFFFF
end function
```

为了找到两个浮点数差异最大所在的维数(本书为三维，x、y、z)，首先比较浮点数的符号位，如果在某一维度上两个浮点数的符号位不一致，则不需进行后面的比较。如果两个浮点数在各个维度上符号位一致，则比较浮点数的指数。如果每个维度的两个指数不相同，则以其中一个点的指数最高的维度来比较。如果一个维度的指数相等，则计算尾数。因此，先将尾数进行异或运算，再进行特定的移位运算，然后将得到的结果添加到原始指数，在此基础上进行指数比较。通过该方法就可以找出两个浮点数差异最大所在的维数，然后比较该维数上坐标值的差异。这种算法可以大致确定浮点数的莫顿顺序，不需交织坐标值的二进制码。确定浮点数莫顿顺序的 MontorRS 算法如下：

```
输入:a,b,dim
输出:莫顿顺序
Function: MontorRS(a,b,dim)
    maxdim ← 0
    for each i in dim do
        if a.Sign[i] ≠ b.Sign[i] then
          if a.Coor[i] > b.Coor[i] then
            return a.Coor[i] > b.Coor[i]
          end if
        end if
    end for
for each i in dim do
    temp← 0
    k← 0
    if a.Exp[i] = b.Exp[i] then
      if a.Mant[i] = b.Mant[i] then
        temp ← 0
        else
        k ← MSDB(a.Mant[i], b.Mant[i])
        temp← a.Exp[i] + k
    else if a.Exp[i] <b.Exp[i] then
```

```
            temp ← b.Exp[i]
        else
            temp ← a.Exp[i]
        if x < temp then
                x ← temp
            maxdim← i
        end if
end for
return a.Coor[maxdim] > b.Coor[maxdim]
end function
```

主存储器数据库(MSDB)尾数比较算法如下：

```
输入:a,b
输出:返回尾数比较结果
Function: MSDB(a,b)
    c ← a^b
    n← 1
    if c = 0 then return;
    if c >> 16 = 0 then
        n ← n + 16;
        c ← c << 16;
    end if
    if c >> 24 = 0
        n ← n + 8
        c ← c << 8
    end if
    if c >> 28 = 0
        n← n + 4
        c← c << 4
    end if
    if c >> 30 = 0
        n← n + 2
        c← c << 2
    end if
    n ← n - c >> 31
    return 31 - n - 23
end function
```

如图 7.14 所示，实验数据为一个立方体内 64 个随机三维点经过莫顿排序后所绘制的曲线,可检验算法的正确性。随机三维点坐标经过排序后,空间顺序呈 Z 形曲线排列,与预期实验结果一致。

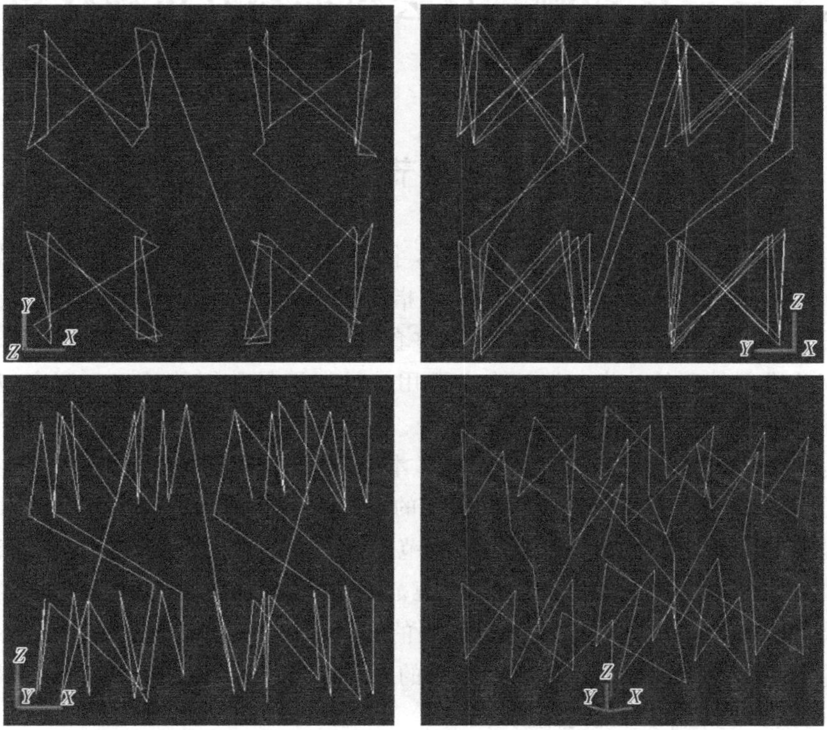

图 7.14　莫顿排序后的曲线

第 8 章　移动测量点云数据交互可视化技术

§8.1　细节层次调度

基于节点可见性判断算法原理，本书实现基于文件的点云数据细节层次（LOD）内外存调度。内外存调度技术是指计算机将需要处理的数据存放在外存存储设备中，并依据存储在内存里的一整套调度方法和标准，将数据以某种形式调入内存并进行处理的技术。该技术主要用来针对海量数据的处理和调度，从而提高数据的使用效率。

为了提高海量点云场景的绘制效率，本书利用调度算法调度多个层次的 LOD 节点点云数据联合绘制代替对整个场景的绘制。LOD 技术是利用层次结构和结构调度算法来绘制大数据场景。当可视范围内覆盖大部分数据时，在一定程度上可用较粗略的数据模型进行代替；当可视范围内覆盖小部分数据时，可用较精细的数据模型进行代替。LOD 技术依据人眼的视觉特性，可以在不影响人眼观察场景的情况下提升渲染速度。总体来说近处的对象细节丰富，远处的对象忽略很多细节，从而减少渲染计算，提高流畅度。

LOD 技术一般通过两种方法实现：静态 LOD 和动态 LOD。静态 LOD 在对点云数据进行数据组织时生成多个离散的不同细节层级的数据模型，实时绘制时根据特定的标准（如利用点云数据模型与视点距离）选择合适的 LOD 模型来表示物体。动态 LOD 生成一个数据组织结构，在对场景进行绘制时，依据对场景质量的要求，动态化决定场景中物体具体的分辨率，然后从这个数据结构中得到大量不同分辨率的 LOD 模型，分辨率是连续变化的，如图 8.1 所示。为了提高海量点云场景的绘制效率，利用调度算法调度多个层次的 LOD 节点点云数据联合绘制代替对整个场景的绘制，也就是动态 LOD 算法。

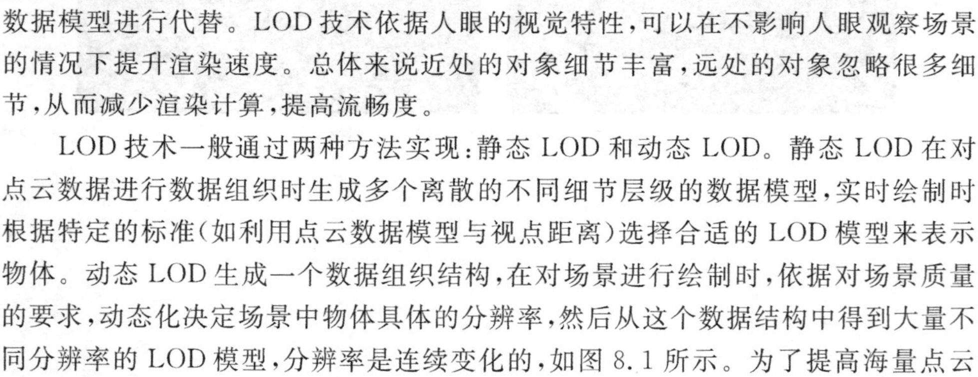

图 8.1　视景体可见性

本书的调度算法中设定了绘制点云总数最大的阈值，如场景所绘制的点云总数为一千万，因此在可见节点遍历过程中，如果可见节点的点云总数超过阈值，遍历终止。阈值设定的大小，决定了性能和渲染质量。阈值越小，性能越佳，渲染质量越差。同时设定了节点最小投影尺寸，此阈值的设定，决定了在视点远离场景时需要渲染的点的个数，在保证渲染效果不变的情况下只保留最小渲染点数，可减少不必要的工作。

阈值的设定，要求了遍历以屏幕投影尺寸大小的顺序完成，先访问场景中投影尺寸最大的节点，然后是第二大节点，以此类推。如果节点的边界框与视锥体相交，则该节点是可见的。如果不是这种情况，则将该节点丢弃，并且不进一步遍历其子节点。直到没有更多的节点访问，或可见点云数据的总和保持低于阈值，遍历终止。相应的调度流程如图8.2所示。

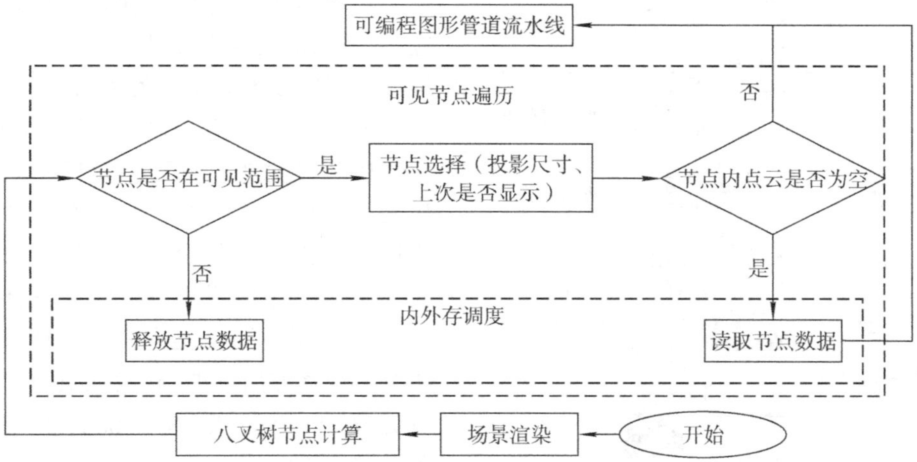

图8.2 调度流程

首先根据LOD八叉树存储文件，解析并构建场景树，在整个系统中实时维护场景树，构造完成后，当视点变化时，利用视锥体裁剪算法判断场景树是否在可见范围内。如果在可见范围内，则把此节点点云数据利用内存映射技术从外存中取出并放入到按投影尺寸维护的优先级队列中，并把此节点的上次是否显示属性设置为true。该属性主要为了下次视点变化时（视点变化是连续的，不存在跳跃的可能性），确定是否加载此节点点云数据。如果此节点还在可视范围内，不需再次加载此节点数据；如果不在可视化范围内，则把此节点点云数据释放。如果所有的可见节点点云数据总和超过阈值，则遍历终止。总的来说，主要分为三步：①构建场景树、内外存调度点云数据；②维护场景树及点云数据传入可视化渲染流程中；③进行渲染。

§8.2 并发高速渲染

大规模点云数据具有结构复杂、数据量大、分辨率较高等特点，这些特点是限制大规模点云三维可视化的重要因素。本节基于建立的八叉树，根据视点位置采用二进制流实现点云的内外存调度。在场景渲染时采用可见性裁剪、多线程并行渲染技术，实现大规模点云的细节层次模型的展示，大幅度地提高了点云绘制的数量与质量。

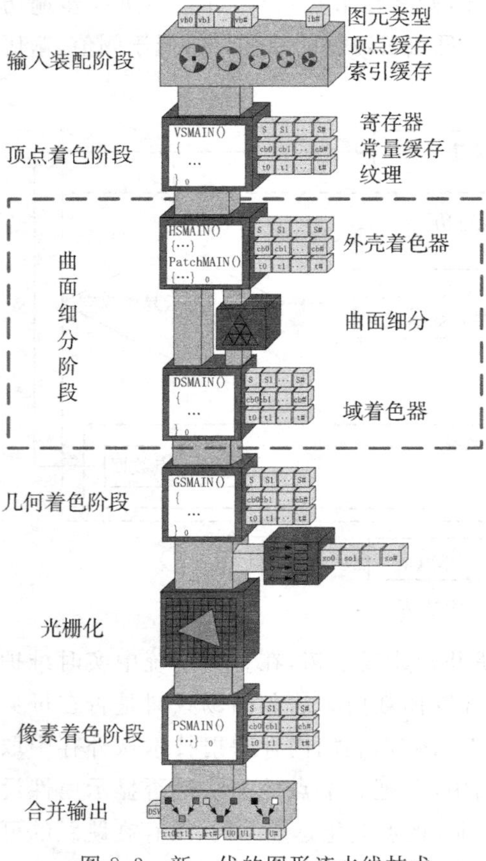

图 8.3 新一代的图形流水线技术

8.2.1 新一代图形流水线

图形流水线主要负责几何图形从输入到输出整个过程的软硬件协调响应，保障图形高效有序地输出。随着三维图形开发技术的不断发展，图形流水线技术也日益改进，直接促进了 GPU 硬件技术的发展，从而使 GPU 的可编程能力越来越强。新一代的图形流水线技术如图 8.3 所示。除了提供日益完善地处理各个功能环节的编程能力之外，更显著的特点是向图形智能表达和通用计算方向发展，开发人员可以编写更复杂、更高级、性能优良的三维图形应用程序。

新一代可编程图形流水线实现了图形处理与硬件管道分开，渲染代码可以在统一的处理器结构中完成不同阶段的图形处理，通过虚拟的逻辑管道串联组织起来，实现流水线的逐级处理，可以充分利用着色器的可编程能力实现三维渲染。三维图形经过输入装配阶段，在顶点着色器进行模型顶点信息的三维空间变换（包括顶点变换、光照计算等），几何着色器可根据几何图元的顶点进行模型图元的拓展，外壳着色器和域着色器可对模型进行曲面细分计算，经过流输出和光栅化阶段，然后像素着色器进行像素重采样。系统将像素信息组织成位面，通过位面组成帧缓存，最后将帧缓存中的全部像素亮度和颜色控制信息显示在二维平面上。

8.2.2　多线程渲染技术

DirectX 11 提供了多线程处理技术，让图形能够在多线程的环境中并行渲染，在多线程中创建命令列表，并记录每个线程的图形处理命令序列，然后由主线程发送命令列表到渲染流水线。由于渲染场景获取的点云数据是以八叉树节点为单位进行存储的，按节点划分采用 Direct3D 11 的多线程并行渲染技术，将点云按节点分块独立渲染，从而提高渲染效率。多线程渲染由一个立即渲染和多个延迟渲染组成，延迟渲染采用命令列表进行，命令列表只能在应用程序的活动期间进行录制与播放，不能在程序运行前录制，也不能存储命令列表。命令列表在延迟渲染环境下进行录制并生成多个命令列表，在设备环境下立即执行。命令列表允许从一个线程中录制而在另一个线程中执行，但是命令列表的录制只能在单一线程中完成。一个线程可以录制多个命令列表，但在设备环境中命令列表的执行必须依次进行。实现高效的多线程渲染，延迟设备环境和命令列表是前提，通过多个线程执行同一任务的不同方面来提升渲染效率，利用 CPU、GPU 中空闲的运算周期实现帧渲染。这种方法改进了以往的单帧渲染模式，同时部署更多独立的渲染线程，以保持最佳的渲染效率。多线程渲染技术示意如图 8.4 所示。

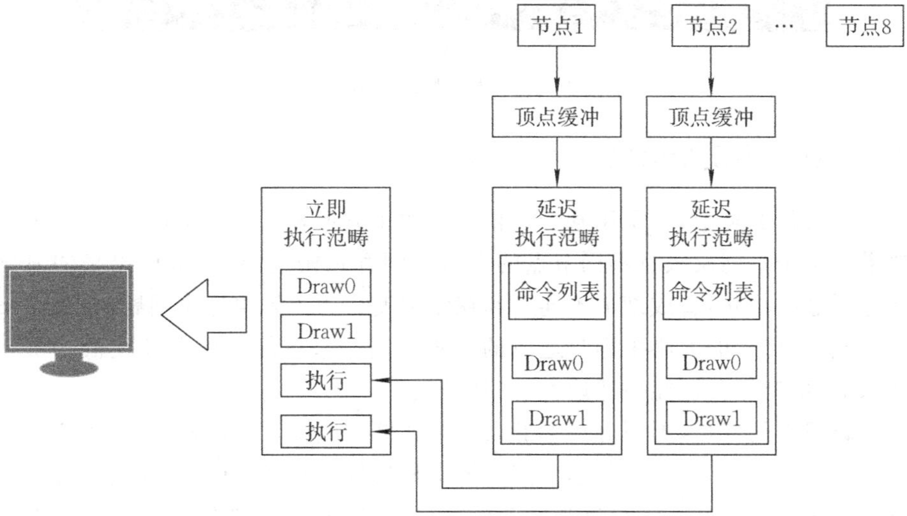

图 8.4　多线程渲染技术示意

在多线程渲染的单个线程中，同样需要确定输入布局、顶点缓存，指定图元的绘制类型及渲染流水线。如图 8.5 所示，北京建筑大学大兴校区点云数据点数共 206 802 005 个，数据量为 50 GB，图 8.5(b)为 50 GB 点云的渲染。

（a）点云数据三维可视化

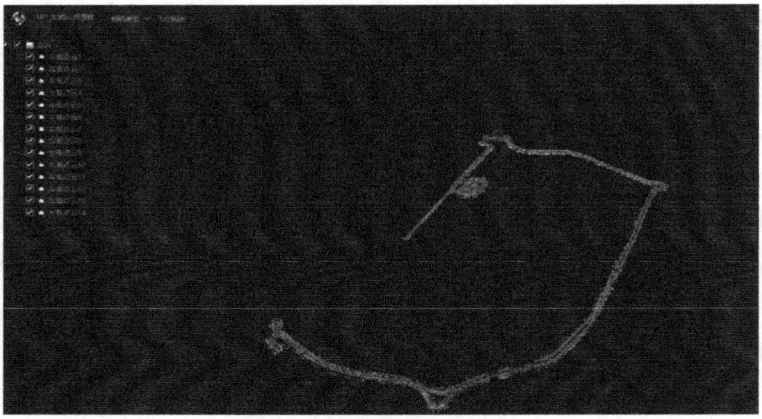

（b）大场景点云模型

图 8.5　大规模点云渲染

8.2.3　点云高质量渲染

对于大量的离散点，采用基于屏幕对齐的正方形表示每一个点，有利于增强视觉效果。由于不同层级且不同节点的点云之间存在密度差异，呈现出来的渲染效果会呈明显的块状，造成细节不连续和视觉突变。为了解决这个问题，提高渲染质量，对于点云尺寸的大小采用自适应的模式。同时这也能有效保证在低分辨率渲染状态下，稀疏点云也能描述地物的完整形态。

随着视点的变化，不同分辨率的点云被调度和渲染，高分辨率的节点将和低分辨率的节点进行混合渲染，而不是高分辨率替换低分辨率。因此，需要保证低分辨率节点中的点不能被放大超过其最深的子节点的间距，否则低分辨率节点中的点将会对高分辨率节点中的点造成遮挡。对于不同分辨率且不同节点之间的点，由于密度差异，渲染会造成视觉上的突变和细节上的不连续。在无法有效地构建密度渐变的采样点之前，本书通过增加低分辨率节点中点尺寸的大小和减小高分辨率节点中点尺寸的大小来改善这一情况。渲染流水线中几何着色器的最大功能是实现图元扩展，允许 GPU 动态地生成和销毁几何图元数据，故输入的图元可能被扩展成一个或多个其他图元，也可能被剔除。高级着色器语言（high level shader language，HLSL）提供了针对各种着色器开发的有效途径，使各种着色器执行不同的图形渲染方案。HLSL 的主要操作是通过着色器的研发进行复杂的图形图像处理，快速而有效地在显卡上完成渲染表达。处理过程如图 8.6 所示，高质量点云渲染效果如图 8.7（彩图附后）所示。

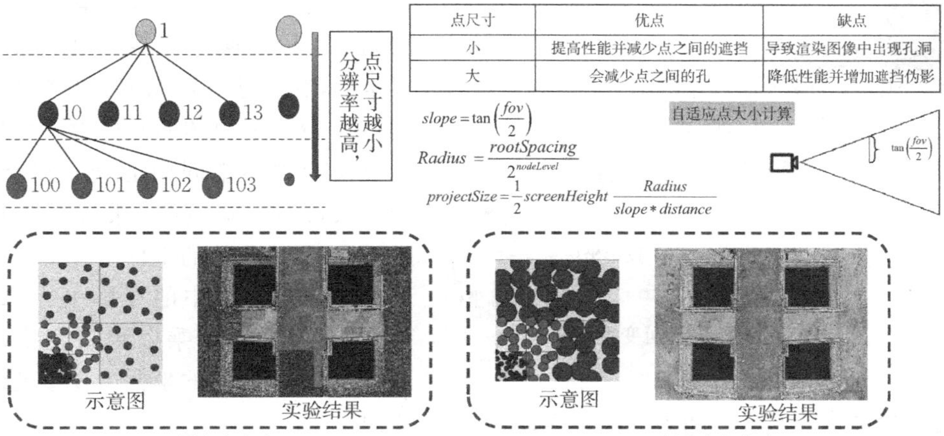

图 8.6　点云高质量渲染过程

图 8.7　点云高质量渲染效果

§ 8.3　交互相机类设计

前面介绍了如何利用 DirectX 11 的可编程渲染流水线（GPU 编程）在场景中绘制空间数据模型，本节介绍如何决定模型在三维场景中的位置，并且选择一个观察点（相机的位置）观察场景，同时对模型进行旋转、平移和缩放变换，以便能从任意方向、任意尺度更好地观察场景。

现实世界是三维的，而计算机的屏幕是平面的，只能显示二维的图像，计算机显示图形的实质是创建三维物体的二维图像，将物体的三维坐标 P_i 变换为屏幕上的像素坐标 P'_i，为完成这个过程需要进行一系列的空间变换，如图 8.8 所示。

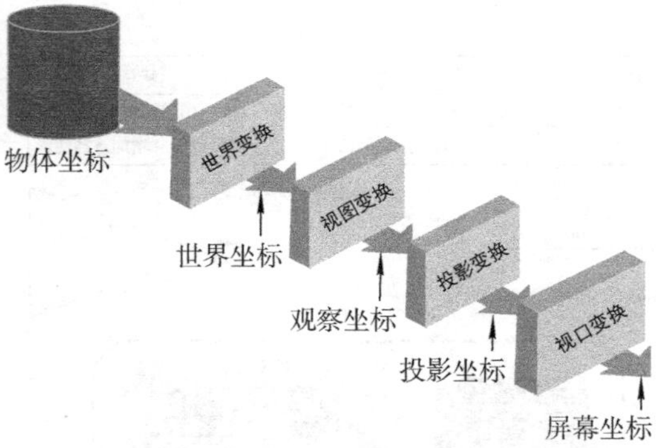

图 8.8 物体空间变换示意

模型首先进行世界变换（乘以世界矩阵 $\boldsymbol{M}_{\text{world}}$），物体的坐标由最初局部坐标变换为世界空间中的世界坐标，然后进行视图变换（乘以视图矩阵 $\boldsymbol{M}_{\text{view}}$），物体的坐标由世界坐标变换为观察空间中的观察坐标，接下来进行投影变换（乘以投影矩阵 $\boldsymbol{M}_{\text{projection}}$），物体的坐标由观察坐标变换为投影空间中的投影坐标，最后进行视口变换（乘以视口变换矩阵 $\boldsymbol{M}_{\text{viewport}}$），物体的坐标由投影坐标变换为最终的屏幕空间中的屏幕坐标，计算公式为

$$P'_i = P_i \cdot \boldsymbol{M}_{\text{world}} \cdot \boldsymbol{M}_{\text{view}} \cdot \boldsymbol{M}_{\text{projection}} \cdot \boldsymbol{M}_{\text{viewport}} \tag{8.1}$$

8.3.1 坐标系转换

DirectX 11 默认使用左手坐标系，然而外业采集的点云以及使用建模工具构建的模型一般使用右手坐标系，这就涉及坐标系的转换，由右手坐标系转换为左手坐标系，规则如下。

(1)位置坐标转换计算公式为

$$\text{new\_vPosition}.Z = -1.0 \times f \times \text{vPosition}.Z \tag{8.2}$$

(2)纹理坐标转换计算公式为

$$\text{new\_vTexCoord}.Y = 1.0 \times f - \text{vTexCoord}.Y \tag{8.3}$$

(3)法线坐标转换计算公式为

$$\text{new\_vNormal}.Z = -1.0 \times f \times \text{vNormal}.Z \tag{8.4}$$

(4)面片顶点顺序转换是将顶点顺序从逆时针转换为顺时针方向。由以上可知顶点位置坐标变换是将 Z 值取反。

8.3.2 相机设计

在进行三维模型绘制时，模型第一次载入视口时（用户没有进行旋转、平移和缩放操作之前），模型应以适当的大小显示在视口中央，使用户更好地观察模型。这些效果的实现需要合理地设置相机的参数，以得到合适的观察矩阵和投影矩阵，来完成观察变换和投影变换，最终在屏幕上得到理想的图像。

在 DirectX 11 中，相机参数的设置主要是根据物体的大小(使用包围球表示)来确定视点(相机)的位置、近平面和远平面位置，使得三维模型恰好位于相机的视景体内，最终显示在屏幕上，而位于视景体之外的物体被裁减。

根据绘制模型的顶点坐标，计算模型所有顶点中三维坐标的最大值 X_{max}、Y_{max}、Z_{max} 和最小值 X_{min}、Y_{min}、Z_{min}。由 $P_{max}(X_{max},Y_{max},Z_{max})$ 和 $P_{min}(X_{min},Y_{min},Z_{min})$ 两点构成一个长方体的两个对角点，即物体的节点包围盒 AABB，以包围盒长方体的中心为球心，三维坐标最小值和最大值构成对角线为球的直径，构建模型的包围球。点云包围盒及包围盒与包围球的关系如图 8.9 所示。

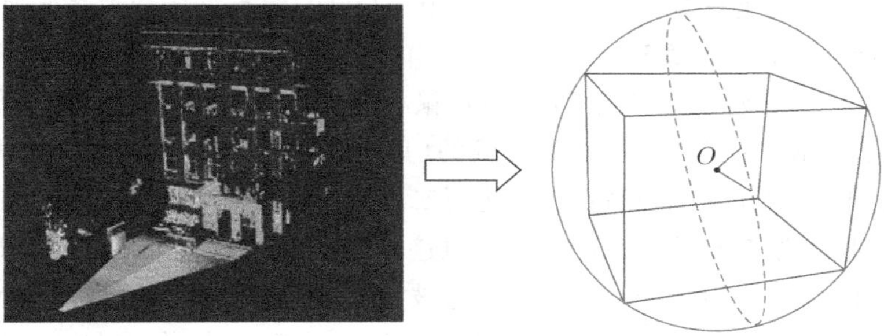

图 8.9　点云包围盒及包围盒与包围球的关系

根据模型的外包围球，首先将模型的中心(外包围球的球心)移动到原点，然后根据包围球的半径计算相机的位置、近平面和远平面的位置。相机位置设置如图 8.10 所示。

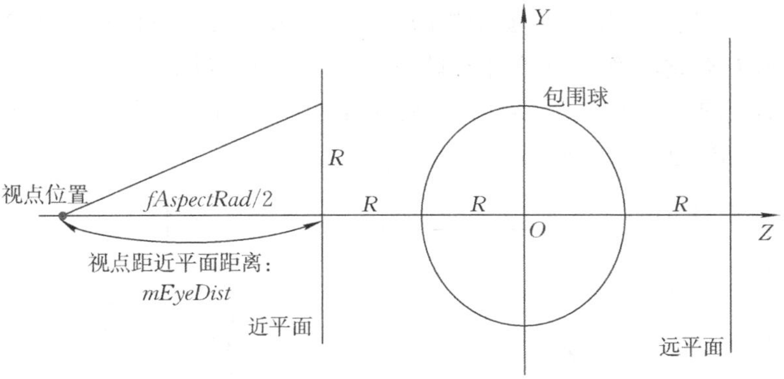

图 8.10　相机位置设置示意

根据模型包围球的半径 R 和设置的 Y 方向的视野角度 $fAspectRad$，为了保证物体在平移过程中一直处于视景体内，将近平面和远平面距离模型中心(坐标原点)距离设置为 $2R$，根据关系图即可求出视点位置距离近平面的距离 $mEyeDist$，即

$$mEyeDist = R/\tan(fAspectRad/2.0f) \tag{8.5}$$

视点距离坐标原点的距离为 $mEyeDist + 2R$；近平面距离视点距离为 $mEyeDist$，远平面距离视点的距离为 $mEyeDist + 4R$。

8.3.3 图形变换

旋转、平移和缩放是进行三维图形浏览和交互操作所需的基本变换，通过这些变换及其组合，用户能从不同尺度、不同方向观察三维场景的各个位置，达到理想的交互效果。为实现这些变换，可以对绘制的三维模型(场景)进行旋转、平移和缩放的模型变换，也可以对相机(视点位置)应用旋转、平移和缩放的视图变换。本书采用前者，对模型进行基于轨迹球(Arcball)的旋转、定点缩放和平移变换。

1. 基于 Arcball 的旋转

在进行 3D 图形浏览和交互时，通过鼠标进行三维场景中物体的旋转和视角变换等模型变换，而鼠标的移动是二维的(只有 x、y 坐标的变化)，将鼠标的二维移动映射到三维空间中的旋转，需要进行二维坐标和三维坐标的转换。这个转换过程可以通过轨迹球(Arcball)完成。轨迹球是一个位于空间原点的球体，一般设置球的半径为 1，用于归一化处理，它被 X 轴和 Y 轴构成的纵向平面平分为二个半球，一半位于 Z 轴的正半轴，另一半在 Z 轴负半轴，在 Z 轴正半轴的半球就是轨迹球。

在 Arcball 中最重要的是将屏幕坐标(2D)映射为球体上的坐标(3D)。如图 8.11 所示，Windows 屏幕(窗口坐标)以窗口左上角为原点，X 值向右递增，Y 值向下递增，然而 DirectX 11 使用的是左手坐标系，X 轴向右，Y 轴向上，Z 轴垂直屏幕指向内侧，轨迹球使用屏幕内侧半球，鼠标滑动的方向应该与轨迹球的旋转方向相反。经过归化转换，将屏幕坐标映射到图 8.12 中以原点为中心、边长为 2、位于 XOY 面上的一个正方形区域内，然后进行向量模的计算，轨迹球半径为 1，将屏幕坐标映射到轨迹球上对应的点。

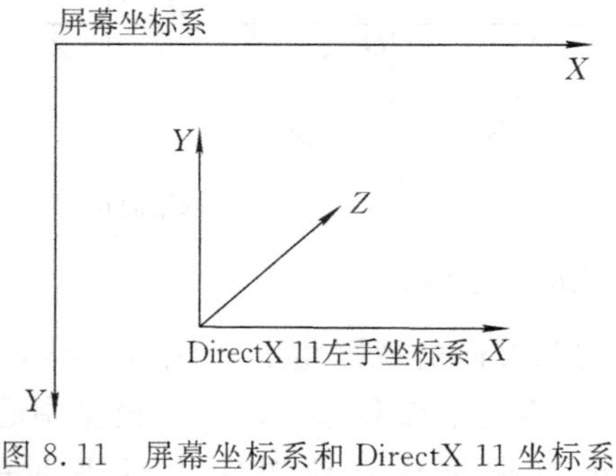

图 8.11　屏幕坐标系和 DirectX 11 坐标系

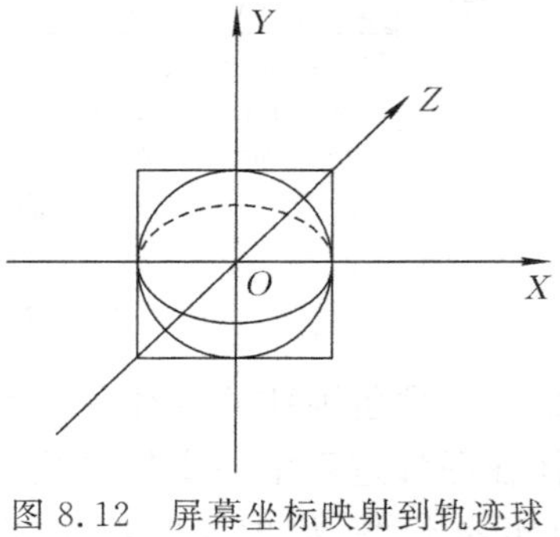

图 8.12　屏幕坐标映射到轨迹球

通过计算鼠标键按下时屏幕坐标映射的轨迹球的三维坐标和滑动后鼠标新位置映射的轨迹球的三维坐标，即可求出轨迹球旋转矩阵，即模型的旋转矩阵，完成模型的旋转变换。

2. 定点缩放

定点缩放是指模型以鼠标位置为中心(通过鼠标中键滚动实现)进行缩放变换,缩放变换在模型世界变换、视图变换和投影变换之后进行,是在投影坐标系中进行的。首先将鼠标的屏幕坐标转换到投影坐标系,由投影坐标系变换到屏幕坐标系的矩阵 $\boldsymbol{M}_{\text{viewpoint}}$ 为

$$\boldsymbol{M}_{\text{viewpoint}}=\begin{bmatrix} w/2 & 0 & 0 & 0 \\ 0 & -h/2 & 0 & 0 \\ 0 & 0 & 1 & 0 \\ w/2 & h/2 & 0 & 1 \end{bmatrix} \tag{8.6}$$

式中,w 为视口宽度;h 为视口高度。

通过反算,实现屏幕坐标到投影坐标的变换。将鼠标点由屏幕坐标转换到投影坐标后,将投影坐标系的原点平移到鼠标点,然后根据鼠标中键滚动的值获取缩放系数,对模型进行缩放,缩放变换完成后,最后将投影坐标系的原点平移回原来的位置,即完成模型的顶点缩放,如图 8.13 所示。

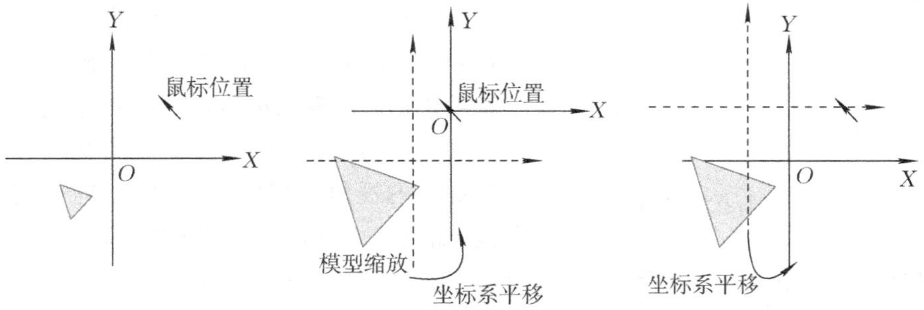

图 8.13　顶点缩放示意

3. 平移变换

平移变换是在模型进行世界变换、视图变换和投影变换之后进行,将按下平移键(鼠标右键)鼠标移动的距离转换到投影坐标系中,然后调用 Direct3D 11 的平移矩阵计算函数,计算模型的平移矩阵。

4. 投影变换

Direct3D 11 提供了两种投影方式,其中一种类型是透视投影,透视投影具有透视缩短的特征。物体距离视点越远,最终在图像上就越小,因为透视投影的视景体是一个金字塔的平截头体(顶部被一个平行于底面的平面截除),透视投影的视景体如图 8.14 所示。位于视景体内的物体投影到金字塔顶点,也是视点或相机位置。靠近视点的物体看上去更大,这种投影方式常应用于动画、虚拟现实等呈现现实感的领域,因为它与日常生活观察事物的方式相同。

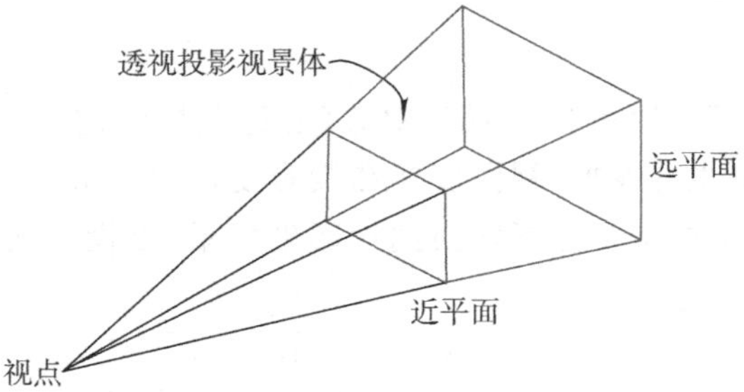

图 8.14　透视投影的视景体

另一种投影方式称为平行投影(正投影),在平行投影的方式下,视景体是一个平行的长方体,如图 8.15 所示。平行投影的视景体,与透视投影的不同,平行投影的视景体两端大小一样,物体和视点的距离并不影响它在图像上的大小,这种投影方式常应用于建筑图和计算机辅助设计。

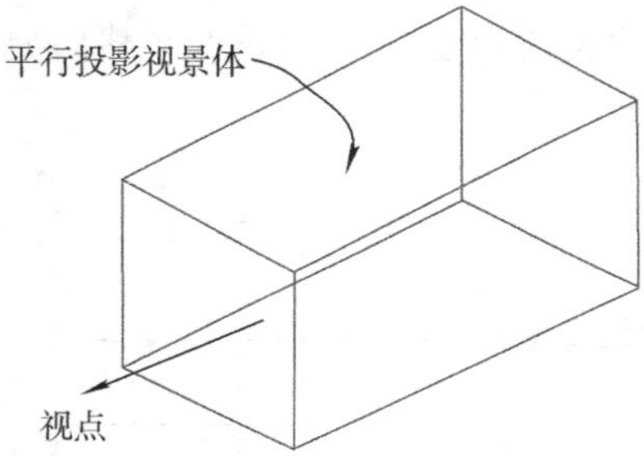

图 8.15　平行投影的视景体

5. **视图变换**

常用的视图方式有六种,前视图、后视图、左视图、右视图、俯视图和仰视图,Direct3D 11 默认使用左手坐标系,视点(相机)位置设置在 Z 轴负半轴,视线方向为 Z 轴正向,在模型进行右手坐标系向左手坐标系转换后,视图方式为反向俯视图。为了以更好的视角观察模型,对模型进行旋转变换,如图 8.16 所示。模型以 Y 轴为旋转轴,顺时针方向旋转 180°,然后以 X 轴为旋转轴,逆时针方向旋转 90°,使得模型第一次渲染时,视图方式为前视图。

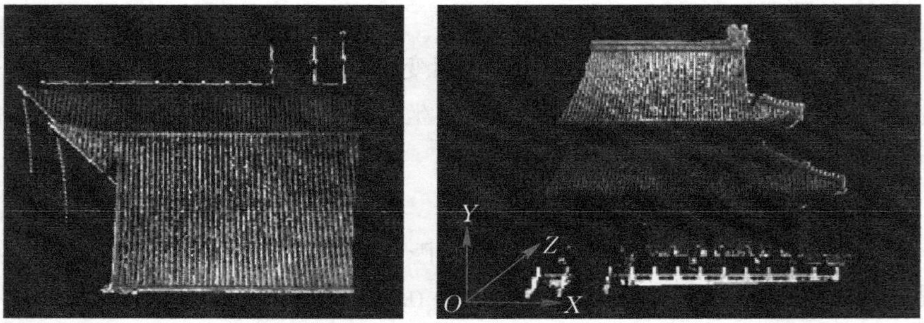

图 8.16　俯视图(反向)旋转变换为前视图

将前视图作为基础视图,通过旋转变换可得到其他视图。前视图以 Y 轴为旋转轴,顺时针旋转 180°,变换为后视图,如图 8.17 所示。

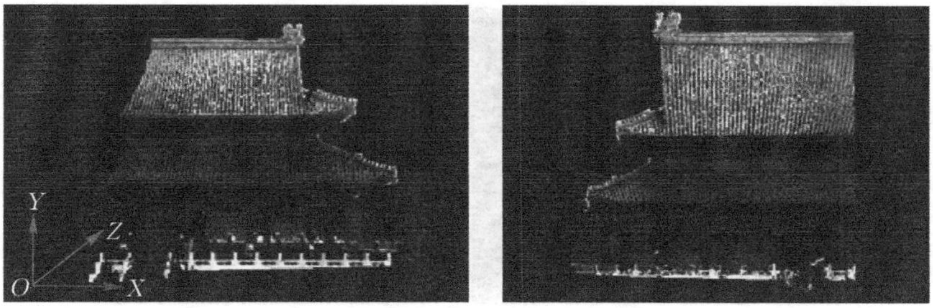

图 8.17　前视图变换为后视图

前视图以 X 轴为旋转轴，逆时针旋转 90°，变换为俯视图，顺时针旋转 90°，变换为仰视图，如图 8.18 所示。

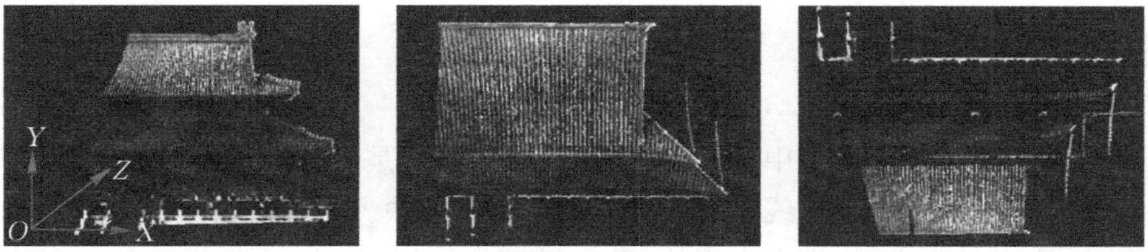

图 8.18　前视图变换为俯视图和仰视图

前视图以 Y 轴为旋转轴，逆时针旋转 90°变换为左视图，顺时针旋转 90°得到右视图，如图 8.19 所示。

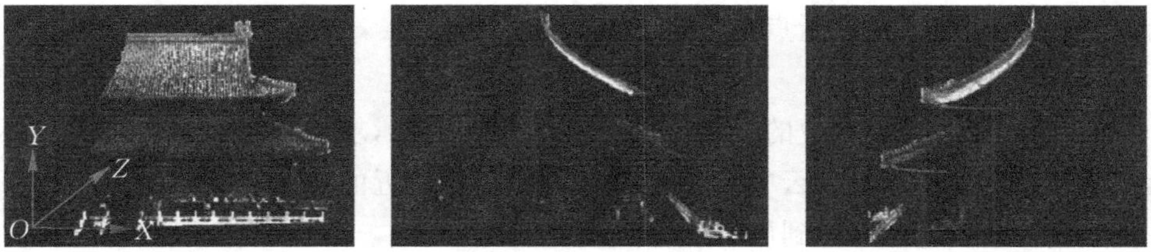

图 8.19　前视图变换为左视图和右视图

6. 重置旋转中心

第 7 章介绍过计算模型的 AABB 包围盒，然后计算模型的外包围球。在进行旋转、平移和缩放等模型变换之前，将模型的中心(外包围球的球心)移动到世界坐标系的原点，也是轨迹球的球心。模型的旋转是基于 Arcball 的，则模型的旋转中心为轨迹球的球心，即模型的外包围球的球心。

将鼠标选择的模型上的点代替模型的中心(外包围球的球心)平移到世界坐标系的原点，则模型的旋转中心设置为鼠标选择的点。重置模型的旋转中心，能更好地观察模型局部细节。如图 8.20 所示，模型的旋转中心为模型外包围球的球心(模型的中心)，重置模型的旋转中心为左上角一点。

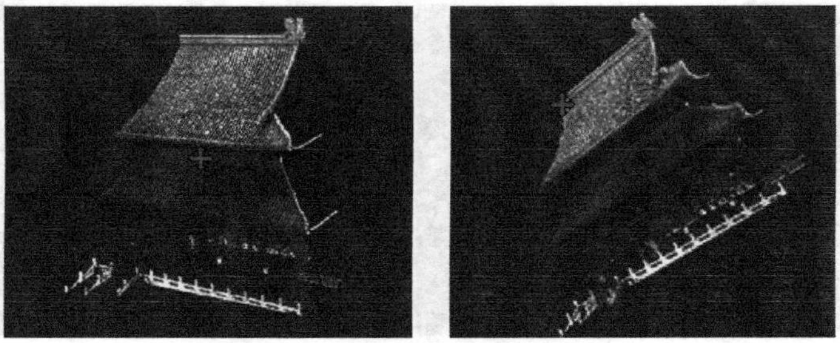

图 8.20 模型旋转中心重置

§8.4 三维点云数据的交互拾取

8.4.1 点云拾取

目前在计算机图形学中,应用最广泛的拾取算法是经典的射线拾取算法,该算法通过判断实体是否与射线相交来判断实体是否选中。由于点云模型是由大量的点组成,点是没有半径、没有大小的,无法判断一个点是否与射线相交,因此射线拾取算法并不适用于点云的拾取。

对于点云的拾取采用基于屏幕空间的方法。将点云中的点进行一系列的空间变换,求出投影在屏幕上的坐标,在屏幕坐标系中,求出点云中距离用户单击屏幕点最近的点(点选)或判断点是否在选择框内(框选)。

1. 点云点选的原理

点云点选是将点云中的点进行一系列的空间变换,求出投影在屏幕上的坐标,在屏幕坐标系中,求出点云中距离用户单击屏幕点最近的点。具体实现步骤如下。

(1)用户单击屏幕得到屏幕坐标点 $S(s_x, s_y)$。

(2)求取点云中点的屏幕坐标。已知点云中点 $P_i(x_i, y_i, z_i)$ 的坐标,将点 P_i 乘以世界矩阵 $\boldsymbol{M}_{\text{world}}$,从模型空间变换到世界空间;再乘以视图矩阵 $\boldsymbol{M}_{\text{view}}$,从世界空间变换到观察空间;再乘以投影矩阵 $\boldsymbol{M}_{\text{project}}$,从观察空间变换到投影空间;最后乘以视口变换矩阵 $\boldsymbol{M}_{\text{viewpoint}}$,从投影空间变换到屏幕空间,在屏幕坐标系中坐标为 $P'_i(x'_i, y'_i, z'_i)$,如图 8.21 所示。

在屏幕坐标系中,求出点云中点 $P'_i(x'_i, y'_i, z'_i)$(其中 z'_i 不参与运算)与 $S(s_x, s_y)$ 距离最近的点 $P'(p'_x, p'_y, p'_z)$,所对应的模型空间中点 $P(p_x, p_y, p_z)$ 为所选的点。如图 8.22 所示,点 $P'_1 \sim P'_5$ 是点云中的点经过一系列的空间变换转换到屏幕空间的点,可以看出 $P'_1 \sim P'_5$ 五个点中,距离鼠标单击屏幕点最近的点是 P'_3,则 P'_3 为拾取的点。

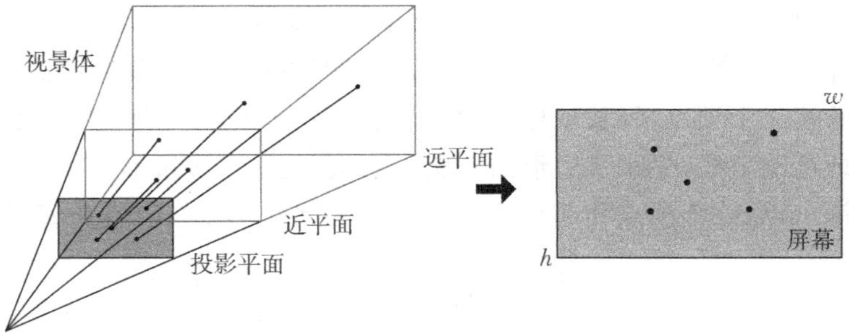

图 8.21　点变换到屏幕空间示意

基于屏幕空间的拾取算法与射线拾取算法，将用户单击屏幕获取的坐标反算到世界坐标系中。与在世界坐标系中进行射线—物体相交判断不同，它是将点云从局部坐标系变换到屏幕坐标系中，变换的次序与图形渲染流水线一致。由于点云中的点是没有大小、没有半径的，在屏幕坐标系中，计算点云的点与鼠标单击点的距离，根据距离确定用户鼠标拾取到的点，距离用户鼠标单击屏幕点最近的点即为用户拾取到的点。

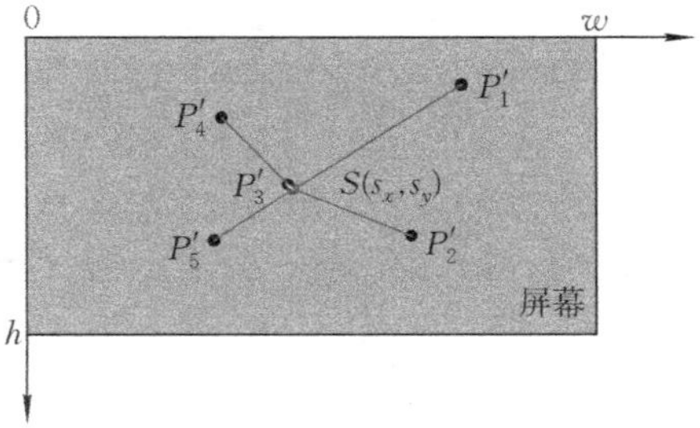

图 8.22　点云中的点与拾取点距离

2. 绘制选择框

选择框的绘制是基于 Win32 GDI 的，绘制矩形的第一个点由按下鼠标左键时光标的位置定义，这是矩形的一个角，在按住左键移动鼠标时，连续地绘制矩形（称为“拉橡皮筋”），释放鼠标左键时光标的位置，定义矩形的另一个角，如图 8.23 所示。

绘制圆与绘制矩形类似，第一次按下鼠标左键定义圆心，当按住左键移动光标时，程序跟踪光标，将连续地重新绘制圆，释放鼠标左键时圆形定型，如图 8.24 所示。

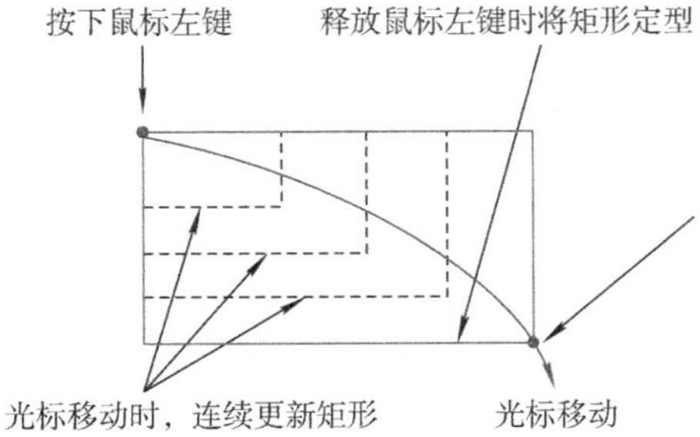

图 8.23　矩形绘制示意

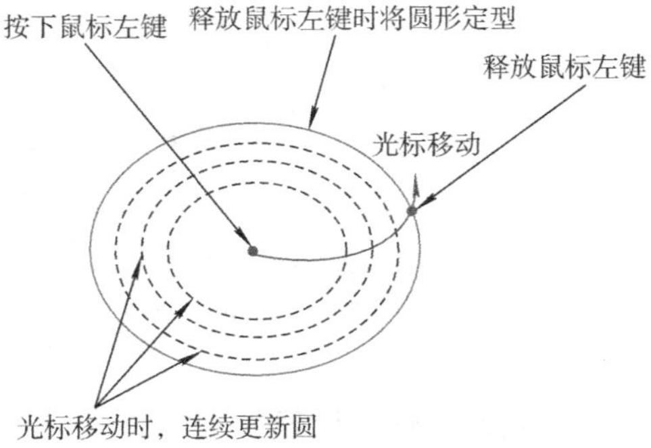

图 8.24　圆绘制示意

多边形由多条线段组成。第一次按下鼠标左键定义多边形的第一个顶点(起点),这时释放鼠标左键,鼠标移动时连续地绘制直线。第二次按下鼠标左键时定义多边形的第二个顶点,释放鼠标左键,寻找下一个顶点,同时光标的位置和起点之间连续地绘制虚线,显示多边形的形状。依次下去,在多边形最后一个顶点处双击鼠标左键,最后一个顶点和起点相连,完成多边形的绘制,如图 8.25 所示。

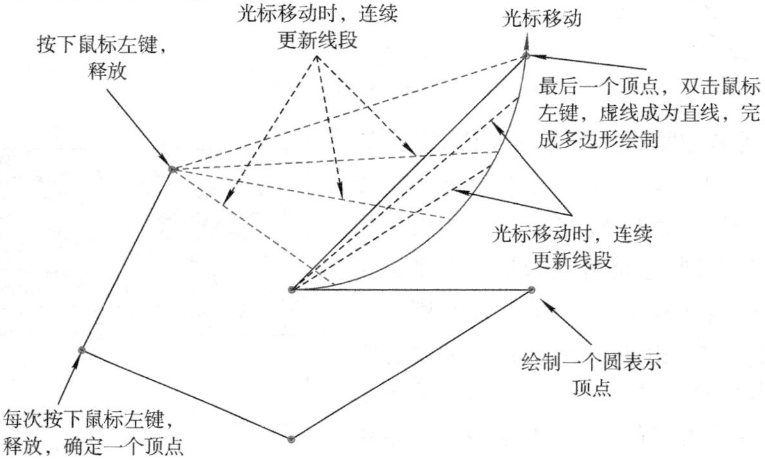

图 8.25　多边形绘制示意

套索的绘制就是绘制曲线。按下鼠标左键定义套索的第一个点(起点),在按下鼠标左键移动鼠标时连续记录鼠标的位置,由直线段连接起来构成曲线。同时在光标的位置和起点之间连续地绘制直线,显示套索的形状,释放鼠标左键,完成套索的绘制,如图 8.26 所示。

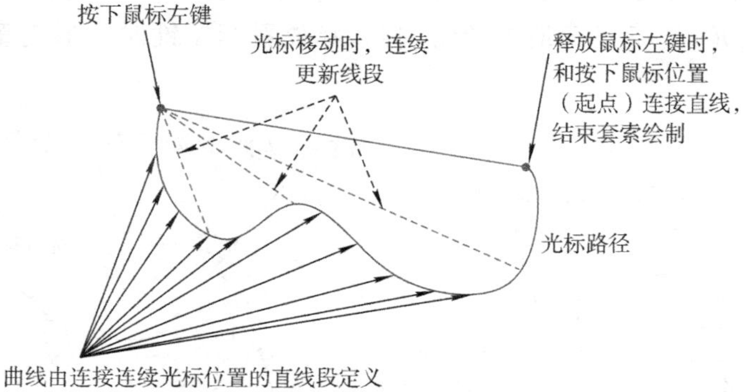

图 8.26　套索绘制示意

3. 点云框选的原理

点云的框选包括矩形框选、圆形框选、多边形框选和套索选择。用户在窗口上绘制选择框将点云从局部坐标系变换到屏幕坐标系,在屏幕坐标系中判断点是否在选择框内。

点云的矩形框选，首先根据矩形对角线两个顶点坐标调用 CreateRectRgn 函数创建矩形区域；圆形框选根据圆的外切矩形的对角线两个顶点坐标调用 CreateEllipticRgn 函数创建圆形区域；多边形框选和套索选择根据顶点坐标调用 CreatePolygonRgn 函数创建多边形和套索区域；在屏幕空间坐标系下，调用 PtInRegion 函数判断点是否在选择框内。

8.4.2　基于 GPU 的点云的点选

基于屏幕空间的点云拾取算法存在一个缺点：对于大规模的点云（点云个数大于 1 500 万），由于算法是基于 CPU 的，拾取的速度受到限制。这种限制可以通过 GPU 强大的计算能力解决。近年来，图形硬件逐步具备了强大的可编程功能，而且微软的 DirectX 11 新添加了计算着色器，可以用来进行与图形无关的通用计算，也就是所谓的通用图形处理器（general-purpose computing on graphics processing unit，GPGPU）。将上述拾取算法移植到计算着色器上，GPU 强大的并行计算能力可以解决上述拾取算法的不足，提高拾取的速度。

1. 计算着色器简介

GPU 是由大量并行的处理器构成，得益于这种并行架构，GPU 可以进行图形渲染以外的大规模的通用计算，英伟达（NVIDIA）的统一计算设备架构（CUDA）并行计算架构已经证实显卡用于通用计算的强大并行计算能力。计算着色器是 DirectX 11 中新添加的一个独立于图形渲染流水线（pipeline）的可编程着色器阶段，为与图形无关的通用计算设计提供了一个平台。计算着色器不是渲染流水线的一部分，但可以使用其他着色器的常量缓存、纹理、资源。计算着色器与其他的着色器很相似，但计算着色器从根本上不同于其他着色器阶段，它可以没有来自上一个阶段的输入数据以及送入下一个阶段的输出数据，输入输出数据可以通过 CPU 绑定资源来代替；它能获取一些系统变量（如线程 ID、线程组 ID）作为输入参数。另外，计算着色器能够使用用户自定义的数据结构（如结构体、树、数组等），这些特性使计算着色器适用于通用计算，不受图形应用的限制。

2. 计算着色器的线程组和线程模型

线程是计算着色器的基本处理单元，程序执行中，线程被划分成线程组方式执行，一个线程组在一个多处理器（multiprocessor）GPU 计算单元上执行。例如，如果一个 GPU 有 32 个多处理器，那么至少应开辟 32 个线程组，以便每个多处理器都能工作，提高程序的性能。每个线程组都有一块共享内存，在 Direct3D 11 中最大有 32 KB 的共享内存可以使用。线程组中的每个线程都可访问所在线程组的共享内存，但不能访问其他线程组的共享内存，线程组中的所有线程是并发的，但不同线程组间线程不能并发。

在 Direct3D 11 中，计算着色器通过调用 dispatch 函数执行，开启一定数量的三维线程组。如图 8.27 所示，dispatch 函数开启 3×3×3 三维线程组。

线程是计算着色器的基本处理单元。在 HLSL 中指定每个线程组所包含的线程数量。线程组以三维空间（X,Y,Z）表示，其中 X、Y、Z 表示每个线程组中包含线程的数量，$X \cdot Y \cdot Z \leqslant 1\,024$，且 $Z \leqslant 64$。通过 numthreads 函数指定一个线程组中的线程数，如图 8.28 所示，指定一个线程组内有 4×4×4 个线程。

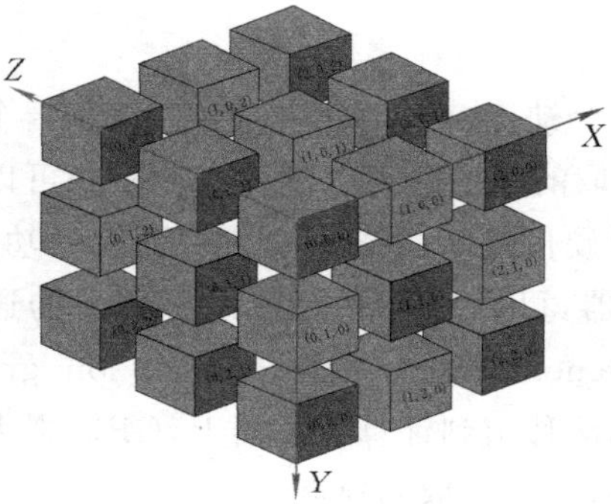

图 8.27　dispatch 函数开启线程组示意

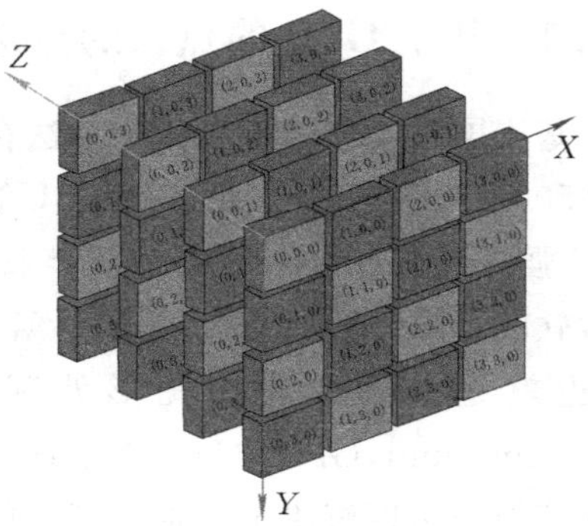

图 8.28　一个线程组内的线程示意

调用 dispatch 函数可以开启一定数量的一维、二维或三维的线程组，可以通过 numthreads 函数确定每个线程组内的线程数量，线程也可以是一维、二维或三维的，dispatch 函数开启的线程示意如图 8.29 所示。

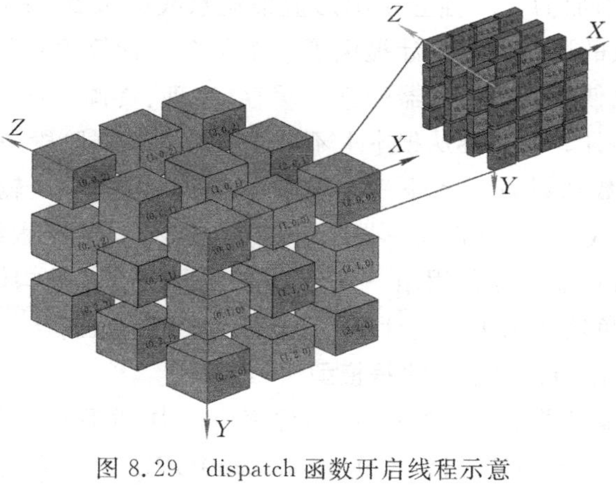

图 8.29　dispatch 函数开启线程示意

3. 基于 GPU 点云拾取算法流程

基于 GPU 点云拾取算法的基本思想是将 8.4.1 小节介绍的基于屏幕空间的点云拾取算法中点的变换以及与鼠标单击屏幕点的距离计算在 Direct3D 11 的计算着色器中实现，利用 GPU 进行并行计算，提高拾取的速度，整个流程如图 8.30 所示。

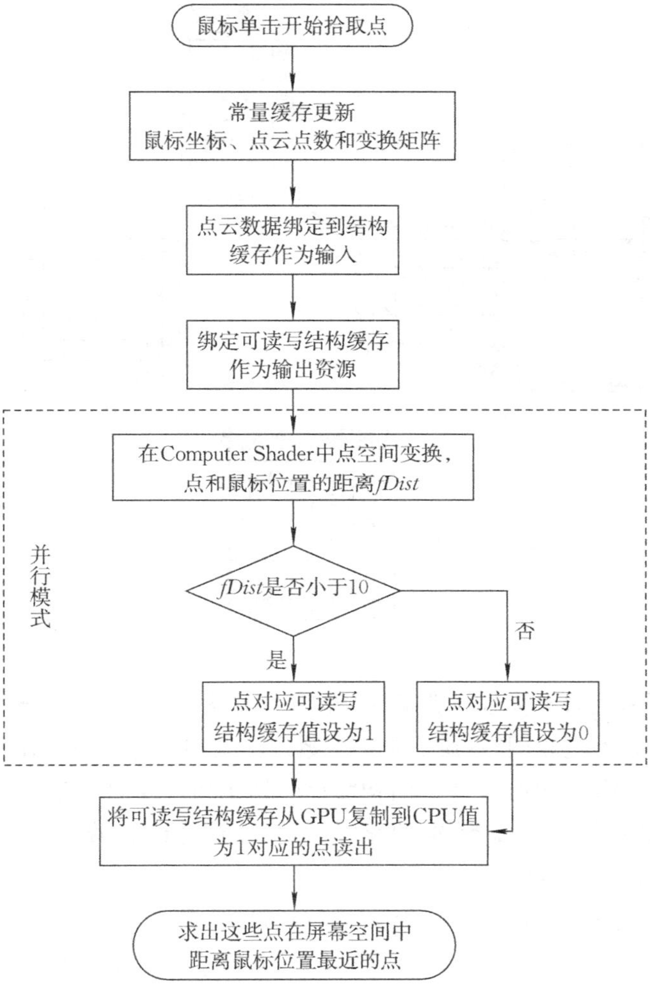

图 8.30 基于 GPU 点云拾取算法流程

4. 基于 GPU 点云拾取算法具体实现

算法的主要过程是在计算着色器上实现的，具体的实现过程包括：为计算着色器创建资源、初始化资源和绑定资源；设置计算着色器，调用 dispatch 函数执行；取回计算着色器运算结果。

1)为计算着色器创建资源、初始化资源和绑定资源

计算着色器需要使用三种资源：常量缓存、结构缓存和可读写结构缓存，如图 8.31 所示。

由于算法需要已知鼠标单击屏幕点、点云点数和变换矩阵，所以用常量缓存存储这些值，计算着色器执行前，需要把这些变量值传递给常量缓存，对常量缓存进行更新，以便计算着色器使用常量缓存中的变量。

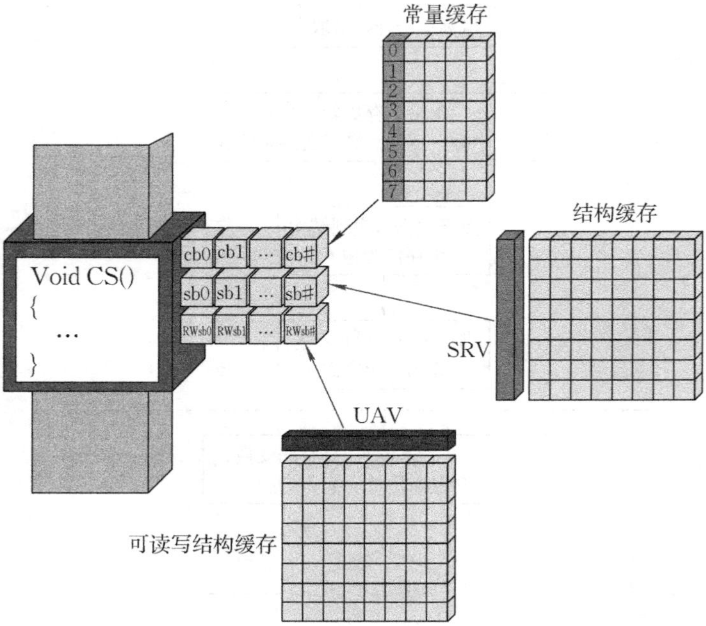

图 8.31 计算着色器绑定资源示意

程序需要将点云坐标数据绑定到结构缓存作为计算着色器的输入数据。结构缓存和其他缓存类型相同,本质上是一个数组。结构缓存可以使用在 HLSL 中自定义的类型,如 VertexStruc 等。结构缓存的创建和常规的缓存一样,但要添加结构缓存的标志和指定存储元素的字节大小。创建计算着色器输入结构缓存 gInput,需要指定以下内容。

(1)缓存元素的字节大小:sizeof(VertexStruc)。

(2)结构缓存的标志:D3D11_RESOURCE_MISC_BUFFER_STRUCTURED。

(3)绑定位标志设置:D3D11_BIND_SHADER_RESOURCE。

创建结构缓存后,还需将结构缓存绑定到计算着色器作为输入数据,需要创建着色器资源视图(SRV),然后通过 ID3DX11EffectShaderResource-Variable 变量设置到计算着色器。计算着色器计算完成后,需要将计算的结果通过可读写结构缓存传回 CPU。可读写结构缓存不仅可以给缓存绑定数据供 GPU 使用,还可以把该缓存复制到 CPU 进行读写操作。

创建计算着色器可读写结构缓存 gOutput,与创建结构缓存 gInput 大致相同,需要指定以下内容。

(1)缓存元素的字节大小:sizeof(int)。

(2)结构缓存的标志:D3D11_RESOURCE_MISC_BUFFER_STRUCTURED。

(3)绑定位标志设置:D3D11_BIND_UNORDERED_ACCESS。

创建可读写结构缓存后，需要创建随机访问资源视图（UAV），然后通过 ID3DX11EffectUnorderedAccessViewVariable 变量设置到计算着色器。

2）计算着色器的设置和执行

在着色器文件中可以通过 numthreads 函数指定一个线程组包含的线程数量，一个线程组可以由 *n* 个线程组成，但硬件实际执行过程中把这些线程分成线程组（每个线程组由 32 个线程组成）。每个线程组由 SIMD32 上的多处理器进行处理，可以指定一个线程组内线程数量不是 32 的倍数，但出于性能方面的考虑，线程组内线程数量应该是线程组（32 个线程）的倍数。程序指定一个线程组由 256 个线程组成，因为每个线程负责处理一个点，程序有（*NumOfPoint* + *BLOCK_SIZE*-1）/256 个线程组，*NumOfPoint* 代表总点数，*BLOCK_SIZE* 为 256，保证每个点都被处理。出于简单考虑，通过 numthreads（*BLOCK_SIZE*，1，1）和 dispatch（（*UINT*）（*NumOfPoint* + *BLOCK_SIZE*-1）/256，1，1）将线程和线程组都设置为一维。计算着色器线程组和线程示意如图 8.32 所示。

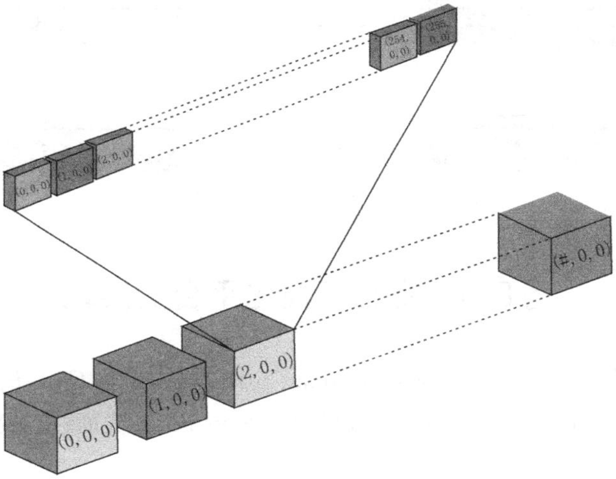

图 8.32　计算着色器线程组和线程示意

计算着色器开启的线程数目与点云数目相同，因此一个线程负责一个点的运算，如图 8.33 所示。每个线程将对应索引点进行空间变换从局部坐标系转换到屏幕坐标系，判断每个点距离鼠标单击屏幕点的距离的平方 *fDist* 是否小于 10，此处使用距离的平方减少了开方运算。如果 *fDist* 小于 10，将输出结构缓存 gOutput 对应元素设置为 1，否则设置为 0。通过计算着色器上的运算，求出点云中在屏幕空间上与鼠标单击屏幕点距离平方小于 10 的点，将对应的索引设置为 1。

3）取回计算着色器运算结果

计算着色器计算完成后，需要将输出可读写结构缓存从 GPU 复制到 CPU，从 CPU 进行读取。需要创建一个缓存，标记缓存的使用方式是 D3D11_USAGE_

STAGING，CPU 对缓存的访问方式是 D3D11_CPU_ACCESS_READ，使用 ID3D11DeviceContext::CopyResource 方法来复制 GPU 资源到系统内存。最后可以使用 Map 函数和 UnMap 函数映射缓冲区，读取 CPU 资源。将输出结构缓存中 1 所对应的点读出，在 CPU 上只对这些少数的点进行计算，将这些点进行空间变换，从局部坐标系转换到屏幕坐标系，在屏幕坐标系求出这些点中距离鼠标单击屏幕点最近的点，即为所求的点。

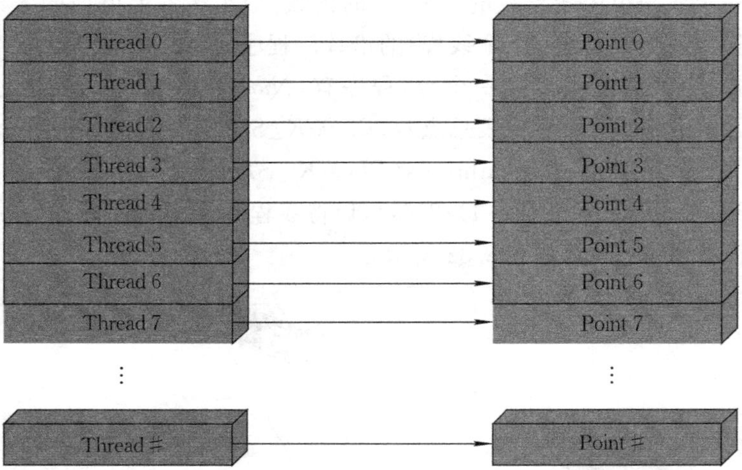

图 8.33　每个线程负责一个点的运算

§8.5　交互可视化平台的实现

交互可视化平台开发使用 Visual Studio 2010 软件，采用 C++ 语言与 DirectX 11 相结合，在界面设计上使用 C++ /CLR 的 Windows Form 界面；渲染架构采用微软的 DXUT 架构。

2009 年 10 月，微软公司发布了 DirectX 11，DirectX 11 全面采用可编程流水线，在图像渲染上增加了一系列新功能，例如：添加新的 DirectCompute 在 GPU 上进行高效的通用并行计算；真正的多线程渲染支持；使用外壳着色器和域着色器来进行曲面细分优化建模；采用新一代 Shader Model 5.0 的 GPU 编程，扩展了着色器类型，实现了着色器运行统一架构。DirectX 11 采用最新的可通用计算图形流水线技术，除了完善地处理各个功能环节的可编程能力（顶点、几何、像素着色器）之外，还提供了面向图形的智能表达和通用计算服务。新添加的自动曲面细分优化建模功能，计算着色器能充分利用 GPU 的强大并行计算能力进行通用的计算开发，这样的 GPU 不仅具有了三维渲染能力，还具有通用运算能力。同时，GPU 的多线程技术使得三维渲染和通用计算能很好地利用多个核心提高计算和渲染的效率。

Windows Form 是 Microsoft Windows 应用程式开发的新平台，以.NET Framework 为基础。在 Windows Form 界面设计上，微软公司提供了非常丰富的控件。提供的组件大致可以分为单选按钮、复选按钮、选项卡等基础选择和容器类控件、日期与图片控件、微调控件，以及菜单、StatusStrip 软件系统框架类控件，利用这些控件能够快速开发各种 Windows 应用程式，并且快速地设计出美观的界面。

DXUT 即 DirectX utility library，是建立在 Direct3D API（Direct3D 9 及以上版本）上的一个 Direct3D 应用程序框架。在 DXUT 应用程序架构上编写相应的代码，简化了 Windows 和 Direct3D API 的使用，可以高效地进行 Direct3D 程序设计。DXUT 架构完成了窗口的创建和设备创建，对设备事件（Create、Reset、Lost、Destory）和窗口事件（Message、Keyboard、Mouse）提供了简单的处理过程，用户可以对相应部分进行修改，减少在处理这些基本任务时所花费的时间。DXUT 提供了窗口模式和全屏模式的切换，软件设备和硬件设备之间的切换；提供命令行支持和自动化测试；提供一系列纹理化的控件，用于开发界面。DXUT 架构还提供各种扩展类，如精确的计时器、摄像机类、文字类、文件查找类、网格模型处理类等，面对这些资源，开发者只需要调用即可，节省开发时间，提高开发效率。

§8.6　交互可视化的应用

交互可视化平台运行后初始化界面如图 8.34 所示。

图 8.34　交互可视化平台初始化界面

界面主要由三个区域构成：顶部为菜单区域，集中了相关的处理操作命令；左侧为导航区域，由于该平台是基于 PostgreSQL 数据库的，海量数据存储在数据库中，导航区域显示可以连接的服务器、数据库及库中各种类型数据的树形层次列表；右侧为显示区域，用来显示图像、点云、网格模型等数据对象及相关操作的处理结果。

点云模型具有海量数据的特点，故将点云数据存储在数据库中，软件界面上以树结构图显示点云数据的组织，如图 8.35 所示。

图 8.35　点云数据的显示界面

用户可以动态地控制每站（块）点云的显示与隐藏。当用户单击树结构上的某个节点时，如果节点处于非选中状态，单击节点表示将该节点对应的点云进行显示，若节点处于选择状态，单击节点表示将该节点对应的点云进行隐藏。

本书涉及的点云模型类型分为分站式点云、整体点云和分割点云。由于外业点云采集是分站式的，采用站作为点云模型的单位即分站式点云，故宫太和殿的两站点云如图 8.36 所示。

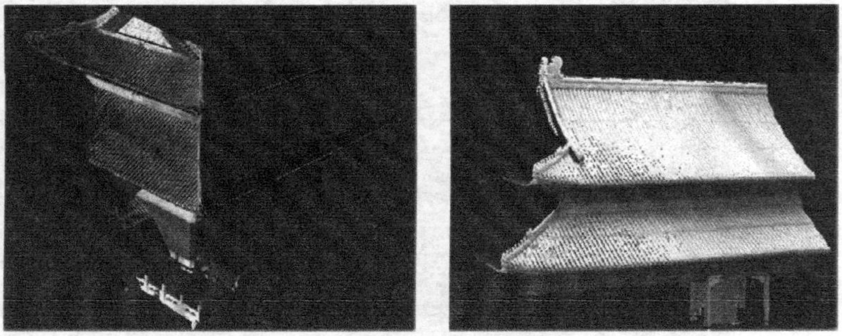

图 8.36　故宫太和殿的两站点云

分站式点云根据各站之间的同名点对进行配准形成整体点云，故宫太和殿配准后的整体点云如图 8.37 所示（整体点云在渲染之前执行精简操作）。

整体点云通过算法自动分割或手动分割提取点云模型有价值构件即分割点云。如图 8.38 所示，故宫太和殿整体点云进行手动分割得到柱和彩梁构件。

图 8.37　故宫太和殿配准后的整体点云

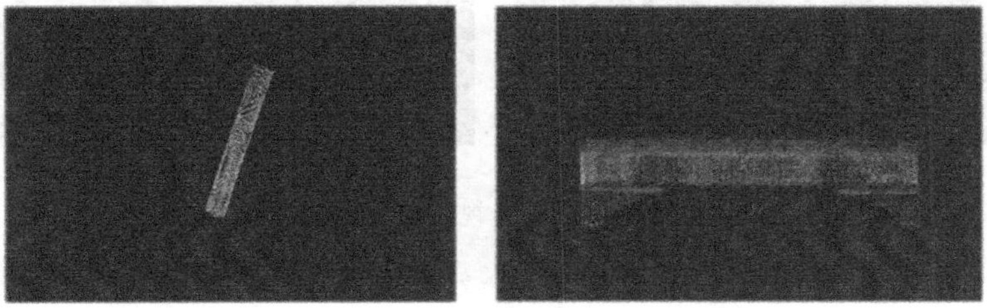

图 8.38　柱和彩梁的点云

点云显示后，按下鼠标中间滚轮滚动缩放点云，按下鼠标左键拖动旋转点云，按下鼠标右键拖动平移点云，如图 8.39 所示。

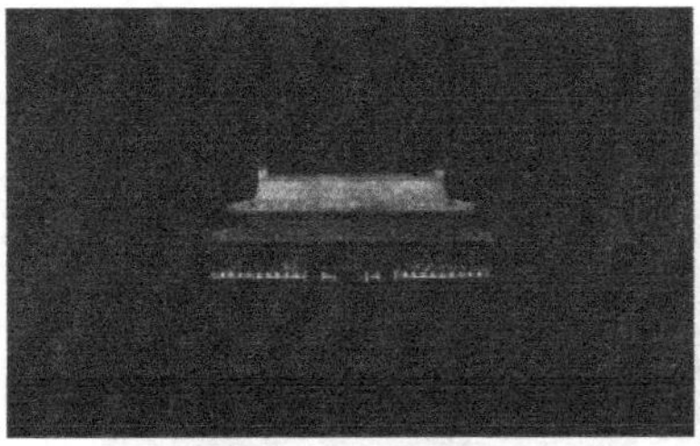

(a) 原图

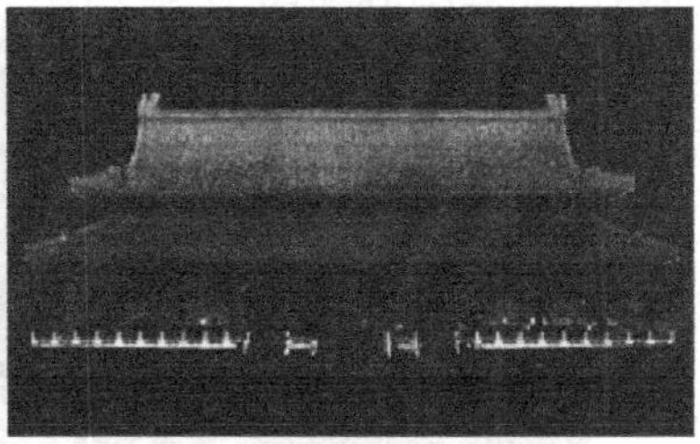

(b) 缩放

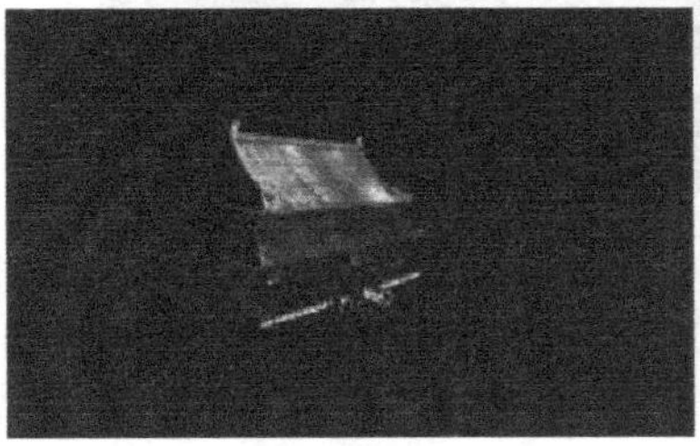

(c) 旋转

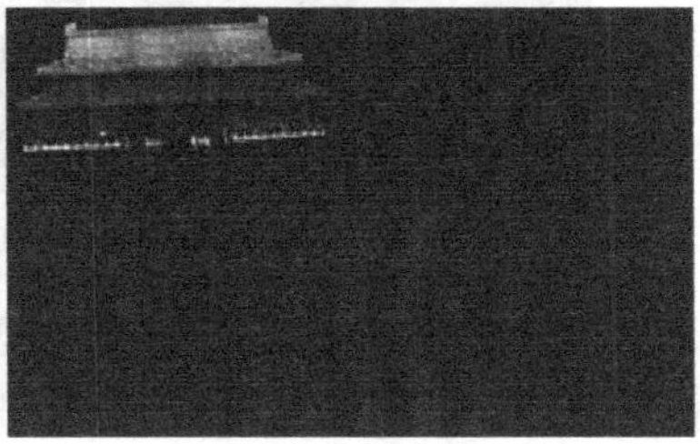

(d) 平移

图 8.39　点云模型的缩放、旋转和平移

在进行点云渲染时，单击“包围盒”菜单，显示点云的包围盒，当包围盒显示时，再次单击“包围盒”菜单，包围盒隐藏。默认以点云包围盒中心为旋转中心。用户

可以重新设置旋转中心，单击“旋转中心”按钮，然后在点云需要设置为旋转中心的点上单击鼠标左键，即重置旋转中心。在“预定义视图”菜单中，可以设置的视图方式共六种，分别是“俯视图”“仰视图”“前视图”“后视图”“左视图”和“右视图”。单击任一项可以更改点云的视图方式，这些在前面章节都有介绍，此处不再赘述。点云显示时，默认的投影方式是透视投影，单击“投影方式”菜单中的“透视”或“正射”选项，可以更改投影方式，点云的透视投影和正射投影如图 8.40 所示。

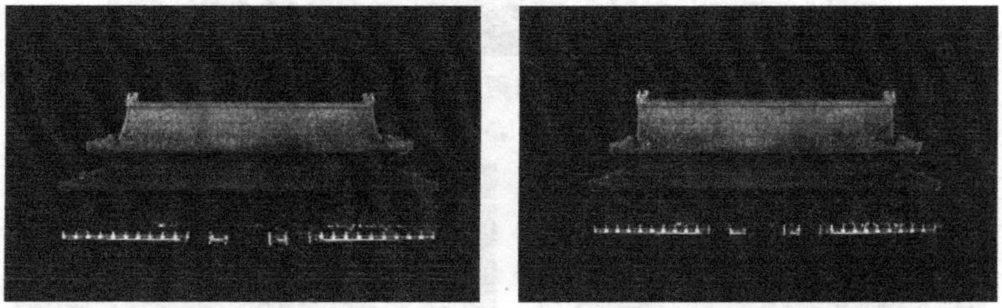

（a）透视投影　　（b）正射投影

图 8.40　点云的透视投影和正射投影

点云的交互拾取包括点选和框选。单击“点选”按钮，然后在点云上选点处单击鼠标左键，即可选择一个点。每次选择都需要先单击“点选”按钮，然后在选点处单击鼠标左键，选择的点会绘制一个十字丝作为标记，并有文字标注。如果需要取消一个选择点，先单击“点选”按钮，然后在选择点上单击鼠标左键，取消已经选择的点。点云的点选示意如图 8.41 所示。

图 8.41　点云的点选示意

点云的框选包括矩形框选、圆形框选、多边形框选和套索选择四种，如图 8.42（彩图附后）所示。进行框选时，首先单击“矩形选取”“圆形选取”“多边形选取”和“套索选取”中的一个选项。矩形选取时，按下鼠标左键拖动绘制矩形选择框，释放鼠标左键，矩形选择框绘制完毕，位于矩形内的点云被选择；圆形选取时，按下鼠标左键拖动绘制圆形选择框，释放鼠标左键，圆形选择框绘制完毕，位于圆形内的点云被选择；多边形选取时，单击鼠标左键确定多边形绘制框的一个顶点，依次确定多边形选择框的每个顶点，在最后一个顶点处双击鼠标左键（并非第一个顶点），完成多边形选择框绘制，位于多边形内的点云被选择；套索选择用于任意形状选择，按下鼠标左键拖动，鼠标的轨迹即套索的形状，释放鼠标左键，套索绘制完毕，位于套索内的点云被选择。

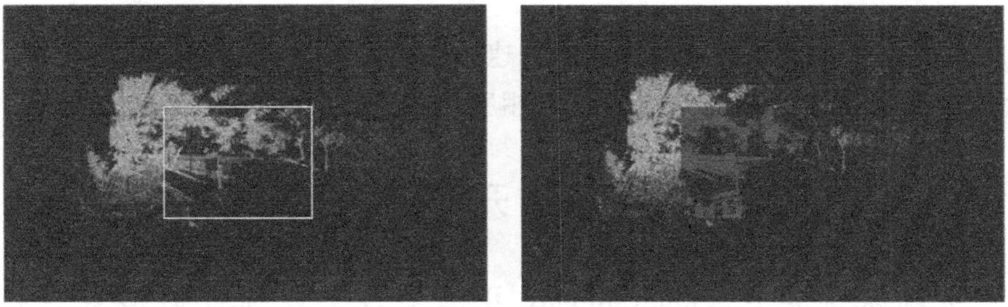

（a）矩形框选

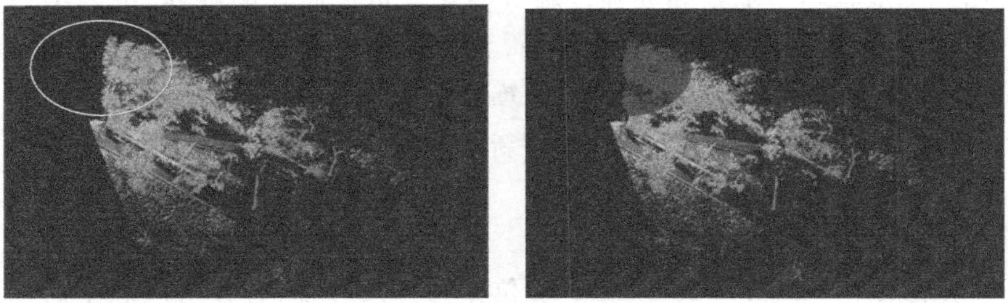

（b）圆形框选

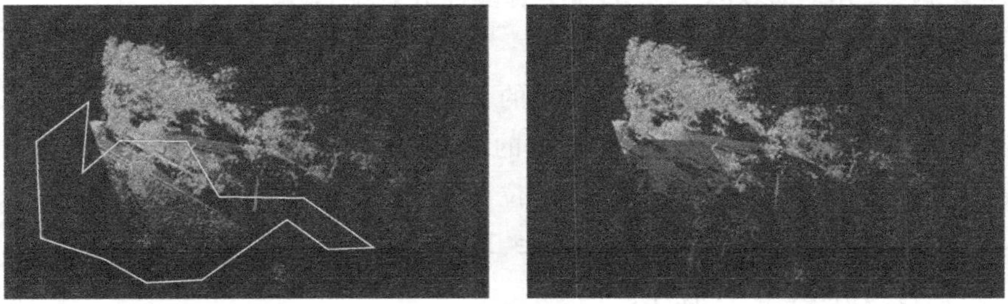

（c）多边形框选

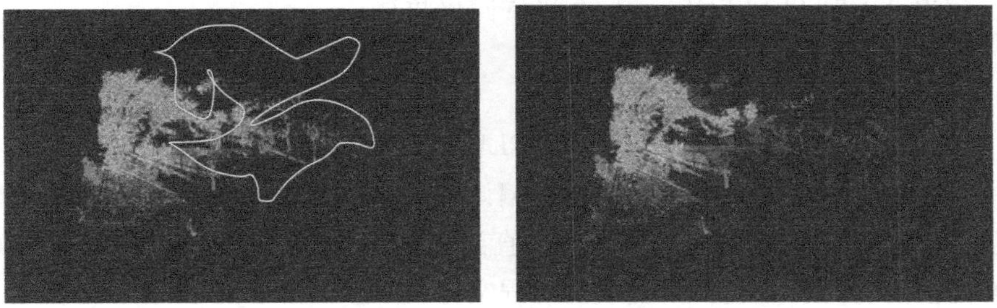

（d）套索选择

图 8.42　点云的框选示意

第 9 章　原型系统设计与实现

在提出基于车载激光扫描数据的高速公路道路要素提取方法后，本书在开源平台的基础上使用 C++ 编程语言做了相应的实现，并分析验证了算法的可行性。

§9.1　开发环境

本实现系统是在 CloudCompare 开源平台上以插件的形式设计的，CloudCompare 是一个编辑和处理三维点云和三角形面片的软件，依赖于特定的八叉树的结构，能处理大数据量的点云，并且包含许多点云处理算法，如人机交互、点云分割、配准、重采样、法向量计算等。CloudCompare 开发平台提供了以插件形式添加新功能的简便方法，而且新功能可以设计窗口、调用其他算法等。

9.1.1　CloudCompare 编译

本系统采用 Visual Studio 2013 64 位作为开发环境，选择对应版本的依赖库进行安装后，采用 CMake3.5.2 编译工具编译开发平台。

1. 编译前准备

编译需要安装对应开发环境版本的依赖库 PCL1.8.0 64 位、BOOST1.59、QT5.5.1，可以根据需求安装其他的依赖库。此外，需要安装编译工具 CMake3.5.2 和 CloudCompare 2.7 64 位源码包。

2. 使用 CMake 编译 CloudCompare 工程文件

(1)执行 CMake GUI 程序。

(2)填入 CloudCompare 2.7 64 位源码包路径。

(3)填入工程文件生成路径。

(4)设置依赖库路径。

(5)设置安装项，勾选 qMyPlugin_PLUGIN 和 Q_DUMMY_PLUGIN。

(6)生成工程文件：点击配置，选择编译环境版本为 Visual Studio 2013 64 位，出现错误则根据提示修改依赖库位置，直到无误后点击 Generate 生成工程文件。成功配置界面如图 9.1 所示，生成的工程文件目录如图 9.2 所示。

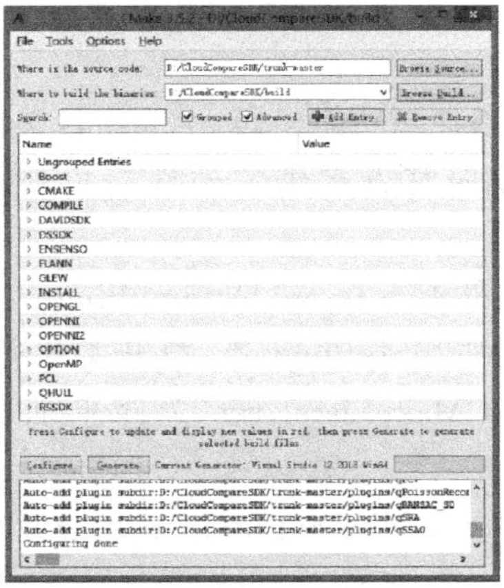

图 9.1　配置成功界面

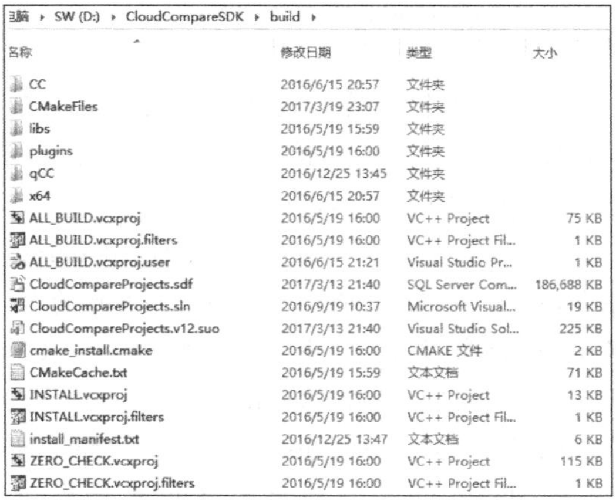

图 9.2　生成的工程文件目录

3. 生成项目文件

如图 9.2 所示，以管理员身份运行 Visual Studio 2013，打开工程文件中的 CloudCompareProjects. sln，工程文件打开后如图 9.3 所示。重新生成 ALL_BUILD 项目，对出现错误的项目，检查包含目录、库目录和附加依赖项，然后重新生成“INSTALL”项目。

成功生成的项目包含可执行文件 CloudCompare. exe 和 dll 文件，如图 9.4 所示，运行可执行文件即可打开软件界面进行数据处理。

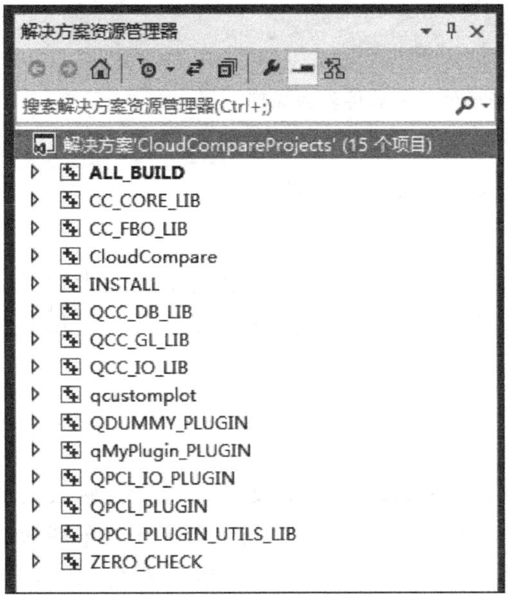

图 9.3　工程文件打开界面

图 9.4　生成的可执行项目界面

9.1.2 编写插件

插件功能扩展的方式是在生成的工程文件中添加新功能代码，生成项目文件后软件即包含该新功能。插件编写方式可以按照官方提供的插件模板项目QDUMMY_PLUGIN，设计新的项目。

（1）在生成的工程文件目录 trunk\plugins 文件夹下找到 qDummyPlugin 文件夹，复制一份并重命名为新插件功能的名字，例如“qMyPlugin”。打开文件夹，将里面所有文件名中的“qDummyPlugin”和 CMakeLists. txt 文件里面的“Dummy”替换为“MyPlugin”。

（2）以 Visual Studio 2013 打开工程文件，打开头文件 qMyPlugin. h 和资源文件 qMyPlugin. cpp，头文件中可更新插件名、作者信息、插件功能描述、类名等，资源文件中更新头文件名、类名等。

（3）插件功能的编写在 qMyPlugin. cpp 中的 doAction 函数中完成，可以通过 m_app 接口调用主程序的数据库、界面、可视化等功能。

重新生成 qMyPlugin_PLUGIN 项目，无误后，重新生成 INSTALL 项目，生成新的可执行项目，运行界面如图 9.5 所示。

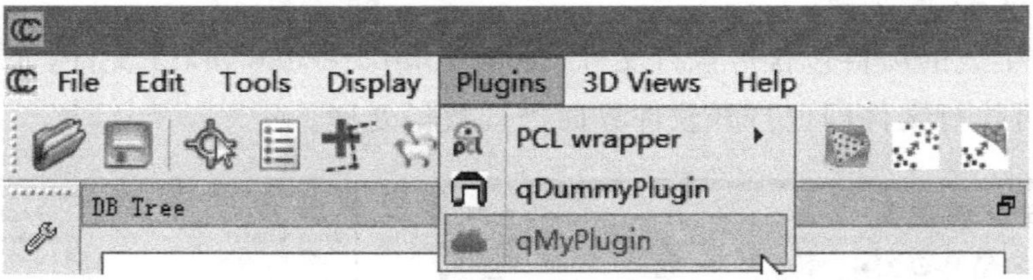

图 9.5 添加新插件后的软件界面局部

§9.2 系统设计内容

在开发平台原有功能的基础上，结合本书提出的高速公路车载激光扫描数据道路要素提取的新方法，通过修改旧功能、扩展新功能的方式实现以下几方面的内容。

9.2.1 数据导入

原有的数据导入只能导入坐标、法向量、颜色值、灰度值、向量场，修改后能够导入高斯投影坐标（X，Y）、大地高 Z、反射率 r、GPS 时间 GPSTime、车载激光雷达激光发射中心位置坐标（X_{scan}，Y_{scan}，Z_{scan}）、车载激光雷达姿态角（*Heading*，*Roll*，*Pitch*），如图 9.6 所示。

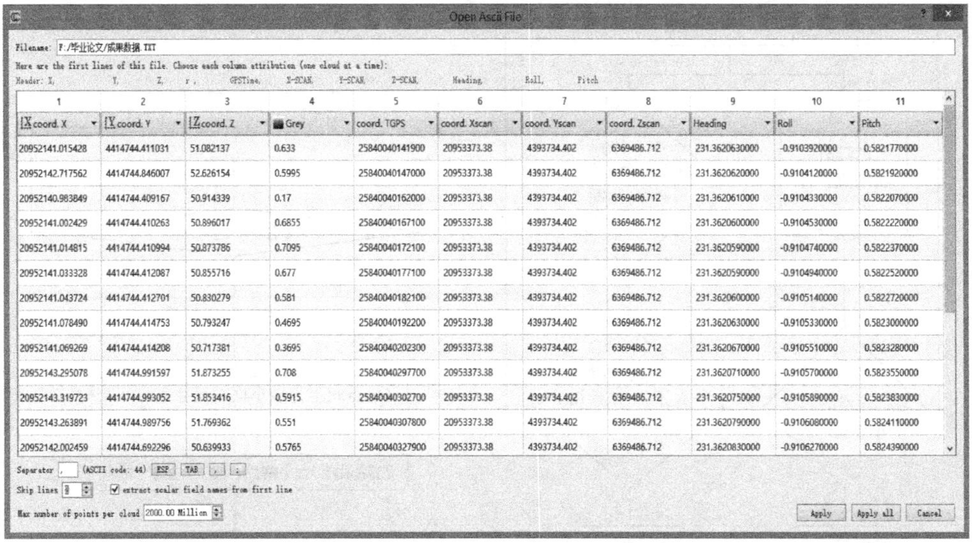

1	2	3	4	5	6	7	8	9	10	11
coord. X	coord. Y	coord. Z	Grey	coord. TGPS	coord. Xscan	coord. Yscan	coord. Zscan	Heading	Roll	Pitch
20952141.015428	4414744.411031	51.082137	0.633	25840040141900	20953373.38	4393734.402	6369486.712	231.3620630000	-0.9103920000	0.5821770000
20952142.717562	4414744.846007	52.626154	0.5995	25840040147000	20953373.38	4393734.402	6369486.712	231.3620620000	-0.9104120000	0.5821920000
20952140.983849	4414744.409167	50.914339	0.17	25840040162000	20953373.38	4393734.402	6369486.712	231.3620610000	-0.9104330000	0.5822070000
20952141.002429	4414744.410263	50.896017	0.6855	25840040167100	20953373.38	4393734.402	6369486.712	231.3620600000	-0.9104530000	0.5822220000
20952141.014815	4414744.410994	50.873786	0.7095	25840040172100	20953373.38	4393734.402	6369486.712	231.3620590000	-0.9104740000	0.5822370000
20952141.033328	4414744.412087	50.855716	0.677	25840040177100	20953373.38	4393734.402	6369486.712	231.3620590000	-0.9104940000	0.5822520000
20952141.043724	4414744.412701	50.830279	0.581	25840040182100	20953373.38	4393734.402	6369486.712	231.3620600000	-0.9105140000	0.5822720000
20952141.078490	4414744.414753	50.793247	0.4695	25840040192200	20953373.38	4393734.402	6369486.712	231.3620630000	-0.9105330000	0.5823000000
20952141.069269	4414744.414208	50.717381	0.3695	25840040202300	20953373.38	4393734.402	6369486.712	231.3620670000	-0.9105510000	0.5823280000
20952143.295078	4414744.991597	51.873255	0.708	25840040297700	20953373.38	4393734.402	6369486.712	231.3620710000	-0.9105700000	0.5823550000
20952143.319723	4414744.993052	51.853416	0.5915	25840040302700	20953373.38	4393734.402	6369486.712	231.3620750000	-0.9105890000	0.5823830000
20952143.263891	4414744.989756	51.769362	0.551	25840040307800	20953373.38	4393734.402	6369486.712	231.3620790000	-0.9106080000	0.5824110000
20952142.002459	4414744.692296	50.639933	0.5765	25840040327900	20953373.38	4393734.402	6369486.712	231.3620830000	-0.9106270000	0.5824390000

图 9.6　数据导入界面

9.2.2　道路要素提取

根据前面提出的方法提取道路要素，主要流程如图 9.7 所示。

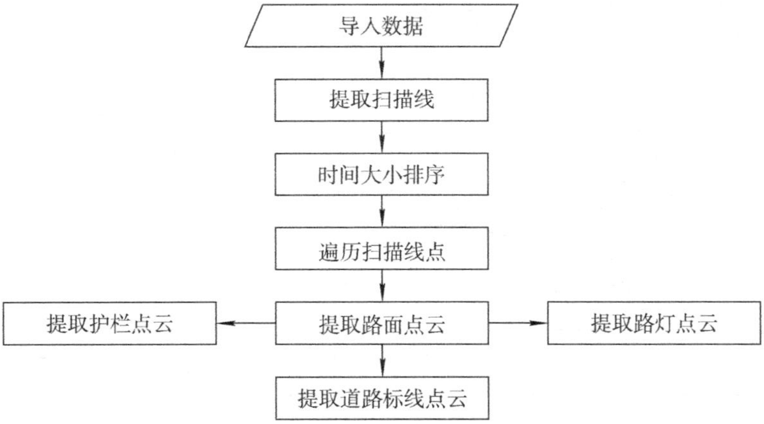

图 9.7　道路要素提取流程

其中，提取路面点云流程如图 9.8 所示，提取道路标线点云流程如图 9.9 所示，提取护栏点云流程如图 9.10 所示，提取路灯点云流程如图 9.11 所示。

八叉树使用 CCLib::DgmOctree 类，类中包含按照点云包围盒和最小网格单元尺度创建八叉树、返回指定网格中点个数和索引、邻域搜索等功能。

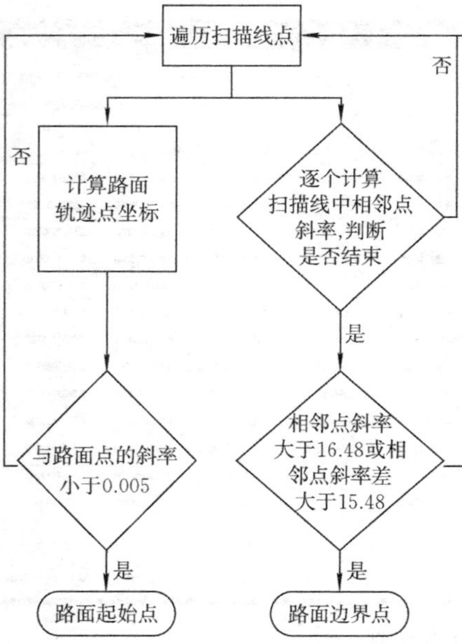

图 9.8 路面点云提取流程

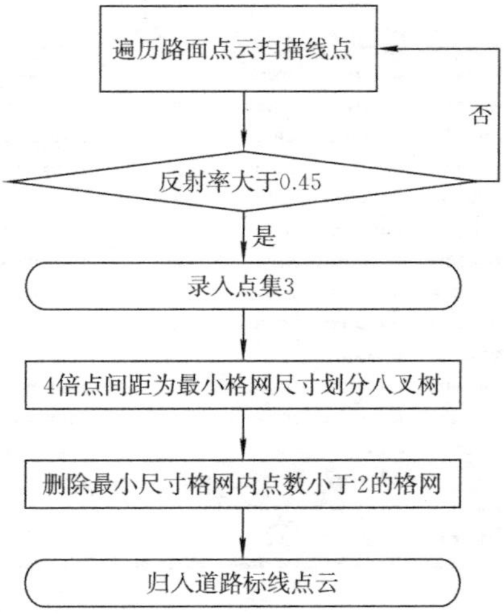

图 9.9 道路标线点云提取流程

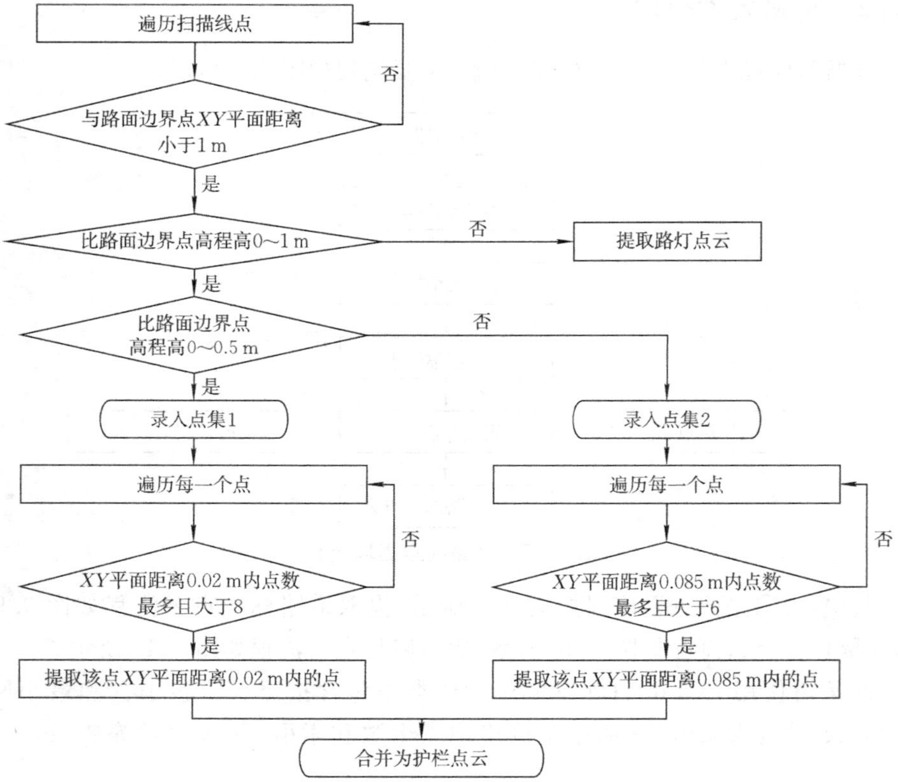

图 9.10 护栏点云提取流程

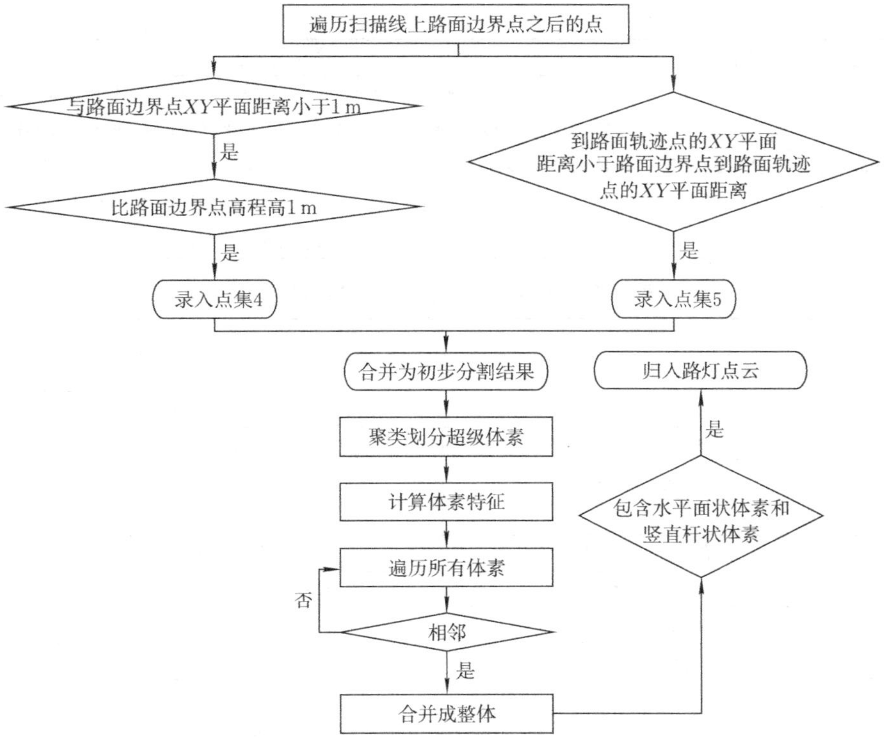

图 9.11　路灯点云提取流程

§9.3　成果展示和分析

采用北京建筑大学自主集成的移动激光雷达测量系统采集京开高速的一部分路段作为对象，进行道路要素的提取实验。其中，移动激光雷达测量系统各传感器参数如表 9.1 所示，数据采集参数如表 9.2 所示，点云成果如图 9.12(彩图附后)所示。

表 9.1　移动激光雷达测量系统各传感器参数

传感器	品牌型号	主要参数
车载激光雷达	Riegl VQ-180	二维激光雷达，角度分辨率为 0.001°，距离分辨率为 15 mm，扫描距离为 1.5～150 m，最大观测角为 100°，最快扫描速率为 83 000 点/s
GPS 接收机	NovatelProPak-V3	后处理动态精度 5 mm±1 ppm[1]，原始输出频率和位置输出频率为 20 Hz，信号重捕时间为 0.5 s(L1)、1 s(L2)，时间精度为±20 ns

[1] 1 ppm $=1\times10^{-6}\cdot D$。

续表

传感器	品牌型号	主要参数
INS	SPAN-CPT	SPAN-CPT 解算精度在不同的模式下可适用于不同的定位需求，支持包括星基增强系统、L 波段（Omnistar 和 CDGPS）和 RTK 等多种差分方式；俯仰测姿精度±0.015°、横滚测姿精度±0.015°、航向测姿精度±0.015°，加速度精度±0.03 m/s^2，最大速度 4 514 m/s，陀螺输入范围±500(°)/s

表 9.2　移动激光测量系统数据采集参数

参数项	参数值
视角	−40°～＋60°
测程	1.5～150 m
激光发射频率	2×10^5 Hz
有效测量频率	83 000 点/s
车行速度	约 60 km/h
扫描线上点间距	约 14 mm
扫描线间距	约 16 cm
相对精度	高于 10 mm
绝对精度	高于 60 mm
路段长	超过 1 000 m
总点数	超过 3 000 万

图 9.12　车载激光雷达测量系统采集的高速公路点云数据

9.3.1　路面边界点云提取成果分析

路面边界点云提取成果如图 9.13 所示，与原始数据同时显示并以不同的颜色区分开的结果如图 9.14（彩图附后）所示。通过与人工处理结果比较进行精度分析，分析结果如表 9.3 所示。

图 9.13　路面边界点云提取成果

图 9.14　路面边界点云与原始数据同时显示

表 9.3　路面边界点云提取精度分析结果

要素	总数	误识别点数	准确率/%
路面边界点	4 182	2	99.95

误识别点表示识别出的路面边界点是路面上一点但不是真实的路面边界点，导致扫描线点云提取不完整。并且本方法对被行车灯障碍物遮挡住的路面无法提取，只能将障碍物底部认为是路面边界点。

9.3.2　路面点云提取成果分析

路面点云提取成果与原始数据同时显示并以不同的颜色区分开的结果如图 9.15(彩图附后)所示，细节部分如图 9.16(彩图附后)所示。通过与人工处理结果比较进行精度分析，分析结果如表 9.4 所示。

图 9.15　路面点云提取成果与原始数据同时显示

图 9.16　路面点云提取成果局部

表 9.4　路面点云提取精度分析结果

要素	总数	未识别点数	完整率/%
路面	878 706	356	99.96

9.3.3 道路标线点云提取成果分析

本书列出两组道路标线的提取成果，第一组的道路标线点云提取原始数据如图 9.17 所示，提取出的道路标线成果如图 9.18 所示，同时显示效果如图 9.19 所示；第二组的道路标线点云提取原始数据如图 9.20 所示，提取出的道路标线成果如图 9.21 所示，同时显示效果如图 9.22 所示。道路标线的识别总体来说很清晰、直观，由于手动提取并不方便、准确，不采用点个数的方式比较提取完整率，而是统计未识别出的道路标线线条数。通过与人工处理结果比较进行精度分析，分析结果如表 9.5 所示。

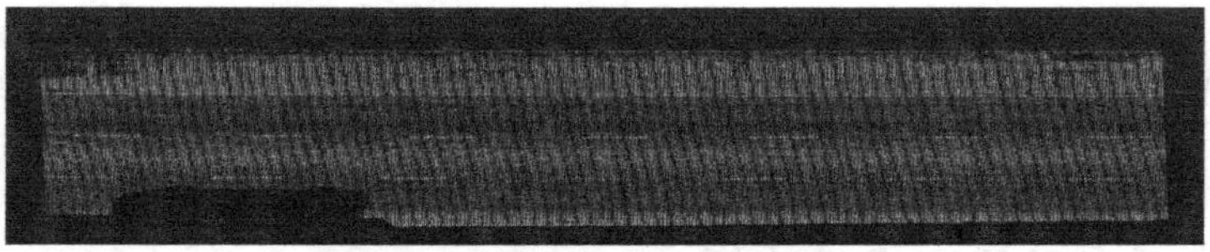

图 9.17 道路标线点云原始数据 1

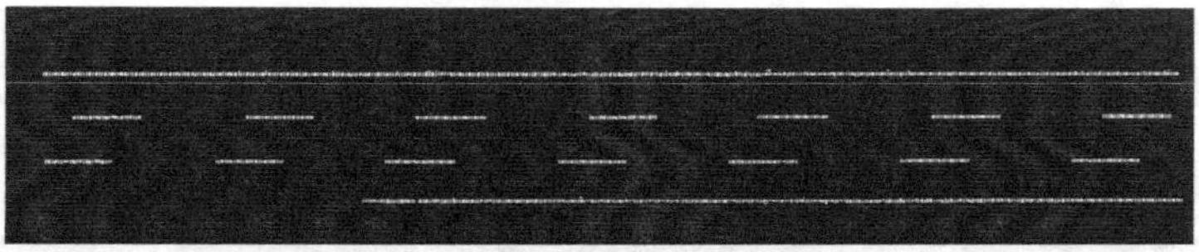

图 9.18 道路标线点云提取成果 1

图 9.19 道路标线点云提取成果 1 与原始数据同时显示

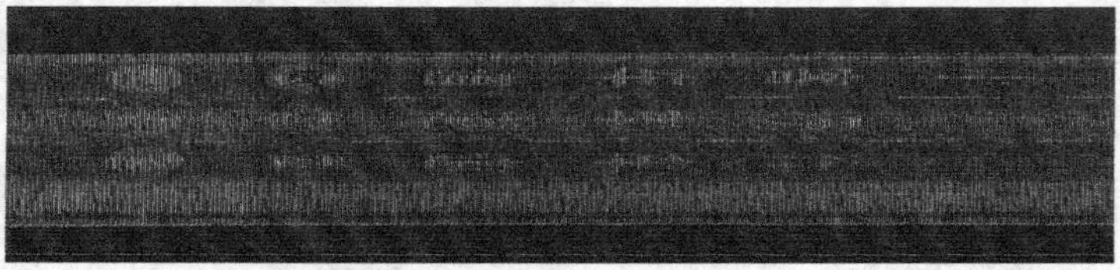

图 9.20 道路标线点云原始数据 2

图 9.21 道路标线点云提取成果 2

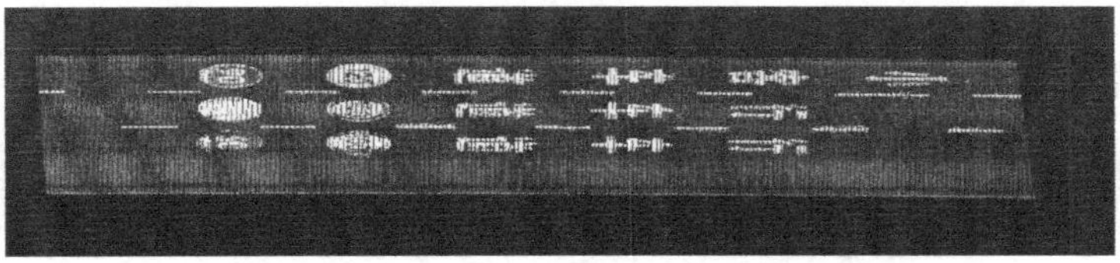

图 9.22　道路标线点云提取成果 2 与原始数据同时显示

表 9.5　道路标线点云提取精度分析结果

道路标线	总数	未识别	噪声	完整率/%	噪声比/%
道路标线/条	422	0	0	100	0
点	144 992	—	782	—	0.54

9.3.4　护栏点云提取成果分析

提取出的护栏点云成果如图 9.23 所示，与原始数据同时显示效果如图 9.24（彩图附后）所示，细节部分如图 9.25 所示。通过与人工处理结果比较进行精度分析，分析结果如表 9.6 所示。

图 9.23　护栏点云提取成果

图 9.24　护栏点云提取成果与原始数据同时显示

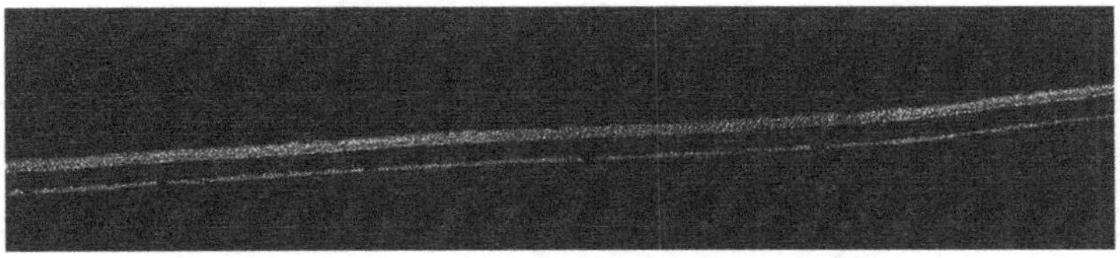

图 9.25　护栏点云提取成果局部

表 9.6　护栏点云提取精度分析结果

护栏	总数	未识别	噪声	完整率/%	噪声比/%
扫描线/条	4 182	40	—	99.04	—
点	49 484	443	1 326	99.10	2.68

9.3.5　路灯点云提取成果分析

提取出的路灯点云成果如图 9.26 所示，与原始数据同时显示效果如图 9.27（彩图附后）所示，细节部分如图 9.28 所示。通过与人工处理结果比较进行精度分析，分析结果如表 9.7 所示。

图 9.26　路灯点云提取成果

图 9.27　路灯点云提取成果与原始数据同时显示

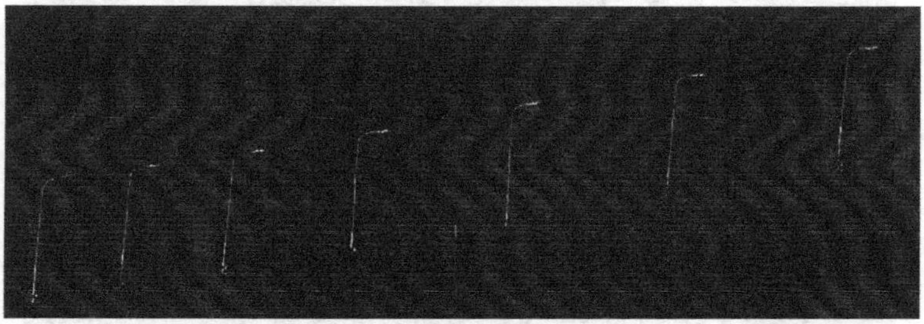

图 9.28　路灯点云提取成果局部

表 9.7　路灯点云提取精度分析结果

路灯	总数	未识别	噪声	完整率/%	噪声比/%
点	9 390	228	481	97.57	5.12

路灯的提取率较高，但是由于方法的问题，包含了路灯所在列的护栏点云。

本章简要介绍了在开源平台上进行系统设计的流程，并对实验数据成果进行了分析，验证了本书提出的道路要素提取算法的高速、高效、较准确完整的目标。

第10章 结 论

针对现有移动测量系统存在的成果数据庞大、后续处理烦琐且应用领域受到限制等问题，本书开展了高精度车载激光雷达测量系统理论与方法的研究，通过惯性导航系统、全景相机和激光雷达等多测绘传感器的融合，研发了高精度移动测量平台；以该自主研发的移动测量系统为依托，提出了一种移动激光雷达点云与全景影像匹配技术；面向自动驾驶技术对高精度道路三维信息的需求，提出了一系列道路点云的分割提取算法；设计了大规模移动测量点云数据的空间存储数据结构，通过开展典型道路特征的精确感知的理论方法的研究，利用高速渲染可视化技术，形成了自主知识产权的全景移动激光雷达测量系统导航感知软硬件系统平台。

(1)针对车载移动测量系统中激光雷达和载体坐标系之间存在的位置和姿态偏差，构建了一种带有误差改正数的位置和姿态检校模型，提出了一种基于IGS站组网的移动激光雷达测量系统整体快速检校方法。自主设计了惯性导航系统与激光雷达和全景相机之间的时间精确同步装置，实现了精确的时空配准。

(2)建立了多传感器组合的车载移动测量系统统一的空间基准和时间基准。根据GPS、IMU、相机和激光雷达等多个传感器之间的几何关系，寻找各个传感器坐标系之间的内在联系，建立统一的坐标系；推导各个坐标系之间的变换关系；建立物像关系模型，计算物点坐标和相机外方位元素的公式；推导激光点云的地面坐标计算公式。

(3)提出了多视影像与点云的自动精确匹配的三种方法，即基于空间旋转的全景点云纹理映射、基于SFM流水线的点云自动纹理映射，以及基于跟踪点构建的多视影像与点云的自动纹理映射方法，实现了移动激光雷达点云与全景影像的精确匹配。

(4)提出了一种基于深度学习的车载道路点云分割方法。通过搭建PointNet++神经网络，利用自主研发的移动测量平台获取的点云数据制作了海量的数据集，经过大量实验设置较为理想的超参数，实现了路面、道路标线、树等城市道路特征的语义分割。

(5)提出了一种基于改进的三角网渐进加密算法的路面信息提取方法。该方法通过构建初始不规则三角网，将待定点与三角面片的角度和距离作为判定条件，将点云分类成地面点云和非地面点云，最后利用区域生长完成路面点云的提取，根据反射强度的不同完成道路标线的提取。

(6)提出了一种基于扫描线的高速公路要素提取方法。该方法结合本书中提到的移动测量系统中三维激光雷达固有的系统安置参数和斜率，设计了一种车载点云道路要素提取算法，实现了路面、道路标线、护栏等高速公路要素的自动提取。

(7)提出了一种基于二进制编码八叉树的高效体素化点云分割方法。基于该方法提供的26个邻域搜索机制，建立了一种通过不同方法选取种子体素和区域生长条件对不同的地物进行分割的框架，实现了路面、护栏、道路标线、路灯等典型道路特征的智能感知。

(8)提出了一种三维KD树与八叉树多级混合的空间数据组织和存储方法，结合外排序算法，快速构建多分辨率的LOD点云模型。基于点尺寸的大小的自适应方法，利用图形流水线、多线程渲染技术研制了GB/TB级超大规模精细点云数据可视化系统。

(9)设计了一个自动提取道路要素的原型系统。在开源平台上利用C++编程语言，编译了一个点云分割提取插件，该插件能够实现海量移动测量系统数据的导入和道路要素的自动提取。

综上所述，本书研究内容紧随国内研究热点和前沿技术，注重实用性，不仅拓展和完善了移动测量技术的研究，还能服务于工程实际，并为其他学者进行此方面的研究提供启发。

参考文献

董震，杨必胜，2015. 车载激光扫描数据中多类目标的层次化提取方法[J]. 测绘学报，44(9)：980-987.

胡竞，2011. 车载三维激光移动建模系统总体检校方法研究[D]. 北京：首都师范大学.

康永伟，钟若飞，吴俣，2008. 车载激光扫描仪外参数标定方法研究[J]. 红外与激光工程，37(S3)：249-253.

李鑫，李广云，王力，等，2012. 移动测量系统误差整体模型推导与精度分析[J]. 测绘工程，21(2)：21-24.

李艳红，李海亭，庞小平，等，2014. 采用投影回归原理的全景影像测量方法[J]. 武汉大学学报(信息科学版)，39(1)：32-36.

鹿星亮，刘庆元，侯凯宇，2017. 车载移动测量系统前方交会中的误差分析[J]. 传感器世界，23(2)：29-33.

孟放，查红彬，2006. 基于 LOD 控制与内外存调度的大型三维点云数据绘制[J]. 计算机辅助设计与图形学学报(1)：1-8.

聂倩，陈为民，陈长军，2013. 车载三维激光扫描系统的外参数标定研究[J]. 测绘通报(11)：74-77.

闫利，李赞，2018. 车载激光点云道路标线提取方法[J]. 遥感信息，33(1)：1-6.

闫利，张毅，2007. 基于法向量模糊聚类的道路面点云数据滤波[J]. 武汉大学学报(信息科学版)，32(12)：1119-1122.

杨建思，刘华，林鹏，2014. 基于 KD 树的点云数据自适应屏幕精度高效显示方法[J]. 测绘通报(7)：18-22.

叶泽田，杨勇，赵文吉，等，2011. 车载 GPS/IMU/LS 激光成像系统外方位元素的动态标定[J]. 测绘学报，40(3)：345-350.

张卡，盛业华，叶春，等，2008. 车载三维数据采集系统的绝对标定及精度分析[J]. 武汉大学学报(信息科学版)，33(1)：55-59.

张耀林，2014. 基于 LOD 模型可视化实现[J]. 地球，(6)：115-116.

赵凯，谢翔，李国林，等，2012. 基于单纯形的移动测绘系统初始安装校准方法[J]. 仪器仪表学报，33(9)：2094-2100.

邹晓亮，缪剑，郭锐增，等，2012. 移动车载激光点云的道路标线自动识别与提取[J]. 测绘与空间地理信息，35(9)：5-8.

BÖRCS A，NAGY B，BATICZ M，et al，2015. A model-based approach for fast vehicle detection in continuously streamed urban LIDAR point clouds[C]// Computer Vision - Asian Conference on Computer Vision 2014 Workshops. Switzerland：Springer：413-425.

BORJA R C，SILVERIO G C，CELESTINO O，et al，2015. Automatic detection and classification of pole-like objects in urban point cloud data using an anomaly detection algorithm[J]. Remote Sensing，7(10)：12680-12703.

BOULCH A，GUERRY J，SAUX B L，et al，2018. SnapNet：3D point cloud semantic labeling with 2D deep segmentation networks[J]. Computers & Graphics,71:189-198.

GUAN H Y, LI J, YU Y T, et al, 2015. Using mobile LiDAR data for rapidly updating road markings[J]. IEEE Transactions on Intelligent Transportation Systems, 16(5): 2457-2466.

HE K, ZHANG X, REN S,et al,2016. Deep residual learning for image recognition[C]// 2016 IEEE Conference on Computer Vision and Pattern Recognition. Piscataway, New Jersey: IEEE: 770-778.

HESCH J A, ROUMELIOTIS S I, 2011. Adirect least-squares (DLS) method for PnP[C]// 2011 International Conference on Computer Vision. Piscataway,New Jersey: IEEE: 383-390.

JIANG M, WU Y, LU C, 2018. PointSIFT: a SIFT-like network module for 3D point cloud semantic segmentation[J/OL]. (2018-11-24)[2020-06-02]. https://arxiv. org/pdf/1807. 00652. pdf.

KLOKOV R, LEMPITSKY V, 2017. Escape from cells: deep Kd-networks for the recognition of 3D point cloud models[C]// 2017 IEEE International Conference on Computer Vision (ICCV). Piscataway,New Jersey: IEEE: 863-872.

LI Y Y, BU R,SUN M C,et al,2018. PointCNN: convolution on Χ-transformed points[J/OL]. (2018-11-05)[2020-06-02]. https://arxiv. org/pdf/1801. 07791. pdf.

MANANDHAR D, SHIBASAKI R, 2001. Vehicle-borne laser mapping system (VLMS)—a new observation system for 3-D mapping of urban areas[C]// IEEE/ISPRS Joint Workshop on Remote Sensing and Data Fusion over Urban Areas. Piscataway,New Jersey: IEEE: 5-9.

MATURANA D, SCHERER S, 2015. VoxNet: a 3D convolutional neural network for real-time object recognition[C]// 2015 IEEE/RSJ International Conference on Intelligent Robots and Systems (IROS). Piscataway,New Jersey: IEEE: 922-928.

PU S, RUTZINGER M, VOSSELMAN G, et al, 2011. Recognizing basic structures from mobile laser scanning data for road inventory studies[J]. ISPRS Journal of Photogrammetry and Remote Sensing, 66(6S):S28-S39.

QI C R, SU H, MO K, et al,2017a. PointNet: Deep learning on point sets for 3D classification and segmentation[C]// 2017 IEEE Conference on Computer Vision and Pattern Recognition (CVPR). Piscataway,New Jersey: IEEE: 77-85.

QI C R, YI L, SU H, et al,2017b. PointNet++: deep hierarchical feature learning on point sets in a metric space[J/OL]. (2017-06-07)[2020-06-02]. https://arxiv. org/pdf/ 1706. 02413. pdf.

RIEGER P,STUDNICKA N,PFENNIGBAUER M,et al, 2010. Boresight alignment method for mobile laser scanning systems[J]. Journal of Applied Geodesy,4(1): 13-21.

RIEGLER G, ULUSOY A O, GEIGER A, 2017. OctNet: learning deep 3D representations at high resolutions[C]// 2017 IEEE Conference on Computer Vision and Pattern Recognition (CVPR). Piscataway,New Jersey: IEEE: 6620-6629.

RONNEBERGER O, FISCHER P, BROX T, 2015. U-Net: convolutional networks for biomedical image segmentation[C]// Medical Image Computing and Computer-Assisted

Intervention. Switzerland: Springer: 234-241.

RUMMELHARD L, PAIGWAR A, NÈGRE A, et al, 2017. Ground estimation and point cloud segmentation using SpatioTemporal Conditional Random Field [C]// 2017 IEEE Intelligent Vehicles Symposium (IV). Piscataway, New Jersey: IEEE: 1105-1110.

RUSINKIEWICZ S, LEVOY M, 2000. QSplat: a multiresolution point rendering system for large meshes [C]// the 27th Annual Conference on Computer Graphics and Interactive Techniques. New York: ACM Press: 343-352.

SFIKAS K, THEOHARIS T, PRATIKAKIS I, 2017. Exploiting the PANORAMA representation for convolutional neural network classification and retrieval[C]// Eurographics Workshop on 3D Object Retrieval 2017. Lyon: Eurographics Association: 1-7.

SIMONYAN K, ZISSERMAN A, 2015. Very deep convolutional networks for large-scale image recognition[J/OL]. (2015-04-10)[2020-06-02]. https://arxiv.org/pdf/1409.1556.pdf.

SOILÁN M, RIVEIRO B, MARTÍNEZ-SÁNCHEZ J, et al, 2017. Segmentation and classification of road markings using MLS data[J]. ISPRS Journal of Photogrammetry and Remote Sensing, 123:94-103.

SWART A, BROERE J, VELTKAMP R, et al, 2011. Refined non-rigid registration of a panoramic image sequence to a LiDAR point cloud [C]// ISPRS Conference on Photogrammetric Image Analysis. Berlin: Springer: 73-84.

WU B, YU B, YUE W, et al, 2013. A Voxel-based method for automated identification and morphological parameters estimation of individual street trees from mobile laser scanning data [J]. Remote Sensing, 5(2): 584-611.

XU S, WANG R, ZHENG H, 2016. Road curb extraction from mobile LiDAR point clouds[J]. IEEE Transactions on Geoscience and Remote Sensing, 55(2): 996-1009.

YANG B, FANG L, LI Q, et al, 2015. Automated extraction of road markings from mobile Lidar point clouds[J]. Photogrammetric Engineering and Remote Sensing, 78(4):331-338.

YU Y T, LI J, GUAN H, et al, 2017. Learning hierarchical features for automated extraction of road markings from 3-D mobile LiDAR point clouds[J]. IEEE Journal of Selected Topics in Applied Earth Observations and Remote Sensing, 8(2): 709-726.

YUAN X, ZHAO C X, ZHANG H F, 2010. Road detection and corner extraction using high definition Lidar[J]. Information Technology Journal, 9(5): 1022-1030.

ZERMAS D, IZZAT I, PAPANIKOLOPOULOS N, 2017. Fast segmentation of 3D point clouds: a paradigm on LiDAR data for autonomous vehicle applications[C]// 2017 IEEE International Conference on Robotics and Automation (ICRA). Piscataway, New Jersey: IEEE: 5067-5073.

ZHANG W D, 2010. Lidar-based road and road-edge detection[C]// 2010 IEEE Intelligent Vehicles Symposium. Piscataway, New Jersey: IEEE: 845-848.